낯선 곳을 향한
일흔 살의 이야기

마음 꿰뚫기

오정환

동쪽나라

초판 1쇄 펴낸날 | 2015년 10월 10일
지은이 | 오정환
펴낸이 | 김형균
펴낸곳 | 도서출판 동쪽나라
등 록 | 1988년 6월 20일 제 2-599호
주 소 | 서울시 강동구 고덕로 62길 55 3003호
전 화 | (02)336-4688, 팩스 (02)6455-4634, 전자우편 eastland@empal.com

ISBN 978-89-8441-268-2(03220)
※ 잘못된 책은 바꿔 드립니다.
※ 저자와의 합의하에 인지, 생략합니다.

제1부 월정사에서 한 달

제2부 발밑이 무너지다

1. 막히다

제3부 낯선 곳에 익숙해지기

미리 드리는 말씀

2014년 가을, 조계사에서 열린 선불교에 관한 세미나에서 어느 젊은 비교종교학자가 "서양에는 아빌라의 테레사Teresa of Avila, 1515-1582가 쓴 『내면의 성城』과 같은 신비체험에 관한 기록이 많이 전해지고 있다. 하지만 동양의 선불교에는 이와 같은 기록이 없다. 누가 그런 기록이 있는 곳을 알면 좀 가르쳐 달라."고 하였습니다. 저는 어의가 없었습니다. 그분은 『조당집祖堂集』이나 『전등록傳燈錄』, 『연등회요聯燈會要』같은 선어록을 읽어보지 않은 것 같았습니다. 그런 어록들에는 선사들의 선체험禪體驗에 관한 사연이 수도 없이 등장하고 있기 때문입니다.

그때부터 어떤 부담감 같은 것이 저를 부추겼습니다. 선체험은 쉽지도 않지만 어렵지도 않다는 것을 세상에 알려야 된다는 일종의 노파심 같은 것이 생긴 것입니다. 그러나 저의 스승님은 수행일기나 소감 같은 것을 쓰지 말라고 누누이 당부하셨습니다. 그런 짓을 하면 분별망상만 늘어나 공부에 방해가 되기 때문입니다. 그런데도 저는 기록하는 버릇을 버리지 못했습니다. 이 글에도 스승님의 말씀을 많이 끌어 왔는데 그 말씀들은 모두 그분의 말씀 그대로가 아니라 제가 제 수준에서 알아들은 말씀들입니다. 그러므로 그 말씀들에 허물이 있다면 전적으로 저의 책임입니다.

이 책은 각각 성격이 다른 세 종류의 글로 이루어져 있습니다. 하지만 모두 다 선체험이라는 하나의 주제로 연결이 되고 있습니다. 제1부는 산사山寺의 내부를 잠깐 들여다 본 수행일기이고, 제2부는 선체험이 어떤 상황에서 어떻게 이루어졌는지를 있는 그대로 기술한 체험기이고, 제3부는 제가 이제까지 당연하다고 믿은 것들에 대한 의문을 제기한 단상斷想들입니다. 이들은 또한 제가 그동안 스승님께 드러내 보인 저의 살림살이기도 합니다. 그러므로 이글들에 속으셔도 안 되고 그대로 흉내 내셔도 곤란합니다. 다만 저의 체험이 타산지석이 되기를 바랄 따름입니다.

노파심은 대개 환영받지 못한다는 것을 저도 잘 알고 있습니다. 그래서 저는 지금 발가벗고 광장에 서 있는 것 같고, 해부학 교실의 수술대 위에 누워 있는 것 같습니다. 아무래도 삼돈방三頓棒을 면 할 수 없을 것 같습니다. 불법佛法은 말이나 글로 표현 할 수 없을 뿐 아니라 말이나 글로 표현할 것도 없기 때문입니다.

오정환 합장
2015년 9월

1부

월정사에서

한 달

2007년 9월 13일 목요일부터 10월 12일 금요일까지 한 달 동안

오대산 월정사伍臺山 月精寺에서 운영하는 '단기출가학교短期出家學校'에 입학하여

계戒戒를 받고 정식불자가 되었다. 남자 30명, 여자 25명이 함께 공부했다.

이 글은 그때 내가 보고, 듣고, 느낀 것들을 기록한 수행일기이다

익숙한 데서 낯선 곳으로

2007년 9월 12일 수요일. 맑음

입학식은 13일이지만 시간을 맞추기 어렵다면 하루 전에 와 절에서 묵어도 좋다는 연락이 왔다. 12일 오전 10시쯤 성남 시외버스터미널에서 강릉행 버스 편으로 진부에 도착하니 낮 1시가 조금 지났다. 월정사행 버스를 기다리며 터미널 근처 식당에서 늦은 점심을 들었다. 된장찌개 맛이 신통치 않았다. 하지만 이제부터는 익숙하던 데를 떠나 낯선 곳으로 들어가게 되므로 이런 음식일망정 당분간 맛볼 수 없을 것이다. 오대산은 수많은 불보살님들이 상주하는 불국토佛國土라는데 나는 과연 부처님을 뵈올 수 있을까?

월정사행 버스의 승객은 나를 포함해서 넷뿐이었다. 등산복 차림의 내 또래 노인과 20대 후반으로 보이는 처녀, 그리고 신사복이 어울리지 않는 시골노인 한 분이었다. 등산복 차림의 노인과 처녀는 나와 같은 처지라는 것을 단박에 알 수 있었다. 처녀는 여자답지 않게 눈이 부리부리하고 기운이 넘쳐흐르는데 진주에서 오는 길이라며 스스럼없이 자기소개를 했다. 등산복 차림의 노인은 초면인데도 말이 아주 많았다. 공수특전단 장교출신이라며 젊어서 유격훈련을 여러 번 받았기 때문에 이번 출가수행도 문제없을 것이라고 자신만만해 했다.

미리 온 사람들은 10여 명 되었다. 단기출가학교 일을 담당하는 종무소의 감로수 보살이 우리 일행을 동東 별당으로 안내했다. 동 별당은 적광전寂光殿 왼쪽에 자리 잡은 직사각형의 커다란 건물이다. 종무소와 원주스님 사무실, 소모품 창고와 숙소가 죽 이어져 있다. 우리들이 묵을 방은 웬만한 강당만 하였다. 방바닥이 뜨끈뜨끈하여 아주 반가웠다. 청소도 잘 되어 깨끗했다.

죽비와 목탁

2007년 9월 13일 목요일. 맑음

낮 1시부터 면접이 있었다. 절에서는 면접을 '갈마羯磨'라고 불렀다. 갈마에서 불가판정을 받으면 바로 절을 나가야 한다. 월정사 간부스님들이 총출동한 듯하다. 호법국장, 재무국장, 사회국장, 포교국장, 학교장, 이웃 암자 암주 등 비구, 비구니스님 10여 명이 면접을 보았다. 주로 입학동기를 묻고 건강상태를 확인했다. 날더러는 나이가 많은데 해 낼 수 있겠느냐고 물었다. 승복 비슷한 먹빛 개량한복을 입은 어떤 사람은

"이런 것, 함부로 입으면 안 되는 거 알아요?"

하며 핀잔을 들었다. 현장에서 사정회의가 열리고 전원 받아들이기로 결정하였다는 발표가 있었다.

학교장스님이 한 달간 우리들을 지도할 스님들을 소개했다. 학감學監과 찰중察衆, 습의도감習儀都監과 습의사習儀師스님이다. 학감은 이 과정의 총책임자이고 찰중은 군대로 말하면 중대장, 습의도감은 군기반장, 습의사는 구대장 격이다.

학감을 맡은 서정緖定스님은 당당한 체구에 자신감이 넘치는 비구니스님이었다. 찰중을 맡은 수법修法스님 역시 비구니스님인데 가냘프나

단단한 몸매에 눈이 초롱초롱하였다. 습의도감 법철法徹스님은 땅딸막한 체구에 위엄이 추상같았다. 남 행자 담당 습의사 각엄覺嚴스님은 큰 키에 과묵해 보이는데 바로 월정사 단기출가학교 출신이라고 한다. 여 행자 담당 습의사 환오幻悟스님은 비록 체구는 작지만 눈빛이 날카롭고 목소리에 힘이 실려 있었다. 각엄스님은 삼십 전후로 보이는데 다른 스님들은 하나 같이 나이를 가늠할 수 없었다. 나중에 알고 보니 모두 출가한 지 십칠팔 년이 넘는 중진 스님들이었다.

오후 3시, 월정사 주지 정념正念스님을 비롯한 모든 간부스님들이 참석한 가운데 대법륜전大法輪殿에서 입학고불식入學告佛式을 가졌다. 정념스님은,

"월정사 단기출가학교는 조계종의 행자行者 교육과정에 준하여 새 사람이 되는 체험을 제공 한다."

면서,

"아무쪼록 각자 교육기간 동안 많은 것을 얻어가기 바란다."

고 당부했다. 주지스님은 말씀을 끝내면서 가르침의 상징인 죽비를 학감스님에게 전했다.

이어서 각자 들고 온 가방을 열게 하여 갈아입을 내복과 이불을 제외한 모든 것을 회수했다. 전화기와 지갑은 물론 면도기와 손톱깎이, 필기구까지 모두 거두어 비닐봉투에 넣어 따로 보관했다. 여자들의 로션 등 기초 화장품도 향기가 나면 소지가 허락되지 않았다.

"이 시간 이후 허락되지 않은 물품이나 음식물이 발견되면 집단 참회를 각오해야 됩니다."

습의도감스님이 오금을 질렀다.

불교예절을 배웠다. 습의사스님들이 절하는 방법과 차수叉手, 안행雁行하는 요령, 사찰 예절 등을 하나씩 시범을 보이며 가르쳤다. 하나같이 부처님에 대한 한없는 정성과 존경을 강조하는 것들이었다. 예불연습을 할 때는 우리들이 자꾸 틀리자 스님들도 난감한 모양이었다. 언제 일어나며 언제 앉는지, 언제 반배하고 언제 고두배를 하는지 갈팡질팡하였다. 이 모든 동작을 목탁이나 죽비로 신호를 보내주는데 아직 그 소리를 알아듣지 못하기 때문이었다.

수도 없이 절을 하다 보니 등에 땀이 배고 장딴지가 땅기고, 발가락이 아팠다. 옆자리의 젊은이가 무릎 꿇은 자세를 견디지 못하고 고통에 벌벌 떨다가 두 팔을 앞으로 내밀어 짚었다. 그러자 즉시,
"누가 두 손을 앞으로 짚어요! 사람이 짐승이요?"
습의도감스님의 불호령이 우리들 머리 위에 떨어졌다.
마치 논산훈련소의 신병교육대 같았다. 습의도감스님은 해병대 조교를 뺨 칠 정도로 사람 다잡는 기술이 뛰어났다. 나도 교육담당을 해보아서 어지간한 기법은 다 아는데 이 스님은 내가 모르는 새로운 방법을 선보이면서 학생들을 능숙하게 다뤘다. 한 시간도 채 지나기 전에 젊은이 늙은이, 남자 여자 할 것 없이 군기가 꽉 잡혔다.
"부처님 앞에서 발을 어디다 뻗습니까?"
라는 말 한 마디에 기가 팍 죽었던 것이다.

교육장인 대법륜전 벽에는 '下心하심'·'默言묵언'이라 쓴 커다란 먹 글씨가 포스터처럼 양쪽에 붙어 있었다. 호랑이 같은 습의도감스님이 그것을 커다란 소리로 읽어주며,

"다들 명심하시오. 묵언을 깨면 벌점이 떨어지고 벌점 2점이면 개인 참회, 3점이 되면 대중참회를 받습니다. 내가 묵언을 깨서 도반들 을 힘들게 하면 되겠습니까?"

하고 으름장을 놓았다. 여기서 참회란 부처님께 오체투지五體投地로 드 리는 절을 말한다. 108배가 기본이고 위반 정도에 따라 300배, 500배, 1,000배, 3,000배까지 다양하다. 9시가 다 되어서야 겨우 대법륜전에서 풀려나 숙소로 돌아갔다. 이 시간이 지나면 보안등을 제외한 절 안의 모든 등불이 꺼지기 때문이었다.

남자들의 숙소는 서西 별당이고 여자들 숙소는 교육장인 대법륜전이 었다. 오후 내내 뜻밖의 호된 신고식을 치른 동료들은 긴장된 표정이 역력하였다. 서 별당 숙소는 어제 묵은 동 별당과 비슷한 크기였다. 서쪽 벽에 가로, 세로, 높이 각각 1.5m쯤 되는 감실에 부처님을 모시고 그 좌우로 이불장과 사물함이 붙어 있었다. 서른두 명이 한쪽에 16명씩 머리를 맞대고 누웠다. 한 사람이 차지한 폭이 겨우 1m 남짓이었다.

각자 가지고 온 이부자리를 깔고 덮고 누웠다. 소등하자마자 코고는 소리가 들리는가 싶더니 여기저기서 드르렁 드르렁, 천장이 들썩일 정도였다. 채 1분도 안 되어 그들은 잠이 든 모양인데 나는 말똥말똥 도저히 잠을 청할 수가 없었다.

"아이참, 이거 너무 심하네!"

캄캄한 어둠 속에서 불평이 들렸다.

삭발염의

2007년 9월 14일 금요일. 흐리고 비

언제 잠이 들었는지 모르겠는데 귀뚜라미 소리 같은 자명종이 울리면서 불이 확 켜졌다. 반사적으로 옷을 챙겨 입고 대법륜전 앞뜰에 집합했다. 새벽 3시 반이었다. 추위를 느낄 정도로 선듯하였다. 하늘은 잔뜩 흐려 캄캄하였다. 도량석을 도는 스님의 염불과 목탁소리가 남아 있던 잠을 쫓아냈다. 일어설 때 앉고 절할 때 일어서며, 갈팡질팡 쩔쩔매면서 새벽예불을 마쳤다.

5시쯤 대법륜전으로 돌아오니 습의도감스님이 단단히 벼르고 있었다.

"어제 그렇게 습의를 했는데 이게 뭡니까? 목탁소리 알아듣는 것은 고사하고 절도 제대로 못하대요. 오늘부터는 이제 행자복을 입을 터인데 예불할 때 틀리면 금방 표가 나요. 불전에서 허둥대는 여러분들의 모습을 보면 어른스님들이 뭐라 하겠어요?"

우리들은 또 죽어라 예불연습을 하였다. 습의도감스님의 목소리가 갈라지고 있었다. 하도 소리를 질러서 목이 쉬려는가 보다. 애가 타서인지 얼굴도 벌겋게 상기되었다.

6시 20분, 집에 있었더라면 아직 일어나지도 않았을 시간에 아침을 들었다. 바로 대법륜전 지하층이 식당이었다. 절에서는 밥 먹는 것을 공양이라 하고 식당을 후원이라고 부른다. 200석도 넘을 대형 식당이었다.

우리들은 줄을 서서 주방 창구에 차려놓은 반찬과 밥을 식판에 덜어 한 식탁에 8사람씩 앉아 공양을 들었다. 자리에 먼저 왔다고 함부로 식사를 시작해서는 안 된다. 여덟 사람이 다 테이블에 앉을 때까지 기다렸다가 일제히 합장 반배를 한 다음 공양을 시작하여야 한다. '묵언'은 여기서도 예외 없이 엄격하게 지켜져야 하며 음식을 씹을 때 소리를 내서도 안 된다. 자기가 덜어 온 음식을 남기면 벌점을 받는다.

이런 딱딱한 분위기 속에서도 밥은 아주 맛있었다. 흰 김이 무럭무럭 솟는 구실구실한 쌀밥, 심심하면서 담백한 시래기 된장국, 두부지짐, 콩나물무침, 총각김치, 묵무침이 개운하고 정갈해서 내 입에 딱 맞았다.

7시, 대법륜전에서 삭발식이 있었다. 스님들이 또 총 출동한 것 같았다. 먼저 바리캉으로 머리를 대충 깎은 다음 면도칼로 밀어 말끔하게 마무리를 했다. 한지로 된 봉투를 나누어 주며 떨어진 자신의 머리칼을 주어 담으라고 지시하였다. 내 머리는 서정스님이 깎아 주었다. 머리를 감을 때 따끔했다. 약간 상처가 난 모양이었다. 웬일인지 그 느낌이 반가웠다. 60평생 달라붙었던 무명無明이 떨어져 나가는 듯했기 때문이었다.

나머지 도반들은 무릎을 꿇고 합장한 채 참회진언을 소리 높여 외고 있었다. 그 밖에는 아무 소리도 들리지 않았다. 어느 처녀의 기다란 검은 머리칼이 사정없이 잘려 나가자 그 주인공의 얼굴에 굵은 눈물이 줄줄 흘렀다. 이렇게 50여 명을 삭발하는데 불과 40분 남짓 걸렸을 뿐이었다. 머리가 시원하고 홀가분하였다. 깎은 머리들이 전혀 어색하게 보이지 않았다. 여자 도반들의 하얗게 드러난 머리는 오히려 박꽃처럼 아름다웠다.

행자복을 나누어 주었다. 옷고름이 달린 적삼 한 벌과 단추가 달린 간편복 한 벌이다. 남자들의 옷은 진한 벽돌색이고 여자들은 밝은 오렌지색이었다. 각엄스님이 서 별당 숙소까지 따라와 적삼 입는 법을 가르쳐 주었다. 옷고름 매는 요령과 행전 치는 방법이 하도 오래 되어서 나도 낯설었다. 젊은이들은 옷고름을 맬 줄 몰라 쩔쩔 맸다. 입고 온 사복과 신발은 교육본부에 맡기고 흰 고무신으로 갈아 신었다. 몸이 빼빼라서 옷이 헐렁했지만 편했다. 행전 끈을 조여 맨 오금이 좀 답답할 뿐이었다.

9시. 각자 머리칼을 담은 봉투를 들고 대법륜전 앞으로 집합하였다. 금강문을 나가자 아름드리 전 나무들이 빽빽이 들어찬 널따란 숲길이 나타났다. 그 길을 1km쯤 내려가니 일주문 근처 숲 속에 삭발기념탑이 숨어 있었다. 자원 봉사하러 나온 선배동문들이 그 탑 뒤에 구덩이를 파 놓고 기다리고 있었다. 각자 머리털이 든 봉투를 던져 넣고 흙으로 덮었다. 기분이 묘해졌다. 비록 머리털에 불과한 것이었지만 살아서 나의 장례식을 치르는 것 같았다. 비문을 읽어 보니 제법 비감하였다. 잘났건 못났건 나의 육십 평생은 이제 땅에 묻혔다. 보람도 아쉬움도,

은혜도 원망도 함께 묻혔다. 그리고 이제 한 살배기 불자로 다시 태어나려는 것이다.

습의도감스님이 우리들을 전나무 숲길에 3열종대로 세우더니 짧게 한마디 했다.

"여기서부터 적광전 앞 9층탑까지 삼보일배로 가서 부처님을 뵈올 터인데 정성을 다해 열심히 하시기 바랍니다."

습의사스님이 목탁을 들고 앞장섰다. 우리들은 그 목탁에 맞춰 석가모니불을 크게 소리 내어 부르며 삼보일배를 시작했다. 목소리가 통일되지 않고 힘도 없었다.

아니나 다를까. 습의도감스님이 즉각,

"이게 뭡니까?"

하더니, 우리들을 출발지점으로 되돌려 보내 다시 출발시켰다. 이렇게 20m쯤 가다가 되돌아오기를 서너 번 하니 목소리가 커지며 정신이 번쩍 들었다. 50여m쯤 가다가 우리들은 또 '원위치'를 당했다. 오체투지를 하라 했는데 이마에 흙이 묻지 않았다는 것이었다. 길바닥의 콘크리트 포장이 닳고 파여서 이마와 무릎이 박히고 아팠다. 내가 해 낼 수 있을지 지레 겁을 먹었으나 생각 했던 것 보다 어렵지는 않았다. 동료들이 외치는 정근소리에 나도 모르게 힘이 솟았다. 9층탑에 도착하니 선배들이 기다리고 있다가 피로회복제를 한 병씩 나누어 주었다.

낮 12시. 대법륜전에서 수계식을 가졌다. 계사스님이,

"삼귀의계와 오계를 지키겠느냐?"

고 묻자 모두,

"네!"

하고 서약했다. 스님들이 우리들의 왼팔 뚝에 뜸 같은 짧은 향을 올리고 불을 붙였다. 향은 3분쯤 타다 따끔하며 꺼졌다. 이때 묵은 업장도 함께 사라진다고 한다. 수계증과 발우를 받았다. '功德공덕'이라는 법명도 받았다. 나이 예순 다섯에 비로소 늦깎이 불자가 된 것이다. 스님들은 이제 우리들을 '행자行者'라고 불렀다.

수계식이 끝나자 적멸보궁寂滅寶宮을 참배하러 갔다. 오대산 비로봉 아래에 계시는 석가여래 부처님께 불제자가 된 것을 신고하러 가는 것이다. 이 참배식은 학감스님이 직접 이끌었다. 상원사까지 버스로 이동하여 그곳에서 문수보살님께 절을 드린 다음 보궁으로 올라갈 작정이었다. 버스 앞에 줄을 섰을 때 학감스님이 내 머리를 쓰다듬으며

"아이고 상처가 났네. 여기 약 좀 발라 줘요."

하였다. 코흘리개였을 때 어머니가 나의 까까머리를 쓰다듬어 주신 이후 실로 60여 년 만이다. 나는 깜짝 놀랐으나 젊은 학감스님은 개의치 않고 계속 쓰다듬었다. 당황한 내가 오히려 무안해졌다.

상원사上院寺는 단출하나 유서 깊은 절이다. 문수동자와 세조대왕의 설화부터 한암대종사漢巖大宗師의 좌탈입망坐脫入亡까지 여러 가지 기연이적奇緣異蹟을 간직하고 있다. 문수전을 참배하고 되돌아서면서 앞을 바라보니 검푸른 숲의 바다가 시원하게 펼쳐져 있었다. 떡과 사탕 몇 알씩을 나누어 주었다. 달콤한 그 맛이 어느새 어린아이처럼 반갑고

기뻤다. 우리들은 한 줄로 늘어서서 적멸보궁으로 올라가는 산길에 들어섰다. 마치 소풍 나온 듯 즐거웠다. 중간의 사자암에서는 물만 한 모금 마시고 그냥 지나쳤다. 이담에 다시 올 일이 몇 번 있다는 것이었다.

오대산의 주봉 비로봉에서 남쪽을 내려다보면 좌우로 기다란 산줄기가 활대처럼 휘면서 뻗어 내려가고 그 중간에 또 다른 산줄기가 가파르게 내려가다 1,5km되는 지점에 봉긋한 봉우리를 만들어 놓고 멈춰 섰는데 그곳이 바로 적멸보궁의 터다. 풍수가들은 그곳을 용이 물고 있는 여의주라고 풀었다. 신라 선덕여왕善德女王, 632-647 때 자장율사慈藏律師가 당唐나라에서 모셔온 석가여래의 정골頂骨 사리를 이곳에다 묻었다고 전한다. 보궁에서 2km쯤 내려가면 상원사가 나오고 그 곳에서 다시 11km쯤 물줄기를 따라 내려가면 월정사에 다다른다.

오대산은 자장율사 때부터 문수보살이 상주하는 성지聖地로 받들어지다가 신문왕神文王, 681-692의 두 아들 보천寶川과 효명孝明태자가 동·서·남·북·중 다섯 대臺의 봉우리를 찾아다니며 수행을 한 뒤부터 오만보살五萬菩薩을 모시는 신앙의 터전으로 발전하였다. 효명태자는 뒤에 신라 제33대 성덕왕聖德王, 702-737으로 등극한 분이다.

동대 만월산滿月山 관음암에는 1만의 관세음보살이, 남대 기린산麒麟山 지장암에는 1만의 지장보살이, 서대 장령산長嶺山 염불암에는 1만의 대세지보살이, 북대 상왕산象王山 미륵암에는 1만의 미륵보살이, 그리고 중대 지로산地爐山 사자암에는 1만의 문수보살이 상주한다는 것이다. 그러니까 오대산 전체가 수많은 부처와 보살과 나한이 상주하는 불국토佛國土라는 것이다.

보궁은 단출하였다. 세 칸짜리 법당 한 채가 전부였다. 그 안에도 불상은 없고 비단 좌복만 한 장 깔려 있었다. 석가여래의 진신사리를 모신 곳이라서 따로 불상을 모시지 않기 때문이라고 한다. 우리들은 법당 서편 빈터에서 사리가 묻힌 곳을 향하여 예를 드리고 잠시 입정入定한 다음 학감스님의 강론을 들었다.

"이제부터는 석가여래에 귀의하여 두리번거리지 말고 여법如法하게 남을 배려하면서 살아가라."

는 말씀이었다.

확성기에서는 뜻 모를 염불이 계속 흘러나오고 끝없이 터진 남쪽 골짜기로부터 서늘한 바람이 올라오고 있었다. 우리들은 보궁의 돌계단에 앉아 기념사진을 찍고 산을 내려왔다. 골짜기로 구름이 몰려들며 금방 가득 차더니 버스에 오르자마자 비가 쏟아졌다.

선불장

2007년 9월 15일 토요일. 흐리고 비

새벽예불을 드린 뒤 대법륜당으로 옮겨 '108참회 기도법'을 배웠다. '백팔대참회문百八大懺悔文'에 따라 환오스님이 시범을 보이고 우리들이 그대로 따라 익혔다. 잘못을 뉘우치고 부처님께 자비를 구하는 내용이었다. 숙세의 악업을 고백하는 부분은 삼엄하기가 추상같았고, 용서를 구하는 대목은 간절하고 절절하였다. 평생 이렇게 간담 서늘하게 만드는 글을 만나 본 적도 없었다.

부처님의 이름을 크게 부르며 오체투지로 108번 절을 드린다. 108 번뇌에 그 절 횟수를 맞춘 것 같았다. 부처님이 여러분 계신다는 것을 알았지만 이렇게 많을 줄은 또 몰랐다. 절하는 방법이 아주 과학적이었다. 도입부는 천천히, 중간 부분은 빠르게, 마무리는 아주 느린 템포여서 준비 운동, 본 운동, 숨 고르기 등과 똑 같은 구조였다.

새벽예불과 백팔대참회가 끝나면 5시 반쯤 된다. 이때부터 6시 20분 아침공양 때까지는 참선시간이지만 대개 모자라는 습의를 보충하거나 요가와 체조 등을 배웠다. 아침공양 후 전나무 숲길을 산책한 다음 청소를 하고 오전 강의를 듣는다. 10시에 사시불공을 드리고 11시 20 분에 법공양 즉 점심을 먹은 뒤 사경과 강의와 울력에 참여한다. 오후

5시 20분에 저녁공양, 6시 10분에 저녁예불을 드린다. 저녁 7시부터 또 강의를 듣고 8시 반, 하루를 평가한 다음 밤 9시에 잠자리에 든다. 오전 오후 일과는 가끔 바뀌는 경우가 있었지만 새벽예불과 백팔대참회는 과정이 끝날 때까지 한 번도 거른 적이 없었다.

전나무 숲길 포행은 즐거웠다. 차수, 안행으로 금강문을 나가자 손은 풀어도 좋지만 묵언을 깨서는 안 된다는 습의사스님의 지시가 떨어졌다. 하늘은 잔뜩 흐려 비가 또 올 모양이었다. 남 행자들의 벽돌색 염의染衣와 여 행자들의 주황색 염의가 검은 녹색 숲길에 두 줄로 선명하였다. 길옆으로 시냇물이 큰 소리를 내며 기운차게 흘러가고 있었다. 습기 찬 공기가 폐부 깊숙이 스며들었다.

우리들은 스님 몰래 소곤소곤 거리며 팔을 휘젓기도 하며 고개를 돌리기도 하며 몸을 풀었다. 태권도 자세를 취하는 사람, 기체조를 하는 사람, 요가를 하는 사람, 여 행자들도 남의 시선을 의식하지 않고 부드럽고 아름다운 동작을 거침없이 선보였다. 대법륜전으로 돌아오니 앞산 중턱에 걸쳤던 구름이 적광전 용마루까지 내려왔다.

대법륜전은 농구코트 세 개가 들어 설 만큼 크고 넓었다. 앞마당에서 7,8 개의 돌계단을 오르면 직사각형 건물의 남쪽 출입문이 열려있고 그 좌우와 후방으로 폭 2m 가량의 회랑이 건물 전체를 둘러싸고 있다. 건물 내부는 기둥이 하나도 없는 텅 빈 공간이며 천장은 아파트 2개 층에 달할 만큼 높다.

북쪽 벽면 전체에 지권인智拳印을 한 비로자나불毘盧遮那佛이 돋을새김 되어있고 그 주위를 역시 돋을새김 한 석가여래의 10대 제자가 둘러싸고 있다. 직사각형의 기다란 좌우 벽면 전체에는 촘촘한 감실龕室을 만들어 3,000불을 모셨다. 천장에는 푸른색과 흰색으로 학과 용, 연꽃 등을 그려 넣었다. 바닥은 언제나 뜨끈뜨끈 하였으며 평좌를 하면 300 명도 넘게 앉을 수 있겠다.

청기와를 얹은 거대한 지붕 추녀 상하에 두 개의 현판이 걸렸는데 위에는 '大法輪殿대법륜전', 아래에는 '選佛場선불장'이라 씌었다. 선불장 이란 부처님을 뽑는 곳이라는 뜻을 가진 이 건물의 별명인데 강석주姜昔珠 큰스님의 글씨라고 한다. 지은 지 3년도 안된 새 건물이고 정면 좌우 댓돌에 붉게 핀 베고니아와 제라늄 화분이 하나씩 놓여 있었다.

오후, 적광전에서 원행큰스님의 법문을 들었다. 큰스님의 법문은 흔치 않다고 하는데 우리들은 절에 들어오자마자 좋은 기회를 만난 것이었다. 적광전의 주불, 거대한 석가여래 좌상 앞 법상에 높이 앉은 큰스님은 쩌렁쩌렁한 목소리로 만당한 스님들과 신도들에게 말했다.

"남악 회양南嶽懷讓선사가 아직 깨닫기 전에 육조 혜능六祖慧能대사에 게 가르침을 청하러 갔을 때야. 육조가,
'어떤 물건이 이렇게 왔는고?'
그렇게 물었거든. 남악 회양선사는 아무 대답도 못하고 그대로 되돌 아서 8년 공부를 한 다음 다시 육조대사를 찾았어.
'한 물건이라도 맞지 않습니다.'
이렇게 대답했다고 그래. 여러분들은 뭐라 할 것인가?"

무슨 말인지 도무지 알아들을 수가 없었다. 생각할수록 답답해져

법당을 나서는데 비가 제법 세차게 쏟아졌다.

　습의도감스님이 발우공양 작법을 가르쳤다. 발우를 푸는 법, 펴는 법, 다시 매는 법을 먼저 익히고 법공양 절차 습의에 들어갔다. 크기가 약간씩 다른 발우 네 개를 가장 큰 발우에 차례대로 집어넣고 그 위에 수저 집을 가로 질러 얹은 다음 끈으로 묶는다. 이때 달가닥 소리를 내서는 안 된다. 매듭을 나비넥타이처럼 예쁘고 깔끔하게 마무리해야 한다.

　그런데 이것이 쉽지 않았다. 나비넥타이는 고사하고 끈을 조일 때 수저 집이 발우 위에서 제멋대로 빙빙 돌고 발우가 옆으로 튕겨나가며 달그락 소리가 크게 울렸다. 천신만고 끝에 매듭을 짓고 발우를 들어 올리는데 이번에는 발우가 몽땅 쏟아져 큰 소리를 내며 방바닥을 데굴데굴 굴렀다. 발우의 끈이 헐거워졌기 때문이었다. 습의도감스님의 몰아세우는 소리가 귀에 윙윙거렸다. 마음이 급해지고 애가 타 입이 바싹바싹 말랐다. 별것도 아닌 일로 쩔쩔 매는 행자들이 딱했던지 찰중스님과 습의사스님들이 여기저기 돌아다니며 매듭짓는 법을 고쳐주었다.

　법공양 절차는 더욱 까다롭고 복잡하였다. 식당에서 밥과 국, 반찬, 마실 물, 설거지물을 받아 와 진열하는 일부터 이를 나누어 주는 일, 밥 먹는 순서, 발우를 닦고 설거지물을 모아 버리는 일까지 죽비신호에 따라 전체가 한 사람이 하는 동작처럼 일사불란하게 이루어져야 한다. 물론 어떤 소리도 내서는 안 된다. 모든 절차를 시작할 때마다 합장하고 게偈를 읊어야 한다. 발우를 펴기 전에는 '불은상기게佛恩想起偈'를,

발우를 펼 때는 '전발게展鉢偈'를, 배식이 끝나 식사를 시작하기 전에는 '봉발게奉鉢偈'·'오관상념게五觀想念偈'·'생반게生飯偈' 등을 읊고, 식사가 끝나면 '절수게折水偈'·'식필게食畢偈'를 읊는다. 발우공양은 밥 먹는 일이라기보다 그 전부가 예불이고 수행이었다.

저녁예불 뒤에 습의도감이 반드시 지켜야 할 생활규칙을 알렸다.

"절에서는 뛰면 안 된다.
부처님 정면을 함부로 지나가서는 안 된다.
속옷 차림으로 잠자면 안 된다.
볼펜 돌리기 등 손장난을 하지 마라."

는 등등 수십 가지였다.

각자 할 일도 나누어 주었다. 절에서는 이를 소임所任이라고 불렀다. 가지가지 별난 소임이 다 있었다. 반장과 서기가 있고 종두鐘頭라는 것이 있다. 종두란 원래 종을 치는 소임인데 여기서는 반장의 연락병 역할이다. 나머지는 대부분 청소당번들인데 목욕탕은 정통淨桶, 화장실은 정낭淨廊이라 부른다. 대법륜전 청소담당은 지전知殿, 교육장의 불을 켜고 끄는 담당은 명등明燈, 우물청소 담당은 수두水頭, 마실 물과 차를 대는 사람은 다각茶角이고 채공菜供, 갱두羹頭, 부목負木은 다 식당 도우미들이다. 귀신들에게 밥을 갖다 주는 헌식獻食이라는 소임도 있었다. 나는 대법륜전 댓돌 청소담당이 되었다. 월정사로 오는 버스에서 만난 처녀는 여 행자 반장이 되었다.

찰중스님이 오늘 하루를 평가했다.

"묵언을 깨는 사람이 많다. 차수도 안 하고 안행도 안 된다. 행전이 풀어져 발목에 걸린 사람이 많다. 옷고름도 뒤죽박죽이다. 스님들을 만나도 인사를 안한다…"

언제 돌아다니며 보았는지 조목조목 지적하고 다음에 같은 잘못이 적발되면 벌점을 먹이겠다고 엄포를 놓았다. 그리고 발우공양을 걱정했다. 내일 아침부터 당장 발우공양을 시작할 터인데 밥그릇, 반찬그릇, 물그릇도 구분 못하니 한심하다는 것이다. 이렇게 말하면서, 여행자반의 막내에게,
    "내 방에 가서 발우 좀 가져오세요."
했다. 그때 그 막내 왈,
    "스님, 발우가 뭐예요?"
하는 것이었다. 순간,
    "와!"
하는 웃음이 터졌다. 찰중스님은 어이가 없어 한동안 말을 잇지 못했다. 하루 종일 발우 때문에 그 고생을 하고서도 '발우가 뭐냐?'라니……. 하지만, 그 천진한 말 한마디로 발우공양 습의로 쌓였던 스트레스가 일거에 날아가 버렸다.

눈물

2007년 9월 16일 일요일. 흐리고 비

아침 포행시간에 전나무 숲길을 걷는 대신 대법륜전에서 집단참회를 했다. 찰중스님, 습의도감스님, 습의사스님들도 우리들 앞에서 똑같이 108번 참회의 절을 올렸다.

어제 저녁 취침시간에 묵언을 깬 벌이었다. 행자들이 소등 후에도 계속 왔다 갔다 하며 요란하게 떠들자, 각엄스님이 나타났다.

"바로 옆방이 학감스님 처소입니다. 절집은 천장이 터져 있기 때문에 옆방에서 숨 쉬는 소리까지 다 들립니다."

각엄스님은 낮은 소리로 경고하고 돌아갔지만 그것으로 끝난 것이 아니었다. 우리들은 지은 죄가 있어 찍 소리도 못했지만 스님들은 무슨 잘못이 있는가? 행자들을 잘못 가르친 허물이 있다는 것이었다.

스님들은 하나같이 당당하고 말에도 거침이 없었다. 학감스님이 강의시간에 말했다.

"우리가 가진 것은 생명 뿐, 잔머리 굴리지 말고 전력투구하라. 모르는 것을 아는 체하려니 구차해지는 것이다. 부처님 앞에서 두리번거리지 마라. 잘못했으면 차라리 한 대 맞아라. 눈동자 굴리면서 요령

피우지 마라. 삶과 정면대결 할 생각은 하지 않고 쓸데없는 일에
용쓰지 마라. 삭발을 했다는 것은 나의 모든 것을 다 드러내놓고
산다는 뜻이다."

절 밖에서는 좀처럼 들어보기 힘든 말씀이었다.

절에서는 일요일이라고 달라지는 것이 없었다. 정해진 시간표대로
갈 뿐이었다. 비 때문인지 관광객들도 없었다. 비는 벌써 사흘째 내리
고 있었다. 남쪽에서는 태풍이 올라오고 있다는데 집에는 별일 없는지
궁금하였다. 손자들이 보고 싶었다.

이제 예불시간에 목탁소리를 알아들을 수 있게 되었다. 예불문禮佛文
도 따라 외울 수 있었다. 반야심경般若心經이야 그전부터 알고 있었던
것이었지만 여기서 처음 본 무상계無常戒도 줄줄 외울 수 있게 되었다.
거기에는 삼법인三法印과 12연기緣起, 공空과 중도中道 등 석가여래의
가르침이 고도로 농축되어 있었다. 평소 판소리처럼 들리던 예불문과
무상계에 그런 엄청난 뜻이 담겨 있었는지는 짐작도 못했다.
이제 소리가 들리자 예불이 지극하고 장엄해졌다. 참회懺悔와 헌신獻
身과 감동感動이 어우러지더니 눈물이 저절로 흘러내렸다. 오늘까지
이렇게 절을 많이 하고 이렇게 울어 본 적도 없었다.

저녁 시간에 습의도감스님이 칠판에 이렇게 썼다.

'지나간 것을 뒤쫓아 생각하지 말고 아직 오지 않은 것을 기다리지 마라. 과거는 지나갔고 미래는 아직 오지 않았기 때문이다. 다만, 현재의 법法을 보라. 흔들리지도 말고 주저함도 없이 그것을 알아서 길러내라. 오늘 할 일을 하라. 누가 내일 죽음이 올 것을 알겠는가?'

『증아함경』

습의도감스님은 군더더기 설명이 없이 쉰 목소리로 그냥 죽 읽어 내려갔다. '그것'이 무엇인지 물어보고 싶었지만 틈이 없었다.

"내일부터 20일쯤 여러분들을 떠나야 합니다. 미국에 볼 일이 생겼습니다. 오늘 낮에 한 분이 절을 나갔는데 안타깝습니다. 여러분들은 지금 조계종이 정한 행자교육의 표준과정을 이수하고 있는데 그 강도는 십분의 일도 안 됩니다. 여러분들은 지금 속세에서 물든 생활습관을 바꾸는 훈련을 받고 있는 것입니다. 묵언과 하심과 절이 가장 강력한 무기입니다. 이것으로써 신체를 조복 받아야 마음을 다스릴 수 있습니다. 모처럼 발심을 하셨으니 제가 돌아올 때까지 더 이상 퇴방하는 사람이 없기 바랍니다."

귀신 잡는 해병대조교 같던 습의도감스님에게 이런 따뜻한 마음이 숨어 있었다니 가슴이 뭉클해졌다. 그러나 나를 포함해서 모든 행자들은 속으로 만세를 불렀다. 습의사스님과 찰중스님이 아무리 엄격하기로서니 '해병대조교' 같겠는가라는 기대감 때문이었다. 그러나 수법스님과 환오스님도 결코 녹록하지 않았다.

사경

2007년 9월 17일 월요일. 비

도반들의 얼굴들이 점차 식별되었다. 하나같이 결심이 대단하고 진지하였다. 새벽예불 집합을 하기 전 나는 법륜전 옆의 돌샘, 수각에서 물을 몇 모금 마신 뒤 보건체조로 몸을 푼다. 그때 내 곁에서 함께 체조를 하는 도반이 생겼는데 식당도우미 소임을 맡은 채공행자였다. 갓 마흔이 된 대구 출신의 늙은 총각으로 키는 작지만 다부진 몸매였다. 눈에는 총명이 담겨 있었다. 무릎 꿇는 자세를 견디지 못해 습의도감스님으로부터 혼이 난 바로 그 사람이었다. 그러나 몸이 재고 부지런해서 후원 공양주보살들로부터 벌써 점수를 많이 딴것 같았다. 떡과 사탕, 과자 등 주전부리를 부지런히 물어다 우리들에게 나누어 주고 있었다.

어느 날 저녁 찰중스님이 힘든 일이 없느냐고 묻자 채공행자가 기다렸다는 듯 일어나 말했다.

"이거 너무한 것 아닙니까? 우리가 유격훈련 받으러 왔습니까? 하루 종일 절하고 무릎 꿇고 앉아 있으려니 정말 미치겠습니다. 저녁에 샤워할 시간도 없잖아요?"

행자들은 일순 조용해졌다. 누구나 하고 싶은 말이었지만 감히 입

밖에 내지 못하고 끙끙 앓고만 있었기 때문이었다. 나도 깜짝 놀랐다. 요즘 젊은이들이 할 말은 한다지만 너무 당돌하다는 생각이 들었다. 이 상황을 잘못 처리하면 교육 분위기가 엉망이 될 판이었다. 찰중스님 이 이 상황을 어떻게 수습할지 그 솜씨가 기다려졌다.

"그렇게 힘들어요? 그럼 공부가 잘 되고 있는 겁니다. 이제까지 잘못 길들여진 습習을 바꾸자는 것인데 그까짓 것을 못 참아요? 몸이 저항하 는 것을 이겨내세요. 몸이 저항하지 않는 사람은 송장이 된 거예요. 샤워요? 남자들은 머리도 깎았겠다, 10분이면 족하잖아요? 10분 정도 는 아무 때나 시간을 낼 수 있습니다. 뜨거운 물은 항상 나오니까요."

칼 같은 이 말에 채공은 물론 모든 행자들의 얼굴이 싹 달라졌다.

우리들이 체조할 때 앞에서 너울너울 학춤을 추는 사람도 있었다. 기골이 장대한 40대 중반이었다. 긴 얼굴에 이마가 정수리 근처까지 벗겨지고 뒤집힌 여덟팔자처럼 죽 찢어진 실눈이 노상 반짝반짝하였 다. 숯검정 같은 얼굴에 주먹만한 코와 두툼한 입술을 달고 있어 사무 라이를 떠올리게 하는 서늘한 인상이었다. 지나가는 처녀행자들 보고 거침없이

"야, 야, 가시내야. 니 걷는 폼이 그게 뭐꼬?"

하기 일쑤였다. 길쭉한 목소리에 억센 경상도 사투리였다. 나오는 대로 말하고 아무 때나 끼어들었다. 그래도 악의가 없는 것 같아 면박을 줄 수가 없었다.

"부산에 조그만 도장을 가지고 있는데 따르는 사람이 40명 넘지 예. 학춤이요? 돌아가신 어른께 배웠지 예."

그의 학춤은 일품이었다. 아직도 어둠이 짙은 새벽에 휘젓는 그의 팔 다리는 정말 학이 퍼덕이는 듯하였다.

30대, 40대가 제일 많고, 60대도 다섯이나 되었다. 여자 반에도 60대가 둘이다. 불교대학을 다닌 사람들이 많고 이미 절살이를 하고 있는 사람도 여럿이었다. 신묘장구대다라니를 줄줄 외는가 하면 절도 가뿐가뿐 잘 해내는 선수들이었다. 이 과정의 경험이 너무 좋아 두 번째로 들어온 사람도 있었다. 염송과 절은 여자들이 훨씬 더 잘했다. 절도 제대로 할 줄 모르는 완전 초보는 나뿐인 것 같았다.

벽안의 청년도 한 사람 끼었다. 로스앤젤레스 출신의 애드리안Adrian 이었다. 아리랑방송이 한국의 사찰 소개 프로를 만들면서 모델을 공개 선발했는데 그때 뽑힌 190cm의 거한이었다. 이 청년을 통하여 월정사의 단기출가 학교생활은 전 세계로 알려질 모양이었다. 덕택에 우리들도 텔레비전 전파를 타게 생겼다.

사자암 주지 인광仁光스님은 모습도 목소리도 강의도 이채로웠다. 후리후리한 키에 마른 체격이었다. 삭발한 머리는 반짝반짝 윤이 나고 얼굴은 맑았다. 수줍은 듯 웃고 있으나 목소리는 깨끗하고 우렁찼다. 본인 스스로가 여자 같다고 말하였지만 전혀 여자 같이 보이지 않았다.

"계향, 정향, 혜향…"

오분향 시범을 보일 때는 크고 장중한 소리가 대법륜전에 가득 찼다. 강의 시작 전 행자들이 줄지어 서서 기다리는 그 사이를 지나 부처님께 절을 드릴 때는 꼭 학이 내려앉는 모습이었다. 큰 키가 잠시 비로자나

불을 바라보더니 천천히 무너지면서 이마가 땅에 닿는다. 마지막 고두배를 할 때는 넓은 소매를 우아하게 뒤집어 나비가 날개를 접는 듯했다. 강의는 초보적인 상식부터 최상승 법문까지 유머와 새타이어를 섞어 가며 종횡무진 했다.

"한글세대에 한문 경전을 읽어 주면 누가 알아듣겠는가? 한문 좀 배운 나도 모르는데. … 여기 앉아 말하고 있는 사람은 중 인광이 아니라 무시이래 쌓인 업業이다. 계율은 수행의 길잡이이다. 계를 지키지 않으면 해탈도 없고 해탈지견도 없다."

강의 중간중간에 손바닥만한 종을 쳐서 정신이 번쩍 들게 만들기도 하였다. 그 하얀색 종에서 울리는 소리는 의외로 맑고 강하였다.

오후부터 사경寫經을 시작하였다. 두루마리를 나누어 주기에 서서 펴보니 두 팔을 들어도 바닥에 일부가 남아 있다. 내 키가 181cm이니 2m가 훨씬 넘을 것 같다. 옅은 붉은색으로 월정사 9층탑이 그려져 있고 탑 안의 작은 네모 칸에 한문이 빽빽하게 인쇄되어 있었다. 한숨이 저절로 새 나왔다. 제목에「금강반야바라밀경金剛般若波羅蜜經」이라고 쓰여 있다. 잉크를 채운 붓펜도 한 자루씩 나누어 주었다.

수법스님과 각엄스님도 경상 위에 두루마리를 펴 놓고 우리들 앞에 섰다.

"죽비 한 번에 절하고 한 자씩 쓰세요. 부처님께 발원 하시고 정성을 다 하세요."

수법스님이 한 마디 하고 부처님을 향해 돌아섰다. 그러자 각엄스님의 손에 들려 있던 죽비가 '딱'하고 울렸다. 죽비소리는 규칙적으로 들렸다. 10초가 약간 넘을 듯한 간격이었다. 죽비가 울리면 절할 때 나는 옷자락 스치는 소리와, 쓰기를 마친 붓펜을 경상 위에 내려놓는 소리만 들렸다. 시계를 들여다볼 틈도 없었다. 죽비가 얼마나 울렸는지 모르지만 탑 맨 꼭대기 한 줄이 채워지고 두 줄쯤 끝나가자 발가락과 발등이 아프고 장딴지가 땅겼다. 숨도 가빠지며 등줄기에 땀이 뱄다. 가쁜 숨을 내뱉는 소리가 여기저기서 들렸다.

그래도 죽비는 무심하게 울렸다. 열린 문을 통해 바람이 지나가며 두루마리를 흔들었다. 앞 사람의 등이 땀에 젖어 시커멓게 보였다. 정신이 아득해지며 기진맥진할 때쯤 죽비가 '딱, 딱, 딱,' 연속적으로 울리더니 두 스님이 돌아섰다.

우리들도 일제히 회랑으로 나가 다리를 뻗었다. 밖에서는 비가 제법 세차게 쏟아지고 있었다. 뜨거운 마가목 차로 입술을 축이며 풀어진 행전 끈을 고쳐 묶었다. 모두들 상기된 얼굴인데 눈인사만 보낼 뿐 말이 없었다. 스님들이 그토록 강조한 묵언이 저절로 이루어진 것이었다.

'청규淸規'라는 과목이 있다. 잘못을 부처님께 고백하고 참회하는 시간이다. 이 시간은 학감스님이 직접 진행했다. 스님들은 모두 가사를 매고 엄숙한 얼굴로 부처님 앞에 정좌했다. 행자들은 한 줄로 'ㄷ' 자 형태로 마주 앉았다. 청규를 마칠 때까지 무릎 꿇고 차수 하라는 지시가 떨어졌다. 찰중스님이 청규를 읽었다. 입학고불식 때 서약했던 그 내용이었다. 그리고 한 사람씩 차례대로 청규위반 내용을 고백하고 가운데로 나가 정면의 부처님과 스님들께 3배를 드렸다. 평소에 웃음이 떠나지 않던 학감스님의 얼굴도 서릿발처럼 엄숙하였다.

"묵언을 깬 경우는 고백만 하고 나와서 참회의 절은 하지 마세요. 정 힘들면 잠시 일어섰다가 다시 무릎 꿇고 앉으세요."

묵언을 지킨 사람이 거의 없을 정도로 많고 무릎 꿇은 자세를 5분도 견디지 못하자 학감 스님이 좀 풀어준 것이었다.

참회 내용도 가지가지였다. 강의시간에 졸은 사람, 부처님 앞을 함부로 지나다닌 사람, 청소시간에 빨래한 사람, 어떻게 구했는지 절에서 준 것이 아닌 것을 먹은 사람…… 등등. 가족들에게 아픈 말을 너무해 아물 수 없는 상처를 주었다고 목이 메는 사람도 나왔다. 고백하는 말들은 대개 더듬더듬, 주저주저, 힘이 없었으나 그 진정성은 하얗게 드러났다.

이렇게 부끄러움을 무릅쓰고 대중 앞에서 치부를 드러내며 참회하는 말을 들으니 늙은 내 가슴도 울렁거리며 숙연해졌다. 스님들은 가타부타 일체 말이 없이 근엄한 얼굴로 듣고만 있었다.

시간이 지날수록 분위기가 점점 진지하고 숙연해지는데 생경한 경상도 사투리가 튀어 나왔다. 한 번도 고쳐보려고 노력한 흔적이 보이지 않는 오리지널 억양이었다. 말이 마음을 미처 따라 가지 못해 반 박자씩 늦었다. 학춤행자였다.

"스님 예. 저는 여기서 며칠 지내보니 너무 좋아 예. 담배 끊고, 술 끊고, 살까지 빠지니 얼마나 좋습니까? 그런데 미치겠는 기라. 금단 현상이 오는 것 같아 예. 배고파 죽겠심더. 먹을 것이 있어야지 예.
그래서 틈만 나면 물을 마셔요……"

내 맞은편의 처녀행자들이 웃음을 참지 못해 입을 틀어막고 몸을
비틀었다. 학춤은 작심한 모양이었다. 계속 딴전을 부리며 능청을 떨었
다. 그래도 스님들은 미동도 없었다. 그의 사설이 제풀에 스러질 때까
지 내버려두었다. 놀라운 정력定力이었다.

복덕과 공덕

2007년 9월 18일 화요일. 비

비는 잠깐 그쳤지만 월정사는 구름 속에 잠겼다. 포행 길에 보니 전나무 숲에도 구름이 내려와 앉았다. 절 밖 세상에는 태풍이 몰아쳐 난리가 났는지 모르겠지만 이곳은 고요하고 한가하였다. 계속되는 비로 시냇물이 불어 넘실거릴 뿐이었다. 축축한 바람을 맞으며 삭발탑 근처까지 내려갔다. 이제 발우공양에도 다들 익숙해졌는지 소리도 덜 내고 설거지물도 깨끗해졌다. 사경할 때 절을 따라가기가 힘들지만 주저앉을 정도는 아니었다.

행자들이 법명에 담긴 뜻을 자꾸 묻자, 학감스님이 카드를 만들어 나누어 주었다. 명함 두 장 크기의 종이에 이름풀이를 간단히 적고 예쁜 그림을 곁들인 뒤 비닐 코팅까지 했다. 어머니의 마음 같은 따뜻한 배려가 드러나 보였다. 삭발과 장삼으로 몸을 감출 수는 있었겠지만 마음까지 숨길 수는 없었나 보다.

내가 받은 카드에는 이렇게 쓰여 있다.

"세상의 법칙은 공덕을 여의지 못한다고 합니다. 공덕의 행이 지극히
커서 세상에 살되 하늘의 모습으로 산다는 뜻입니다."

내가 감당하기에는 그 뜻이 너무 컸다. 사실 나는 이 이름을 받을 때부터 걱정이 앞섰다. 여태까지 쌓은 공덕이 없으므로 이름값을 하려면 앞으로 공덕을 부지런히 쌓아야 할 터인데 이 나이에 무엇을 할 수 있단 말인가. 더구나 공덕이란 중생의 몸으로는 할 수 있는 일도 아닌 것 같았다.

석가여래는 금강경에서 갠지스 강의 모래알만큼 갠지스 강이 있고, 그 모든 갠지스 강의 모래알 수만큼 삼천대천세계가 있는데, 어떤 사람이 칠보로 그 수많은 삼천대천세계를 다 채워 보시를 한다 해도 그 복덕이 금강경의 사구게 하나를 남에게 가르쳐 주는 것만 못하다고 말했다. 하지만 금강경의 사구게四句偈는 그 내용이 아무나 가르칠 수 있는 수준이 아니다. 아뇩다라삼먁삼보리를 증득證得하고 4상相까지 여윈 대 아라한大阿羅漢이나 보살菩薩 또는 여래如來가 되지 않으면 불가능한 일이라고 한다.

복덕福德과 공덕功德의 차이에 관해서는 또 아주 의미심장한 내력이 숨어 있다. 전하는 바에 따르면 달마達磨대사는 양梁 무제武帝를 수도 남경南京에서 만나 다음과 같이 문답하였다.

— 내가 즉위한 이래 무수한 절을 지었고 무수히 많은 경전을 각인하였고, 수많은 승려를 공양을 하였소. 이것이 무슨 공덕이 되겠소?
"전혀 공덕이 되지 않습니다."
— 어째서 공덕이 없다고 하시오?
"그러한 것은 인천 속세의 조그만 행위이고, 과보가 새어 나오는 옹달샘에 불과합니다. 형체에 그림자가 따르듯이 그들을 따를 뿐입니다. 그림자는 존재하는 듯이 보이더라도 그것은 실재하는 것이 아니지요."

— 그러면 진정한 공덕이란 무엇이요?

"진정한 공덕은 청정하고 원만한 지혜를 깨닫는 데에 있습니다. 그 지혜는 공적하여 말로 나타낼 수가 없습니다. 이러한 공덕은 속세의 사량분별로는 알 수가 없습니다."

황제는 계속해서 물었다.

— 불교의 거룩한 교리 중에서 으뜸가는 가르침은 무엇입니까?"

"그냥 텅 비어 분명할 뿐 아무 아무 성스러울 것도 없습니다."

마침내 황제는 다음과 같이 또 묻는다.

— 내 앞에 서 있는 사람은 도대체 누구요?

"모르겠습니다."

帝問曰 朕卽位已來 造寺寫經度僧 不可勝紀 有何功德 ?

師曰 並無功德

帝曰 何以無功德?

師曰 此但人天小果 有漏之因 如影隨形 雖有非實

帝曰 如何是眞功德?

師曰 淨智妙圓 體自空寂 如是功德不以世求

帝又問 如何是聖諦第一義?

師曰 廓然無聖

帝曰 對朕者誰?

師曰 不識

『景德傳燈錄』卷3

吳經熊 著 徐燉珏 李楠永 譯,『禪學의 黃金時代』, 三一堂, 1982, pp82-83

보리달마菩提達磨의 생몰연대는 정확히 알 수 없다. 학자들은 470년
쯤 중국 남부 광동廣東에 도착하여 528년에 입적했을 것으로 추측하고
있다. 양 무제502-549의 속성은 소蕭씨이고 이름은 연衍이다. 독실한
불교신자였을 뿐 아니라 글도 잘 써 문집을 여러 권 남겼다. 그의 아들
소명昭明 태자도 구마라집鳩摩羅什. 344-413이 번역한 『금강경金剛經』을 32
장章으로 나누어 각 장마다 제목을 붙일 정도로 불학佛學에 뛰어난 인물
이었다. 그가 엮은 『소명문선昭明文選』은 아직도 중국문학의 필독서가
될 정도로 권위가 높다. 무제의 보시가 복덕이냐 공덕이냐는 논쟁은
백 년쯤 지나 재연되었다. 소주자사韶州刺史 위거韋璩라는 사람이 육조
혜능六祖慧能. 638-713대사에게 물었다.

"달마대사께서 양 무제를 교화 하실 때 양 무제가 달마에게 묻기를
'짐은 한 평생 절을 짓고 보시하고 공양했는데 공덕이 있습니까?'라고
물으니 달마가 대답하기를 '대왕께서 하신 일은 공덕이 되지 않습니
다.'라고 하자 무제는 실망하고 탄식하며 마침내 달마를 국경 밖으로
내쫓았다고 하는 말을 들었습니다. 아직 이 말의 뜻을 잘 이해하지
못하겠으니 화상께서 가르쳐주십시오."
육조가 말했다.
"정말로 공덕이 없습니다. 사군은 달마대사의 말을 절대로 의심해서

는 안 됩니다. 무제는 삿된 도에 집착하여 바른 법을 모르고 있습니다."

사군이 또 물었다.

"왜 공덕이 없습니까?"

육조가 말했다.

"절을 짓고 보시하고 공양하는 것은 단지 복을 닦는 일일 뿐입니다. 복덕을 공덕과 착각해서는 안 됩니다. 공덕은 법신에 있는 것이지 복전에 있는 것이 아닙니다. 자신의 법성에 공덕이 있는 것입니다. 본성을 깨닫는 것이 공功이고 평등하고 곧은 것이 덕德입니다. 불성이 밖으로 공경을 행해야 합니다. 만약 모든 것을 업신여기면 나의 아상은 끊어지지 않아서 스스로 공덕을 잃게 됩니다. 자성이 허망하면 법신에 공덕이 없습니다. 생각생각마다 덕이 행해지고 마음이 평등하고 곧으면 덕이 가볍지 않아 항상 공경하는 행을 하게 될 것입니다. 스스로 몸을 닦는 것은 공이고 스스로 마음을 닦는 것은 덕입니다. 공덕은 자신의 마음으로 짓은 것이기 때문에 복덕과 공덕은 다릅니다. 무제가 바른 이치를 모른 것일 뿐 조사이신 달마대사에게 허물이 있는 것은 아닙니다."

鄭唯眞, 『敦煌本 六祖壇經 硏究』 서울, 경서원, 2007, 8, 25. pp.310-313

육조대사의 가르침은 갠지스 강의 모래알 비유와 다르지 않다. 원문은 '무제착사도武帝着邪道'라는 표현까지 쓰고 있다. 인간세계에서 최고의 지위를 가진 황제를 내세워 그 당시 중국을 주름잡던 교학敎學 중심, 기복祈福 중심의 불교를 사도라고 비판한 것이다. 이 같은 발언은 불교계 전체에 대한 혁명적 도전이었다. 무제와 같은 방법으로 불교를 믿으면 천당에는 갈지 몰라도 불교신앙의 최종 목표인 해탈解脫은 할 수 없다는 지적이기 때문이었다.

육조는 '경전 밖에 따로 전하여, 문자에 의존하지 아니하고, 사람의 마음을 곧장 가리켜, 자성을 보고 부처를 이룬다.敎外別傳 不立文字 直指人心 見性成佛'는 돈오법문頓悟法門을 주창主唱하였다. 이는 조사선祖師禪의 탄생을 알리는 선언宣言이었다. 후대의 사람들은 육조대사의 돈오법문을 용수龍樹의 '공空'이나 세친世親의 '유식唯識'을 뛰어넘은 대승불교의 꽃이라고 평가하였다.

서대 염불암

2007년 9월 19일 수요일. 흐림

서대西臺 염불암念佛庵을 다녀왔다. 날은 흐렸으나 비는 내리지 않았다. 염불암은 하나도 변한 것이 없었다. 20년 전, 회사 동료들과 비로봉을 오른 뒤 염불암을 거쳐 내려온 적이 있었다. 단풍이 한창인 가을의 중턱이었는데 낡은 귀틀집이 손수건만한 빈터 위에 홀로 서 있었다. 담장은 물론 없었고 사람 하나가 겨우 지나다닐 수 있는 길이 방문 앞을 지나 전나무 숲으로 이어졌을 뿐이었다. 댓돌 위에 신발 한 켤레가 보이지 않았더라면 그냥 폐가로 치부할 뻔했다. 우리들이 옹달샘에서 목을 축이고 웅성웅성 떠들자 정적이 깨졌다. 그래도 안에서는 인기척이 없었다. 고무신의 주인은 그때 그 안에 있었을까? 장작을 잘게 패서 뒤란 추녀 밑에 차곡차곡 쌓아놓은 모습도 그때와 똑 같다. 한강의 발원지라는 우통수于筒水와 그 비석도 변함없고, 부엌문이 다부지게 잠긴 모습도 그대로였다. 다만 댓돌 옆에 놓인 전나무 의자와 채마밭에 푸성귀 몇 포기가 자라고 있는 점이 달랐다. 그 후 이상하게도 이 귀틀집이 자꾸 생각났다. 잠시 일에서 벗어나 여유가 생기면 밝은 빛을 받으며 외롭게 서 있던 그 모습이 떠오르고 그 닫힌 문안에서는 누가 무엇을 하고 있었는지 궁금했다.

늘 다시 가 보고 싶었는데 이번에 드디어 문을 열고 들어가 보게 되었다. 들어가 보니 텅 비어 있었다. 손바닥만 한 방이 두 개인데 한 칸에는 부처님이 홀로 앉아계시고 또 다른 한 칸에는 좌복 한 장이 깔려 있을 뿐이었다.

전나무 의자에 앉아 앞을 바라보았다. 검은 구름이 서쪽에서 동쪽으로 떼를 지어 몰려가고 검푸른 골짜기 너머 멀리 검은 산줄기들이 서로 겹치면서 구불구불 구름 속으로 사라진다. 스님들은 이런 수행처소를 토굴이라고 부른다. 사람들은 물론 짐승들도 접근하기 힘든 곳에 움집을 짓고 혼자서 수행에 전념하는 것이다. 염불암의 암주도 우리들이 찾아온다는 연락을 받고 사라진 것일까. 이번에는 댓돌 위에 신발이 보이지 않는다. 여기에 계시는 스님이 어떤 분이냐고 물었으나 아는 사람이 없었다.

오늘은 호강이 겹쳤다. 서대에서 내려오니 읍내로 목욕을 간다는 것이었다. 일주일 만에 세상 구경을 나가는 것이다. 신병훈련 때 외출 나가던 그런 들뜬 기분이었다. 구름이 걷히고 해가 나 거리는 밝아졌는데 웬일인지 쓸쓸해 보였다. 무표정한 사람들이 그림자처럼 어슬렁거렸다. 왜 이런 느낌이 드는 것일까. 시장은 살아서 펄펄 뛸 줄 알았는데 뜻밖이었다. 자동차 경적 소리가 크게 들릴 만큼 한적하였다.

목욕탕은 우리들의 독차지였다. 밀렸던 면도도 하고 속옷도 몰래 빨았다. 탕 안에 삭발한 맨 머리들이 수박덩이처럼 둥둥 떠다니고, 바닥에는 큰대자로 누워 잠을 청하는 사람도 있었다. 연비한 자국에 콩알만 한 딱지가 앉았다. 수건으로 몸을 훔치며 거울을 보니 원래 마른 몸이지만 갈비가 더 앙상하게 들어났다. 벌써 몸무게가 5kg이나 빠졌다는 사람이 생겼다.

오늘 아침부터 간부스님들과 발우공양을 함께하기 시작했다. 저녁 평가 시간에 들으니 간신히 낙제는 면한 모양이었다. 하지만 스님들께 음식을 나누어 드릴 때 구참과 신참의 순서를 잘 지키고 우왕좌왕하지 말라는 지적이 있었다. 스님들의 세계에서는 차서가 매우 엄격하였다. 법랍을 따지다가 절문을 한 시간이라도 먼저 넘은 것으로 밝혀지면 즉시 선배로 깍듯이 모셔야 된다는 것이었다. 행자들이 간부스님들의 차서를 알리 만무하다. 그래서 자리마다 명패를 놓았지만 행익하는 사람이 따로따로이고 공양에 나오지 않은 스님도 있어 순서가 뒤죽박죽되었던 모양이었다.

평소에 말이 없던 각엄스님이 행자들의 법명을 죽 부르더니 각각 벌점 2점씩 매긴다고 발표했다. 식당당번을 맡고 있던 1조 행자들 전원이었다. 벌점 2점은 큰 벌이었다. 1점만 더 받으면 백팔참회를 해야 되기 때문이다. 저녁공양 후 후원에서 설거지를 마치고 떡을 먹다 들켰다고 한다. 후원에서는 공양 때마다 백설기와 인절미, 바나나, 참외 등 과일을 채반에 담아 식탁에 내놓고 마음껏 가져다 먹도록 하였다. 그러나 우리들은 세 끼 모두 법륜전에서 발우공양을 하기 때문에 그런 떡 구경을 할 수 없었다. 그래서 허락하지 아니한 떡을 먹은 행위는 청규에도 어긋나고 형평에도 어긋난 것이니 중벌에 처한다는 말씀이었다.

오후불식

2007년 9월 20일 목요일. 맑음

꺥~

　행자 한 사람이 오늘 또 절을 나갔다. 머리가 너무 아파 견딜 수가 없다는 것이었다. 평소에 심장이 안 좋았던 모양이다. 이제 30명 남았다. 오늘부터 일주일간 오후불식午後不食이다. 배고픈 것을 참는 것도 수행이라고 한다. 나는 집에서도 저녁을 거른 적이 많기 때문에 대수롭지 않게 생각했으나 의외로 걱정하는 사람들이 많았다. 배고픔보다 먹고 싶은 유혹을 물리치는 것이 어렵다는 것이다.

　나는 발우공양 때 큰 그릇에 담은 밥을 행자들에게 나누어 주는 담당인데 밥을 퍼줄 때마다 구수한 향기가 풍겼다. 어릴 때 생각이 났다. 어머니가 밥을 푸실 때쯤 나는 누룽지를 얻어먹으러 부엌으로 가 부뚜막 앞에서 기다렸다. 남자들은 부엌에 들어오는 것이 아니라며 내쫓았지만 나는 버텼다. 밥을 푸려고 솥뚜껑을 열면 하얀 김이 날아오르고 잘 익은 밥이 드러나며 구수한 냄새가 부엌에 가득 찼다. 밥을 푸시는 어머니의 모습과 그 밥 냄새가 너무나 생생하였다. 나는 월정사에서 오랜만에 그 냄새를 다시 맡았다. 어머니의 행주치마와 그 치마에 묻었던 아침의 신선新鮮도 되살아났다.

찰중스님은 틈만 나면 사경을 시켰다. 스님들도 함께 사경을 하므로 농땡이를 칠 수가 없었다. 두 시간을 잇달아 하는 경우가 많았다. 사경은 글자 한 자에 절 두 번꼴이다. 죽비가 울리면 오체투지로 절을 하고 다시 무릎을 꿇고 앉아 한 자를 쓴 뒤 일어서야 하기 때문이다. 50분 쓰고 10분을 쉬는데 보통 200자 가까이 쓰는 것 같았다. 그러면 절은 400번 한 셈이 된다. 그러나 사경탑은 9층 가운데 겨우 3개 층이 채워졌을 뿐이었다. 어느 행자의 말에 따르면 금강경은 모두 5,149자라니까 9층탑을 다 채우려면 절을 12,000번 이상 해야 될 것이다. 소명태자가 단 제목은 비록 경 취급을 받지는 못하지만 엄연히 탑돌 구실은 하고 있으므로 건너뛸 수가 없었다. 생각해 보니 요즘은 절을 하루에 6백 내지 7백 번 하는 것 같았다. 하루 예불 세 번과 아침의 백팔참회는 기본이고 다른 행사가 있으면 보너스 절을 바쳐야 했다. 마음과 몸이 풀어질 만하면 오체투지로 3보 1배를 시키고 염주 꿰기를 하면서도 백팔배를 시켰다. 어느새 나도 백팔배를 10여 분 만에 마쳐도 숨이 가쁘지 않을 만큼 단련 되었다.

댓돌은 매일 쓸어야 했다. 쓰레기가 새로 생기는 것은 아니었지만 행자들의 신발에 모래가 묻어오기 때문에 하루라도 안 쓸면 금방 표가 났다. 그러나 댓돌청소는 10분도 안 되어 끝낼 수 있었기 때문에 나는 다른 행자들 보다 편한 소임을 받았다고 속으로 쾌재를 불렀다. 그러던 중 댓돌청소보다 훨씬 더 좋은 소임이 있었다는 것을 알았다. 어느 날 일찍 댓돌을 쓸고 화장실에 들렀다. 문이 잠겨 있어 두드렸더니 안에서 "청소 중입니다"하는 소리가 들리면서 문이 열렸다. 그 안에서는 행자 두 사람이 벌건 몸뚱어리를 드러내놓고 빨래를 하고 있었다. 그 두 사람은 "헤, 헤, 날씨가 너무 더워서요." 하며 웃었다. 그건 정말 꽃놀이 패였다. 세숫대야로 바닥에 물 두어 번 뿌리고 휴지통만 비우면 청소가 끝나는 것이었다. 그 뒤 문을 걸어 잠그고 샤워도 하고 빨래도 하다 느지감치 시치미 딱 떼고 집합에 참석하면 되었던 것이다.

매일 빨래를 하는 사람도 있었다. 채공도 그 중 한 사람이었다. 날마다 비가 오기 때문에 널 곳이 마땅치 않았다. 서 별당 사물함 앞에 건조대가 있지만 용량이 턱없이 부족하고 빨래를 널어도 잘 마르지 않았다. 각엄스님이 요령을 가르쳐 주었다. 방바닥에 널어 말리라는 것이었다. 방바닥은 항상 뜨끈뜨끈하기 때문에 빨래가 금방 마른다. 두꺼운 적삼과 바지도 네댓 시간만 지나면 장작개비처럼 바싹 말랐다. 3보1배를 마친 날 일제히 행자복을 빨아 널면 방이 꽉 찼다. 군데군데 속옷까지 널어놓아서 방 전체가 마치 전위예술가의 이색 작품 같았다.

무유정법

2007년 9월 21일 금요일. 흐림

재무국장 소임을 보고 있던 천웅스님으로부터 선禪 강의를 들었다. 부처님께 씩씩하게 절을 세 번 드리더니 강단에 올라 우리들을 죽 훑어 보았다. 헌칠한 키에 대추 빛 얼굴이었다. 이목구비가 큼직큼직하고 눈이 형형하였다. 대뜸 "세상 사람들은 입만 열면 거짓말이요, 제 자랑이고, 남 욕이다. 나도 지금 공부하는 사람이라 선에 대해 잘 모르고 할 이야기도 없다. 다만 방편으로 들은 이야기를 몇 가지 전하겠다." 하였다. 나는 기가 팍 죽어 버렸다. 물론 선가禪家의 좌우명인 '불립문자 개구즉착不立文字 開口卽錯'을 강조한 말씀이겠지만 그 동안 잘 알지도 못하면서 아는 체 하고 남을 비판하며 나를 내세웠으니 속으로 뜨끔했던 것이다. 천웅스님의 말은 거침없고 당당하였다.

"선이란 회광반조回光返照하고 환지본처還至本處하는 것이다. 석가여래께서도 그 자리는 무유정법無有定法의 세계라 말할 것도 없고 얻을 것도 없다고 하셨다. 생전에 8만 4천 법문을 남기셨으나 그것은 다만 뗏목과 같아서 물을 건너면 용도 폐기 되는 것이라고도 하셨다. 그러하니 깨달음에 이르는데 무슨 지름길이 있겠는가? 여래께서는 다만 열반에 드실 때 마지막으로 '자기 자신에게 귀의하고, 법에 귀의하라.

자등명, 법등명하고…… 제행이 무상하니 한눈팔지 말고 정진하라.自
歸依 法歸依 自燈明 法燈明…… 諸行無常 不放逸精進' 하셨다. 이 가르침을
잘 새겨라. 자등명이란 자력수행自力修行, 법등명이란 타력수행他力修
行을 말한다. 간경看經, 염불念佛, 기도祈禱, 주력呪力은 타력수행에 속
하고 선禪은 자력수행이다. 이 두 개의 등불은 다 밝혀져야 한다.
부디 초발심初發心을 잊지 말고 신심불역信心不逆하고 심해의취深解意
趣하여 흐르는 물과 같이 여법如法하게 정진精進하기 바란다."

대충 이렇게 강講하고 질문을 받았다. 학춤행자가 뭐라고 자꾸 물었
으나 기억이 나지 않는다. 스님은 금강경을 많이 인용하면서도 굳이
그 출처를 밝히지 않은 점도 인상 깊었다.

채공행자

2007년 9월 22일 토요일. 비

오늘부터 사흘간 내가 속한 2조가 식사 당번이다. 발우공양 시작 전에 후원에 내려가 밥과 국과 반찬 등을 받아 오고 공양이 끝나면 빈 그릇을 후원으로 걷어가 설거지를 하는 일이었다. 우리 조 소속인 채공행자는 붙박이 식사 당번이었다. 누가 요청한 것도 아닌데 본인이 자청한 것이었다. 우리 조는 나이든 사람들이 많았다. 그러나 채공의 지휘에 따라 작업을 분담하여 무슨 일이든지 일사불란하게 해치웠다.

후원 공양주보살이 기특하다며 커피를 타 주었다.

"이거 마시다 들키면 어쩌나? 1조는 몽땅 벌점을 맞던데……"

누가 이렇게 걱정하자,

"저 안에 가서 드셔요."

하며 손으로 가리켰다. 그 곳은 주방 바로 곁에 붙어 있는 보일러실 겸 창고였다. 보살의 자비심이 발동한다는 것을 알아차린 채공이 기회를 놓칠 사람이 아니었다.

"보살님 뭐, 과자 같은 거 없습니까?"

동글동글 통통하게 살이 오른 반백의 보살님은 채공을 바라보며 빙그레 웃더니 방에 들어가 까만 비닐 보따리를 꺼내 통째로 건네주었다. 웨이퍼와 쿠키가 가득하였다.

우리들은 창고 문을 닫아걸고 실컷 먹었다. 밖에서는 거들떠보지도 않던 것들이다. 월정사는 큰 절이어서 기도와 재가 수시로 열렸다. 그래서 후원에는 재에 올랐던 과자와 약과, 산자, 과일 등 먹을 것이 노상 떨어지지 않았다. 후원 대장보살에게 잘만 보이면 얼마든지 호강을 할 수 있는 것이다. 채공행자는 먹다 남은 과자를 한 구석에 감추며 이따 점심공양 후에 또 먹자고 했다. 내가 조바심이 나서,

"이제 올라가지?"

했더니 채공이 두 팔을 저으며 막았다.

"괜찮습더. 지금 저 위에서는 찰중스님이 발우습의를 시키고 있습니다. 발우를 펴고 접고 난립니다. 조금 더 있다 포행 나갈 때쯤 슬슬 뒤따라가면 됩니다."

이렇게 해서 우리 조는 오후불식이 유명무실하게 되었다. 먹을 것을 주머니에 넣어 다니며 다른 행자들에게 선심을 쓰기도 했다. 출출해진 행자들은 대개 반색을 했으나 개중에는 단호히 거절하는 기특한 사람도 있었다.

나는 이제서야 채공이 왜 붙박이 식사당번을 자청했는지 그 속셈을 알게 되었다. 생각해 보니 채공은 힘든 일이 있을 때마다 식사당번을 핑계로 번번이 빠져나갔던 것이다. 우리들이 오체투지하며 집단참회를 할 때, 결가부좌로 참선연습을 할 때 그는 미꾸라지처럼 빠져나갔다. 심지어 사경시간에도 빠져나가 이웃 암자로 산보를 다녔다.

사경은 찰중스님이 가장 공들이는 야심작이었다. 기필코 9층탑을 완성하려고 틈만 나면 사경을 시켰다.

"내 취미는 들 뜬 행자들의 마음을 가라앉히는 것이다. 그 가장 좋은

방법이 사경이다."

라고 할 정도로 사경을 중요시 하고 시간통제가 엄격했다. 이 때문에 채공행자는 찰중스님에게 사정해 봤자 통할 것 같지 않아서 학감스님을 직접 찾아뵈었다는 것이다.

"무릎이 아파서 도저히 사경을 따라가지 못하겠습니다."

라고 했더니 의외로 선선히 허락하시더라는 것이었다. 그래서 사경시간이 되면 빠져나가서 별당에서 낮잠도 자고 그것도 싫으면 관음암에 올라가 주지스님께 차도 얻어 마시고 법문도 들었다는 것이었다. 채공행자가 평범한 사람이 아니라는 짐작은 했지만 상상 밖이었다.

그는 길을 가면서 나무이름과 그 학명을 줄줄이 읊었다. 건물양식과 배치에도 해박하였다. 알쏭달쏭하던 공포栱包, 팔작지붕, 배흘림기둥 등의 뜻을 그로부터 확실하게 배웠다. 우리들이 공부하는 대법륜전은 돈을 많이 들여 아주 잘 지은 건물이라고도 했다. 월정사는 또 가람 배치가 특이하다는 것이다. 절집들은 대개 자오선을 따라 남북 일직선으로 배치되는데 월정사는 그렇지 않다는 것이고 중심건물인 대웅전을 바로 산비탈 밑에 앉힌 것도 특이하다는 것이다.

그는 조경학을 전공하고 석사학위까지 받은 그 분야의 전문가였다. 대학 때는 행글라이딩에 빠져 세계선수권대회에 참가 할 정도로 푹 빠졌는데 어느 날 하늘을 날다 떨어져 죽을 뻔한 뒤로는 취미를 바꿨다. 틈만 나면 숲 속에 들어가 혼자 밤을 새우는 것이 새로운 취미였다. 그가 지금 서 별당으로 가져온 침구도 그럴 때 쓰는 고급 오리털 침낭이었다. 그가 찬 손목시계 역시 우리들 것과는 다른 것이었다.

시간과 날짜는 물론이고 온도와 고도, 기압까지 표시되는 등산전문가
용이었다.

"공덕어른, 여기서 나가면 제가 숲으로 한번 모시겠습니다. 캄캄한
산중에서 하늘의 별을 바라보며 홀짝홀짝 마시는 포도주는 기가 막힙
니다."

구정선사

2007년 9월 23일 일요일. 가끔 흐림

동대 관음암은 월정사에서 가까웠다. 부도전 근처에서 큰길을 벗어나 가파른 비탈길을 10여 분쯤 오르니 정갈한 절집 두 채가 나타났다. 좁은 마당가에 벌개미취가 만발했다. 연한 보라색 꽃잎이 구름 틈새로 빠져나온 햇볕을 받아 싱싱하였다. 마당 아래 비탈에는 꽤 넓은 채마밭이 일구어져 배추가 자라고 있었다. 주지스님은 우리들의 면접을 보고 수계식을 이끈 분이었다. 연세가 많아 보이는데 곧게 펴진 등에 원기가 넘쳤다. 근엄한 인상이지만 눈빛은 부드러웠다. 적삼의 소매는 아직 풀 기운이 살아 있어 빳빳하였다. 목소리도 힘차 일행의 뒤에 서 있던 나도 또렷이 말을 알아들을 수 있었다.

"이 절은 신라시대 구정九鼎선사가 견성見性한 곳입니다. 신라 왕족 출신인 무염無染선사가 요 앞 오대산 진고개에서 쉬고 있는데 소금장수 총각이 나타났습니다. 무염선사의 모습이 하도 거룩해, '저 같은 무식한 사람도 출가 할 수 있습니까?' 하고 물었습니다. 무염선사는 '물론이다' 하면서 그 총각을 이 절로 데려 왔습니다. 총각은 가르침을 간절히

기대 했으나 스님은 아무 말도 없었습니다. 그래서 노상 나무하고 밥 짓고 청소만 했습니다. 기다리다 지친 어느 날 조심스럽게 여쭈어 보았습니다.

'부처가 무엇입니까? 어떻게 공부를 해야 합니까?'

무염선사는,

'이 녀석아 내가 맨날 가르쳐 주고 있었는데 아직도 몰랐냐?'

하며 뜻밖의 소리를 했습니다. 총각은 어이가 없었습니다. 그런데 얼핏,

'짚세기'

라는 말이 들렸습니다. 일자무식이기 때문에 '즉심시불卽心是佛'이란 말을 잘못 알아들은 것입니다. '짚세기'란 짚신의 사투리입니다. 총각은 '짚세기'라는 말에 의심이 걸렸습니다. 나무 할 때도, 밥 할 때도, 청소 할 때도, 잠잘 때도,

'어째서 짚세기를 부처라 했는가?'

라고 의심했습니다. 이렇게 3년이 지난 어느 날 총각은 나무를 한 짐 지고 산을 내려오다 홀연히 깨달았습니다.

'아하! 바로 이것이로구나!'

총각은 너무 기뻐 단숨에 뛰어 내려와 스승에게 알렸습니다. 그러나 무염선사는

'부엌에 솥이 잘못 걸렸으니 다시 걸어라.'

는 뜻밖의 소리를 남기고 돌아섰습니다. 부엌의 솥은 제대로 걸려있었습니다. 이 사실은 스승보다 총각이 더 잘 압니다. 부엌에서 일을 하는 사람은 스승이 아니라 자기 자신이기 때문이지요. 그래도 총각

은 스승의 지시를 어길 수 없어 멀쩡한 솥을 뜯어 다시 걸었습니다. 스승은 나와 보시더니 또 잘못됐으니 다시 걸라고 했습니다. 이렇게 아홉 번 솥을 고쳐 걸었다고 해서 구정九鼎이라고 부릅니다.

'무염선사는 왜 멀쩡한 솥을 아홉 번이나 뜯게 했을까요?'

누구나 깨닫는 순간 엄청난 기쁨이 폭발한다고 합니다. 이를 '법희法喜'라고 하는데 이것을 잘못 관리하면 모처럼의 깨침이 수포로 돌아갈 수 있고 실성失性할 위험까지 있다고 합니다. 무염선사는 그것을 걱정하여 솥을 고쳐 걸게 하며 법희가 진정되도록 도와준 것입니다."

주지스님은 이렇게 말을 마치면서,

"저기가 구정선사께서 견성하시고 솥 걸 흙을 파 온 곳이라고 합니다." 하며 오른 쪽 산비탈을 가리켰다. 가깝게 보이지만 꽤 먼 거리였다.

나는 스님의 이야기를 들으며 선공부에 관한 중요한 힌트를 발견하였다. '화두話頭를 든다.'는 것이 무슨 뜻이며 공안公案의 역할이 무엇인지를 분명히 알았다. 유식有識과 무식無識, 학문學問의 깊이, 머리의 좋고 나쁨, 신분身分의 귀천貴賤은 깨닫는 일 하고는 아무 상관없다는 것도 믿게 되었다.

육조대사는 깨달을 때까지 일자무식의 나무꾼이었고 조주趙州는 '평상심平常心이 도道다. 도를 얻는 데는 알고 모르는 것과는 관계없다.'는 남전南泉선사의 말을 듣고 그 자리에서 깨달았다. 육조 이야기나 조주 이야기나 구정선사의 이야기는 모두 오래 전부터 듣고 읽어서 잘 알고 있었던 내용들이었다. 그런데도 이제까지 그 참 뜻을 간파하지 못하고 있었던 것이다.

선지식들이 왜 그토록 초발심初發心을 강조 하는지 그 까닭도 이제 헤아릴 수 있게 되었다. 구정선사처럼 간절한 발심과 지극한 정성이 없으면 조사의 관문을 뚫을 수 없기 때문이었다.

무염선사는 신라 구산선문九山禪門 중의 하나인 충남 보령, 성주산문聖住山門의 개조이다. 태종무열왕 김춘추의 8대손으로 821년 당나라에 유학하여 마곡 보철麻谷寶徹화상으로부터 정식 인가를 받고 '동방보살東方菩薩'이라는 칭호까지 얻은 선지식善知識이었다. 마곡화상은 마조 도일馬祖道一의 법제자였으니 혜능 선의 정통을 이어 받은 분이다.

'무염선사가 날마다 가르쳐주었다는 것은 무엇일까? 남전선사는 왜 평상심을 도라고 했을까?' 이것이 자꾸 걸렸다. 중생이 목숨을 걸고 도를 묻는데 선지식이 농담을 했을 리 만무하다. 아무래도 나는 여기서 커다란 숙제를 받은 것 같다. 그런데도 불구하고 아직 관음암 주지스님의 함자도 몰랐다. 면접 때 '선덕禪德스님'이라는 패가 앞에 놓여있었던 것을 기억하지만 선덕이란 고유명사가 아니다. 연세가 많고 덕이 높은 스님을 일컫는 보통명사이다. 채공행자에게 물으니
"월면스님이라고 부르는 것 같던데요."
하였다.

사물치기

2007년 9월 24일 월요일. 갬

ᦔᦕᦔ

내일이 추석이다. 오후가 되니 햇빛이 났다. 오전에는 밤을 까고 오후에는 송편을 빚었다. 절에 머물던 속인들은 추석 쇠러 고향으로 돌아가고 밖에 나가 있던 스님들은 절로 돌아왔다. 집에서 차례 준비를 잘 하고 있는지 궁금하였다.

저녁예불 때 사물 치는 것을 견학하였다. 사물四物이란 대종, 대북, 목어, 운판을 말한다. 대종은 새벽에 서른세 번, 저녁에 스물여덟 번을 친다. 33천天과 28수宿를 뜻한다는 것이다. 나도 여기 와서 처음으로 종을 쳐 보았는데 제대로 못 맞히면 소리가 '픽'하고 죽는다. 당목을 천천히 여섯 번 왔다갔다 흔든 다음 마지막에 길게 빼서 연꽃무늬 표적을 정확히 맞혀야 된다.

예불을 드릴 때 대종이 울리면 모두 무릎을 꿇고 합장을 해야 한다. 그러면 종소리가 몇 번 들리지도 않았는데 금방 무릎이 끊어지는 것 같이 아프다. 또 그 종소리의 간격은 왜 그리 더딘지 야속하기만 하다. 참고 견디다 북이 울리면 그리 반가울 수가 없다. 북은 빠르고 짧게 끝나기 때문이다. 이어서 목어가 몇 번 울리고 운판이 '댕댕'하면 곧 절이 시작 된다.

　종은 인간을 위해서, 북은 축생, 목어는 어류, 운판은 날짐승을 향한
제도濟度의 소리라는 것이다. 저녁에는 일주문까지 나가 달구경을 하였
다. 달빛이 휘영청 밝아 별빛이 가물가물하였다.

산사의 추석

2007년 9월 25일 화요일. 추석. 맑음

추석이다. 새벽예불을 나가며 고개를 드니 하늘에 별이 수북하였다. 바람 한 점 없이 매우 쌀쌀하였다. 삼태성과 그 주변 별무더기가 전나무 숲 바로 위까지 내려앉았다.

지장전에서 합동으로 영가를 천도했다. 스님들이 좌석의 절반을 차지할 정도로 많았다. 오늘은 발우공양을 면제받았다. 반찬은 나물 일색이었지만 송이탕이 특식으로 나왔다. 자연산 송이에 감자를 섞어 끓인 국이었다. 심심하고 구수한 국물에 송이 냄새가 풍겼다. 송편과 절편, 인절미 등 먹을 것도 푸짐했다.

사경도 거른다기에 그 시간에 지장전에 나가 절을 했다. 이미 남자 둘, 여자 셋이 와서 절을 하고 있었다. 남자들은 천수경을 줄줄 외며 기도를 드리고 있었다. 경을 외는 사람은 면접할 때,

"왜 먹물 옷을 입고 다니느냐?"

며 야단을 맞던 사람이었다. 내가 300배를 하고 나가려 하자 지전소임을 보는 할머니가 부르더니 종이컵에 뜨거운 대추차를 한 잔 따라주었다. 후원에서 가끔 보던 백발의 꼬부랑 할머니였다. 가까이서 자세히 보니 눈은 아직 초롱초롱하였다.

"며칠 됐지? 언제 나가?"

한다. 추석에 집에도 못 가고 절에 붙들려 있는 내가 측은하기도 하고 기특하기도 한 모양이었다. 나는 오히려 갈 집이 마땅찮아 보이는 그 할머니가 더 쓸쓸해 보였다. 하지만 이 할머니는 항상 부처님 발치에 앉아 부처님 수발을 들며 그 가피를 받고 있지 않는가.

"나가서도 기도드리러 자주 와."

하였다.

집단교육 중인 교육생들을 너무 오래 풀어 주면 통제도 힘들고 사고도 나기 쉽다. 절에서도 이 점을 잘 아는 모양이었다. 습의사스님들이 행자들을 이끌고 야영장까지 산보를 나갔다. 오랜 비 끝에 모처럼 해가 나 온 천지가 찬란하였다. 키 큰 전나무들이 청청하고 개울에는 불어난 물이 기운차게 흘렀다. 조 별로 컵라면과 커피, 초코파이로 파티를 열었다. 상원사로 올라가는 길에 승용차들이 많이 보였다. 그들은 행자복 차림의 우리들이 좋은 구경거리였던지 목을 빼고 쳐다보았다.

입처개진

2007년 9월 26일 수요일. 맑음

주지 정념스님의 특강이 있었다. 원만한 얼굴에 짙은 눈썹, 눈에는
정기가 살아있다. 발음이 뚜렷하고 메시지가 분명하였다. 8정도八正道
와 6바라밀六波羅蜜, 10바라밀十波羅蜜을 소개하고, 중도中道와 불이不二
를 언급한 뒤, 이 우주는 모두 인드라망Indra網으로 연결된 한 몸이라고
말하였다.

이어서 계·정·혜戒定慧 3학을 풀이한 다음 임제臨濟선사의 '수처작
주 입처개진隨處作主 立處皆眞'을 길게 설명했다.

"'이르는 곳마다 주인공이 되어라. 그리하면 서 있는 모든 곳이 진리
이다.'라는 뜻이다. 언제 어느 상황에서나 그 상황에 끌려가지 말고
그것을 통제하는 주체가 되라는 말씀이다.

그러자면 6근六根으로 들어오는 경계를 오는 대로 받아들이되 끌려가
지 말아야 한다. 이는 무념無念을 마음대로 구사할 수 없으면 흉내조
차 낼 수 없는 경지이다. 이런 경지에서는 보이는 것이 모두 진리이
다. 마음이 청정하여 진리 아닌 것은 아예 보이지 않기 때문이다.
당장 이런 경지까지 올라 갈 수는 없더라도 누구나 지금 있는 그
자리에서 최선을 다 해야 한다. 축구 선수 한 사람 한 사람이 자기의

포지션을 지키지 못하면 팀 전체의 전력이 무너진다.

우선 자기 역할에 성실한 것이 사회를 맑게 하고 인드라망을 맑게

하는 불자의 길이다."

북대 미륵암

2007년 9월 27일 목요일. 흐리고 비

추석 때 이틀 해가 반짝하더니 오늘은 또 하늘이 잔뜩 흐려 비가 내릴 것 같았다. 비로봉을 거쳐 북대 미륵암까지 산행을 나갈 예정인데 가야 할지 말아야 할지 망설여지는 모양이었다. 찰중스님이 습의사스님들과 의논하더니 예정대로 출발하기로 결정하였다.

주먹밥과 과일, 과자, 사탕, 마실 물, 일회용 비닐 비옷을 나누어 주었다. 상원사에서 산길에 들어서니 바람이 심하고 쌀쌀하였다. 다행히 비는 오지 않았다. 적멸보궁을 지나자 길이 가팔라졌다. 옛날에 없던 나무계단을 만들어 놓아 길은 깨끗해졌지만 걷기는 더 힘들었다.

비로봉이 가까워지자 비바람이 치면서 구름이 마구 흩날렸다. 비옷을 꺼내 덮었지만 추위로 몸이 덜덜 떨렸다. 비로봉은 구름 속에 잠겨 캄캄하였다. 여기는 벌써 단풍이 한창인 모양인데 흐릿해서 잘 보이지 않았다. 하지만 맑게 갠 날 비로봉의 시야는 장관이다. 북으로는 설악산, 남으로는 태백산이 보일 정도다. 비록 하늘은 흐렸지만 행자들은 즐거웠다. "야호!" 소리 지르며 비로봉 표지석 앞에서 증명사진 찍기에 바빴다. 난생 처음 이런 높은 곳에 올랐다는 사람도 의외로 많았다.

비로봉에서 동쪽 능선을 따라 상왕산을 보고 걸었다. 상왕산은 비로봉과 거의 같은 높이이다. 그래서인지 산길이 편하였다. 오른쪽에는 둥치 굵은 주목들이 가득하였다. 주목군락지라는 보호간판이 보였다. 내 어깨가 묻힐 정도로 잡목이 우거져 숲의 터널을 지나는 기분이었다. 머리 위로는 세찬 비바람이 계속 몰아쳤다.

미륵암은 상왕산 기슭, 홍천으로 빠지는 산판도로 곁에 있었다. 절집이 숲 속에 파묻혀 큰길에서는 잘 보이지 않았다. 그래서인지 선발대가 미륵암을 놓치고 홍천 쪽으로 무작정 내려가다 거의 한 시간 만에 되돌아왔다.

숲 속에 이런 빈터가 있었나 싶게 미륵암의 자리는 넓었다. 절집은 두 채, 법당과 요사채 뿐이었다. 법당은 작아 보였지만 그래도 우리 일행 50여 명이 모두 들어가 앉을 수 있었다.

특이하게도 석가의 고행상이 모셔져 있었다. 검붉은 옻을 입힌 앙상한 불상이 촛불에 더욱 검게 보였다. 재작년 여름 라호르 박물관에서 본 이 고행상의 원형이 떠올랐다. 까만 편무암에 새겼다는 그 고행상은 높이가 겨우 1m를 조금 넘을 듯한 작은 모습이었지만 갈비뼈 위에 핏줄이 선명하게 드러나고 해골 속의 두 눈이 쏘는 듯 살아있어 처음 보는 순간 움찔했던 것이다. 석가모니가 성불하기 전 모습이라서인지 '단식 중인 싯다르타FASTING SIDDHARATHA'라는 이름이 붙어 있었다. 왕자라는 귀한 신분을 스스로 버리고 숲 속으로 들어가 얼마나 굳센 수행을 했는지 마음이 숙연해졌던 것이다.

뜨거운 물을 넘기니 추위가 좀 가셨다. 우리들은 배가 등가죽에 붙은 고행상 아래서 주먹밥을 꺼내 베어 먹었다. 누군가 아껴 둔 사탕을 나누어 주었다. 사과도 반 쪽 얻어먹었다. 아무도 이야기 하는 사람이

없었다. 미륵암에 들어서면서,

"여기에는 용맹정진하는 스님들이 계시니 조용히 하세요."

라는 주의를 받기도 했지만 비바람 치는 차가운 날씨와 먼 산행으로 지쳤기 때문이었다. 미륵암의 스님들은 끝까지 모습을 보이지 않았다. 마당에도 역시 아무 것도 없었다. 마당을 멀리 가로질러 숲이 시작되는 곳에 '뒷간'이 있었다. 옛날 시골농가의 화장실 그대로였다. 대변 보는 곳에는 재를 펴고, 소변 보는 곳에는 자갈을 깔아 놓았다.

미륵암에는 나옹懶翁화상과 관련된 설화가 많다. 나옹이 미륵암에 모셨던 오백나한을 상원사로 옮기는데 나중에 점검해 보니 한 구具가 없어졌다. 산신山神을 불러 어찌된 영문이냐고 추궁하니

"소나무에 걸려 칡덩굴 속에 떨어졌습니다."

라는 보고였다. 나옹께서는 소나무와 칡이 괘씸해서 앞으로는 이곳에서 살지 말라는 영令을 내렸다. 이로 인해 오대산에는 그 흔한 소나무와 칡덩굴이 없어졌다는 것이다. 미륵암 근처에는 또 나옹대라는 바위가 있는데 대사가 때때로 앉아 선정禪定에 들던 자리였다고 한다.

나옹 혜근懶翁惠勤. 1320-1376화상은 고려 말 공민왕의 스승을 지낸 우리나라 선맥禪脈의 큰 봉우리였다. 경북 영덕 출신으로 1347년 원元나라로 유학하여 평산 처림平山處林으로부터 인가를 받고 1358년 귀국하여 오대산 상두암象頭庵, 양주 회암사檜巖寺, 광주 송광사松廣寺 등에서 주석하다 여주 신륵사神勒寺에서 입적하였다. 같은 시대의 태고 보우太古 普愚. 1301-1382대사와 함께 서민을 떠난 귀족불교의 혁파를 주장하고

선 수행의 체제를 혁신하여 많은 제자들을 길렀다. 환암 혼수幻庵混修와 무학 자초無學自超는 나옹의 걸출한 제자들이었다.

　미륵암을 나서니 비가 그쳤다. 계곡까지 가라앉았던 구름이 걷혀 오르고 있었다. 미륵암에서 상원사 주차장까지는 비포장도로였지만 상태가 아주 좋았다. 무엇보다 자동차가 다니지 않아서 걷기가 편했다. 행자들의 얼굴이 다들 밝았다. 산행을 무사히 마쳤다는 안도감으로 노래라도 부르고 싶은 심정이었다. 이정표를 읽어보니 상원사 주차장에서 적멸보궁까지 2km, 보궁에서 비로봉까지 1,5km, 비로봉에서 미륵암까지 4km, 미륵암에서 상원사 주차장까지 5km, 모두 12km 남짓하였다. 걸린 시간은 다섯 시간 정도였다.

애드리안

2007년 9월 28일 금요일. 흐림

이곳 날씨는 종잡을 수가 없었다. 청명한 가을 날씨를 기대했으나 매일 흐리고 한 두 차례 비가 내렸다. 행자들의 오후불식은 끝났으나 미국 청년 애드리안은 밥을 계속 굶었다. 공교롭게 라마단Ramadan 금식과 겹쳐 해가 떠 있는 동안에는 아무 것도 먹을 수 없다는 것이었다. 어머니가 이슬람 신자여서 어릴 때부터 그렇게 훈련을 받았다는 것이다. 어머니와 달리 아버지는 불교신자라고 하니 신앙의 내력이 복잡한가 보다. 본인은 어느 쪽인지 모르겠지만 살이 많이 빠졌다. 15kg이 줄었다고 한다. 금식을 하며 매일 6, 7백배씩 절을 해야 하니 살이 안 빠질 도리가 없었을 것이다.

애드리안은 올해 스물 두 살인데 중국에서 영어강사 노릇을 하다 지금은 서울대학교 국제관에 머물고 있다. 말이 통하지 않기 때문이겠지만 태생적으로도 조용한 것 같았다. 목소리가 등치에 어울리지 않게 조용조용하였다. 그러나 밝고 사교적이라서 우리들과 잘 어울렸다. 젊은 행자 몇몇은 애드리안과 농담을 주고받을 정도로 친해졌다. 강의시간이 제일 괴롭다고 하소연하였다. 한국어를 알아들을 수 없기 때문이었다. 그건 나도 마찬가지였다. 스님들의 말씀을 듣지만 소리만 들릴 뿐 뜻은 알아들을 수 없었기 때문이었다.

절에서는 해가 지면 일체 먹을 것이 없어지므로 애드리안은 24시간 굶게 생겼다. 그래서 스님들이 별도의 조치를 취한 것 같았다. 그런 사정을 잘 모르는 여자 도반들이 그에게 미숫가루를 타주었다. 그 장면을 스님들이 보았다. 스님들은 이들을 아프게 꾸짖고 300배의 중벌을 내렸다.

"먹을 것을 주는 행위는 복 받을 일이다. 그러나 금식하는 사람에게 먹을 것을 주는 것은 그 사람의 수행을 방해하는 것이다. 금식으로 살이 빠지고 힘들어 하는 것을 보면 누구나 마음이 움직일 것이다. 여자들은 그 동정심, 그 모성애가 문제라! 그놈의 모성애에 걸려 눈을 못 떠!"

환오스님은 탄식했다. 유복자로 태어난 3대 독자의 종아리를 치는 어머니의 심정이 보였다. 석가여래는 생전에 여자들의 출가를 한사코 말렸다. 여성의 몸으로 해탈하기란 남자들 보다 훨씬 힘들고 어렵기 때문이라고 한다. 그래서 비구계는 250개인데 비구니계는 무려 348개나 된다.

찐빵

2007년 9월 29일 토요일. 흐리고 비

금강문 근처와 전나무 숲길에 등을 달았다. 부처님오신 날에 다는 그런 색등이었다. 다음 주에 열리는 축제준비가 시작 된 것이다. 행자들은 법륜전에 붙들려 앉아 사경하는 것 보다 밖에서 등 다는 작업을 훨씬 좋아했다. 그 일이라는 것이 사실은 아름다운 숲에서 노는 거나 마찬가지이고, 일이 끝나면 반드시 보상이 따랐기 때문이었다. 오늘은 따끈따끈한 찐빵이 나왔다. 속에 팥고물이 든, 어려서 먹던 바로 그 찐빵이었다. 부드럽고 쫄깃한 맛도 그대로였다. 염치불구하고 한 개를 더 먹었다.

성묵스님의 강의는 많이 알아들을 수 있었다. 그 덕에 부처님의 일생이 잘 정리되었다. 검은 테 안경이 무거워 보였지만 옆집 아저씨처럼 편한 얼굴이었다. 부처님의 말씀과 신화神話를 확실하게 구분하고 불교의 보편성普遍性을 강조했다. 불교는 이 보편성 때문에 브라만교나 힌두교처럼 인도의 민족종교로 머물지 않고 세계적 종교로 발전 했다는 것이다. 인도와 버마의 불교성지를 둘러 본 경험과 본생담本生譚 Jataka을 여기저기 섞어 소개해 주어 실감이 났다.

절밥

2007년 9월 30일. 일요일. 맑음

꺌

    모처럼 해가 났다. 일요일이라서 절을 찾은 사람도 많았다. 이제 절 생활에도 익숙해졌다. 몸에도 변화가 왔다. 몸이 가볍고 즐겁다. 하루 세 번씩 보던 변이 아침 한 번으로 줄었다. 밤에 오줌을 참지 못해 한두 번 일어나야 했는데 그것도 없어졌다.

    무엇보다 감사한 일은 허리와 무릎이 잘 버텨주는 것이었다. 허리와 무릎이 아파 고생하는 도반들이 의외로 많았다. 나이 불문하고 저녁이 되면 서로 파스를 붙여주느라고 부산하였다. 매일 밤 애로사항 1순위도 파스공급이었다. 단기출가학교 개교 이래 이번처럼 파스를 많이 쓴 적이 없었다고 한다. 서 별당은 파스 냄새로 푹 절었다.

    월정사의 밥은 맛있다. 잘 익어서 질지도 되지도 않으며 고슬고슬해서 몇 번 씹지 않아도 단 물이 괴었다. 된장을 엷게 푼 무국, 시래기국, 미역국, 콩나물국 중에 하나, 그리고 묵무침, 콩나물무침, 오이무침, 도라지무침, 호박무침, 가지무침, 시래기무침, 감자채, 무채, 총각김치, 배추김치, 신선초, 상추, 고사리, 우엉, 연근, 튀각, 김 중에 서너 가지가 끼니마다 번갈아 나왔다. 아침에는 치즈를 한 장씩 덤으로 주었다.

마늘과 파를 쓰지 않을 뿐 속가의 음식과 다를 바 없었다. 그런데도 맛과 효과는 크게 달랐다. 아무래도 재료와 물과 간장, 된장이 다르고 조리 솜씨가 다른 것 같았다. 음식을 대하는 마음가짐이 다르고 먹는 방법도 달랐다.

백설기와 인절미의 맛도 잊을 수 없다. 백설기는 두부 반 모의 크기, 인절미는 두부전의 크기다. 백설기는 스펀지처럼 부드럽고 차졌다. 딱딱하게 굳기 전, 아직 온기가 남아 있는 그것을 한 입 물면 구수한 향이 입 안에 가득 차며 달착지근한 맛이 살아났다. 인절미는 쫀득쫀득하고 고소하였다. 밥배, 떡배 따로 있다더니 두 덩어리, 세 덩어리씩 먹는 것은 보통이었다.

이렇게 공양을 끝내고 뜨거운 마가목차를 한 잔 마시면 입이 개운해졌다. 잘게 쪼개서 말린 마가목을 펄펄 끓는 물통에 넣어 우려내면 연한 벽돌색의 찻물이 나오는데 단 맛이 날 듯 말 듯, 꽃 향이 풍길 듯 말 듯하였다.

절의 효과는 기대 이상이었다. 부처님께 대한 예경禮敬은 별도로 치고 이보다 더 간편하고 효율적인 운동도 없을 것이다. 절은 아무 때나 어떤 곳에서나 아무 장비 없이 혼자서 할 수 있다. 절을 하면 허리와 무릎이 부드러워지는 것은 물론이고 혈액순환과 호흡이 활발해지며 속에 고여 있던 찌꺼기들이 한꺼번에 빠져나가는 느낌이었다. 등에 땀이 배며 몸이 날아갈 듯 가볍다. 장딴지와 종아리가 점점 단단해지는 것을 보니 새 근육이 생기는 것 같았다.

체중이 10kg 넘게 빠졌다는 사람들이 서너 명 되고 그들의 검던 얼굴도 맑아졌다. 평생 체중에 변화가 없던 나도 3kg나 줄었다. 숲을 거쳐 오는 신선한 공기, 쑥돌에서 스며 나온 깨끗한 물, 균형 잡힌 채식, 그리고 경건한 생활이 공해로 찌들었던 늙은 몸을 급속도로 정화시켜 주고 있었다.

하심

2007년 10월 1일, 월요일. 흐리고 비

벌써 시월이다. 새벽에는 삭발한 머리가 추워 모자를 써야 했다. 나는 털목도리까지 둘렀다. 날씨가 흐려 구름이 앞산 중턱까지 내려와 덮였다. 키 큰 나무와 기와지붕이 그림처럼 조용하였다. '만고장공 일조풍월萬古長空 一朝風月', 움직이는 것도 없고 소리도 없어 적막하였다. 나는 지금 불국토에 와 있는 것이 아닐까? 댓돌 위의 제라늄이 붉다 못해 검게 보였다.

양생법을 가르쳐주시는 한주閒主스님은 동그란 얼굴이 팽팽하였다. 주름살이 하나도 안 보여 나이를 가늠 할 수 없었다. '한주스님'이란 결제대중의 모범이 되는 분을 높여 부르는 말이다.

빈손으로 강단에 오른 한주스님은 한동안 아무 말도 없이 행자들을 그냥 바라보고만 있었다. 딴 데 정신이 팔려있던 행자들도 이 조용함 때문에 한주스님의 입을 주목하였다. 거의 1분 만에,

"이곳 날씨가 좀 그렇죠? 매일 비가 오고…… 지내기는 괜찮습니까?" 하였다. 그리고 또 30여 초 양구良久에,

"유교는 심고(儒植根), 도교는 기르고(道養根), 불교는 **뽑는다**(佛拔根)는 말이 있습니다."

하였다. 이어서

"물은 체體요, 고기는 용用이다."

"사람의 몸은 체體요, 팔다리는 용用이다."

이런 식으로 10초에 한 마디씩 알쏭달쏭한 말을 하니 행자들이 배겨 낼 수가 없었다. 게다가 스님은 칠판에 판서도 없이 앉은자리에서 꼼짝 도 아니하였다. 행자들이 알아듣거나 말거나 강의는 진지하였다. 행자 들이 견디지 못하고 졸자 요가Yoga의 아사나Asana 실습을 시켰다. 시범 도 필요 없는 간단한 동작이어서

"앉아. 뻗어. 구부려."

이런 말로 충분했다. 이렇게 해서 행자들의 잠을 깨운 스님은 다시 10초에 한 마디씩을 법문을 계속했다. 사경이 끝난 바로 다음 시간이라 시간이 갈수록 조는 사람이 많아졌다. 그러자 스님은 아예 드러누운 자세의 아사나를 주문했다. 행자들은 얼씨구나 하고 잠을 잤다. 비록 토막잠이었을망정 꿀 같았다.

"세상에! 이런 공부시간도 다 있었네."

나는 감탄했다. 한주스님은 행자들이 잠을 깨면 또 도가道家의 '정· 기·신精氣神'을 설명하고 지눌知訥의 '정혜쌍수定慧雙修'를 언급했다. 나 는 정신이 번쩍 들었다. 스님이 유불선儒佛仙을 종횡무진하며 그 상관 관계와 수행요결을 전해 주고 있다는 것을 뒤늦게 알아차렸기 때문이 었다.

"내가 출가한지 몇 년 안 된 스물한 살 때였던가? 송광사에서 구산九山 스님의 시자 노릇을 하는데 어느 날 선을 물어 보다가 스님으로부터

되게 두들겨 맞았어. 작대기로 스무 대는 맞은 거 같아. 한 달간 왼팔을 못 썼으니까. 스님이 무척 원망스러웠어. 선을 물어 본 게 그리 심한 잘못인가. 그 후 송광사 쪽은 쳐다보지도 않았어. 사십 넘어서 비로소 구산스님의 몽둥이를 알게 되었지. 그게 단 한 마디야. 저 뒤에 쓰여 있네. '下心하심'이라고."

나는 속으로 전류가 흐르는 듯 했다. 하심이란 말을 다시 새겨 보았다. 나는 이제까지 하심을 '겸손함, 능력이 있는데도 일부러 몸을 낮추는 마음가짐' 정도로 알고 있었다. 그래서 하면 좋지만 안 해도 별 지장 없는 것으로 치부하고 있었던 것이다. 그러나 하심하지 않으면 어떠한 수행이든지 수행 그 자체가 불가능한 선결조건이라는 것을 새로 알았다.

조금이라도 아는 체 하여 방심하면 더 큰 가르침을 받아들일 수 없고 그 자리에 주저앉을 수밖에 없다. 물통이 비어 있어야 새 물을 받아들일 수 있다는 이치와 같다. 하심은 여기서도 한 발 더 나간다. 안팎에서 생기는 모든 자극과 생각과 느낌 등을 수용受用 하고 초월超越할 수 있는 능력이다. 하심하지 않으면 상相을 버릴 수 없다는 것도 알았다.

이런 하심의 극치는 구정九鼎선사였다. 구정선사는 멀쩡한 솥을 고쳐 걸며 4상相, 그 중에도 제일 강하다는 아상我相을 여의고 있었던 것이다. 깨달은 도인도 하심하는데 미혹한 중생들이야…….

남대 지장암

2007년 10월 2일, 화요일. 흐리고 비

축제준비가 한창이었다. 우리도 손님들이 앉을 의자를 나르고 무대
를 만들 패널과 가설자재를 운반했다. 곳곳에 텐트가 쳐지고 음향과
조명장비들이 설치되었다. 오랜만에 속세의 일꾼들을 많이 보았다. 그
들은 순하고 착해 보였지만 웬일인지 쓸쓸한 얼굴들이었다.

오후에 비가 뜸하자 지장암地藏庵을 참배參拜했다. 월정사 후문으로
나가 오대천五臺川을 가로지르는 짧은 석교를 건너면 바로 지장암 앞마
당이다. 법당과 선실禪室, 별도의 요사채를 갖춘 꽤 큰 규모였다.

이곳은 비구니 전용 수행도량이다. 그래서인지 스님들은 안 보이고
정갈한 다과만 노천에서 우리들을 기다리고 있었다. 예불과 도량 안내
는 습의사스님들이 대신했다. 예쁘게 깎은 사과와 배가 큰 접시에 가지
런히 담겨 있었다. 끓는 물통을 야외에 설치하고 커피와 녹차도 내놓았
다. 곳곳에 여성의 깨끗함과 따스함이 드러나 있었다. 우리들이 떠날
때서야 주지스님이 나와 인사를 받았다. 조용히 합장하고 웃을 뿐 말씀
은 없었다.

'불교문화'를 강의한 해운스님은 당당한 체격에 밝은 얼굴이었다.
우리들을 격의 없이 대하고 잘 웃었다. 가끔 우스갯소리도 섞어 가며

사람 냄새를 피웠다.

"월정사 단기출가학교는 기획 단계부터 내가 참여했고 3기부터 10기
까지는 직접 학감을 맡기도 했다. 이 단기출가학교는 종단에서 비상
한 관심을 가지고 지켜보고 있으며 다른 절에서도 벤치마킹을 하고
있다. 운영 사례를 분석하여 이미 석사학위 논문을 썼고 프로그램
개선을 위해 계속 연구하고 있다. 나는 여러분들의 사정을 잘 안다.
지금쯤은 많이 풀어졌을 터인데 내가 있었더라면 더 바싹 조였을
것이다."

속으로 아찔했다. 이 스님이 그대로 월정사에 남아 있었더라면 어찌
되었을까? 지금은 어느 절 주지로 나가 있는데 우리들 강의와 축제
준비로 잠시 불려 왔다고 한다.

스님은 칠판을 전방위로 활용했다. 그림도 잘 그렸다. 불상과 탑,
절집을 쓱쓱 쉽게 그렸다. 설명도 간결해 알아듣기 쉬웠다. 일주문一柱
門에서 금당金堂, 조사전祖師殿으로 이어지는 절집의 배치원리를 경전의
가르침을 끌어다 설명해 주었다. 이 점이 속가의 전문가들과 달랐다.
총림叢林과 사寺, 암庵, 토굴土窟의 차이를 알게 되었으며, 탑과 금당의
위치, 주불과 협시보살과의 관계, 불상의 결인結印 등도 이해할 수 있게
되었다.

멀리 무無 불상시대로부터 간다라 불상의 출현, 위진남북조 시대를
거쳐 경주 석굴암까지 길고 긴 불교미술사를 요약, 설명하더니 우리들
을 성보박물관으로 데려가 실물을 보여주면서 직접 해설했다. 출처와

근거가 분명하고 군더더기가 없었다. 오대산과 얽힌 흥미진진한 불교
설화를 보너스로 말해주었다.

적멸보궁

2007년 10월 3일, 수요일. 맑은 뒤 비

⊙‿⊙

삼보일배로 적멸보궁을 참배하러 가는 날이다. 날씨가 걱정되었으나 하늘이 벗겨지면서 해가 났다. 상원사까지 버스로 이동한 뒤 보궁까지 약 2km의 비탈길을 삼보일배 하며 올라갈 계획이다. 나이 든 사람들은 맨 몸으로 오르기도 힘들 터인데 삼보일배가 가능할까? 스님들은 은근히 내 또래의 노인들을 걱정하는 것 같았다. 상원사에 구급차를 대기시키고 단기출가학교 선배들을 행렬 앞뒤, 중간 곳곳에 배치해 안전을 살피도록 했다. 아리랑방송의 프로듀서와 종무소의 감로수 보살이 카메라를 메고 앞장섰다. 마침 개천절 휴일이라서 좁은 산길이 등산객들로 북새통을 이루고 있었다.

각엄스님이 목탁을 들고 맨 앞에 서고 찰중스님은 중간에, 환오스님은 맨 뒤에서 따라왔다. 햇볕은 따스했으나 땅 바닥은 질었다. 바닥이 바위와 돌멩이뿐이어서 무릎을 대기도 손을 짚기도 이마를 찧기도 힘들었다. 무릎과 손바닥과 이마가 박히고 아팠다. '석가모니' 정근을 외치는 행자들의 목소리가 골짜기를 울렸다. 100m도 못가 땀이 비 오듯 했다. 이마를 땅에 댈수록 그동안 잊었던 발바닥의 수고를 비로소 깨달았다. 자벌레 기듯 오르다 보니 요령이 생겼다. 비탈의 경사를 이용하면 수그리고 일어서는 수고를 훨씬 줄일 수 있었던 것이다.

땅바닥의 흙냄새가 상큼하였다. 시원한 바람이 화끈거리는 얼굴을 쓰다듬으며 지나갔다.

등산객들이 길을 비켜주었다. 그들은 좋은 구경거리를 만난 듯 디지털카메라와 휴대폰으로 열심히 우리들의 절하는 모습을 찍었다. 우리들에게 합장 반배하는 사람들도 의외로 많았다. 내가 절을 받을 자격이 있었던가?

구부리고 수그릴 때마다 등산객들의 바지와 등산화가 보였다. 천태만상이었다. 여자들의 화장품 냄새가 역하였다. 마늘 냄새도 지독하였다. 내가 며칠 됐다고 벌써 이렇게 예민해졌을까?

어쩌다 나타나는 진흙바닥이 그렇게 고마울 수 없었다. 그리고 산길에 물이 이렇게 많이 흐르고 있었는지도 그전에는 미처 몰랐었다.

해가 높이 떴을 때 적멸보궁에 도착했다. 요령을 피워서 그런지 생각보다 어렵지 않았다. 사경으로 절 연습을 많이 한 덕을 톡톡히 본 것 같기도 하였다. 적멸보궁은 기도하러 온 신자들로 붐비고 있었다. 우리들은 도착하는 대로 법당을 세 차례 돌며 석가모니불 정근을 계속했다. 하늘에는 구름이 바람에 밀려 흩어지고 골짜기에는 푸른 숲이 햇볕을 받아 반짝였다. 일어서서 걸을 수 있다는 것이 이렇게 고마울 수가 없다.

하산하는 길은 가뿐가뿐 날아갈 것 같았다. 중대 사자암에서 점심공양을 들고 진부 시내로 나가 목욕을 한 뒤 절로 돌아와서 흙과 땀범벅이 된 적삼과 바지를 빨아 방바닥에 널었다. 신기하게도 이때부터 또 비가 내렸다.

　종무소 감로수 보살은 우리들이 목욕을 나갈 때마다 따라다니며 대금을 지불하였다. 이웃 사찰참배를 나가면 앞서가며 커다란 카메라로 우리들의 모습을 스케치했다. 새 교육과목이 시작되면 어김없이 나타나 카메라로 현장을 기록하였다. 신문사 사진기자 같았다. 감로수 보살은 단기출가학교 1기로 검은 머리를 틀어 뒤로 묶은 후덕한 중년 부인이었다. 학생의 모집과 연락, 학생들이 맡긴 사물의 보관, 각종 교육비품의 지급과 회수, 환자의 병원치료와 약품조달 등 이 과정의 실무책임자였다.

사리 이운식

2007년 10월 4일, 목요일. 가끔 비

ᐤᔿᐤ

　내일부터 시작되는 축제준비로 조용하던 절이 부산해졌다. 가랑비
가 오락가락하였지만 젖을 정도는 아니었다. 적광전 9층탑 앞에 대형
무대가 설치되고 좌우, 정면에 높은 조명탑이 섰다. 방송국 텔레비전
중계차까지 나타났다. 절 마당이 각종 전력 케이블로 어지럽다. 해탈문
과 금강문 사이 마당에는 간이음식점과 토산품을 파는 난전이 섰다.
누각에서는 달마상 목각전이 열리고 동 별당과 법륜전에 이르는 통로
에는 그림과 사진작품이 전시 되었다. 법륜전 회랑에는 휘호백일장에
서 입상한 작품들이 걸렸으며 앞마당에는 사찰음식 시식코너가 들어섰
다. 우리들 숙소인 서 별당은 무대에 출연할 가수와 춤꾼들의 분장실
겸 대기실로 쓰이게 되어 낮에는 출입금지 명령이 떨어졌다. 우리들은
해운스님의 지휘 아래 '사리 이운식舍利移運式'을 연습했다. 사리 이운식
은 축제를 여는 메인이벤트였다. 박물관 깊이 보관 중인 부처님의 진신
사리를 모시고 나와 축제의 개막을 아뢰는 의식이었다. 창과 영기令旗,
우산 모양의 번개幡蓋가 앞장서고 부처님들의 명호를 수놓은 수많은
번幡들이 그 뒤를 따랐다. 이어서 스님과 신도들이 사리를 모신 꽃가마
를 모시고 나타나는 것이다. 스님들의 먹물 장삼과는 달리 번과 기,
꽃가마는 화려하였다.

"사리이운식의 포인트는 장엄이다. 두리번거리지 말고 당당히 걷고 깃발을 똑바로 들어라."

해운스님이 두 번, 세 번 강조 했다.

저녁에 미국출장을 갔던 습의도감스님이 나타났다. 얼굴이 약간 부은 듯하고 피곤한 기색이었다. 비행기에서 내려 바로 달려온 모양이었다. 그러나 목소리에는 여전히 위엄이 서려 있었다. 우리들은 일제히 크게 박수를 쳤다. 그야말로 여러 가지 의미가 담긴 박수였다. 도감스님도 그 뜻을 대강 눈치 챈 듯하였다.

"고생들 많이 하셨다지요? 보궁 삼보일배를 마쳤다니 어려운 것은 다 지났습니다. 그동안 조고각하 잘 했어요?"

'조고각하照顧脚下'란 그가 떠날 때 지나가는 말처럼 남긴 당부의 말이었다. 그 먼 데를 다녀온 첫 마디가 조고각하라니 심상치 않았다. 그냥 댓돌 위에 신발정리를 잘 했느냐는 소리로만 들리지 않았다. '조고각하'는 '하심'이라는 말과 함께 깊이를 알 수 없는 뜻을 가지고 있다. 항상 내가 어디서 무슨 짓을 하고 있는지 정신 차리라는 뜻이다. 몸은 절에 와 있으면서 마음은 서울 명동에서 놀고 있지 않은지 조고각하해야 한다. 참선 한다고 화두를 들면서 옆길로 새는지도 늘 조고각하해야 한다. 또한 진리는 가까이 있으니 잘 찾아보라는 뜻도 있을 것이다. '법法을 찾아 멀리 갈 것 없다, 바로 네가 지금 밟고 있는 그 자리에 있다.'는 암시暗示이기도 하다. 도감스님은 미국 가서도 월정사와 우리들을 '조고각하' 한 것 같았다.

산사의 축제

2007년 10월 5일, 금요일. −7일, 일요일. 계속 맑음

◦───

축제의 개막과 함께 날씨도 갰다. 코발트 색 하늘이 드러나고 햇빛
이 찬란하였다. 전형적인 가을 날씨였다. 적광전 뒤 산비탈은 나무와
풀을 모두 깎아내 훤해졌다. 커다란 반달 모양의 그 빈터의 맨 꼭대기
에는 아름드리 소나무 20여 그루가 도열하듯 서 있었다. 붉은 둥치와
싱싱한 연두색 이파리가 모처럼 선명하였다. 소나무가 귀한 오대산에
서 그 붉은 소나무들은 월정사의 보물이라고 한다.

해탈문을 지나 절 마당에 들어서면 우선 9층탑이 나타나고 '大寂光
殿대적광전'이라 크게 쓴 탄허당呑虛堂의 금빛 현판이 눈길을 사로잡는다.
이어서 금당 안의 부처님 모습이 잠깐 보이다 대적광전 지붕의 검은
골기와 너머로 병풍처럼 늘어 선 소나무들에 시선이 멈추게 된다. 소나
무 위는 그냥 무한無限 창공蒼空이다.

축제의 첫 손님들은 학생들이었다. 어머니의 손을 잡은 유치원 꼬
마들부터 대학생들까지 스케치북과 돗자리를 들고 와 대적광전과 법
륜전 댓돌을 모두 차지했다. 그림그리기 콘테스트가 열린 것이었다.
처마의 서까래와 공포에 칠해진 화려한 단청, 법륜전 문짝의 기하적
문양, 벽 속에 반쯤 파묻힌 주칠한 기둥, 마당 귀퉁이의 수각과 뒤란의

조사당이 학생들의 스케치북에서 새롭게 태어나고 있었다. 꼬마들을 따라 온 젊은 엄마들은 집에서 챙겨온 간식거리를 아이들에 먹이며 그리며 떠들며 마냥 행복한 얼굴들이었다.

적막하던 절 마당에 경쾌한 재즈가 쾅쾅 울렸다. 저잣거리에 사람이 늘고 민속공예부스에 부인들이 분주하였다. 오랜 정定에 들었던 절이 잠시 깨어나 세상을 향해 문을 여는 것 같았다.

사리 이운식이 시작되었다. 우리들은 창과 기, 번을 들고 줄지어 나가 무대 위 정해진 자리에 섰다. 무대 북편에 단을 쌓고 과일과 떡과 꽃을 그야말로 산더미처럼 고여 놓았다. 부처님께 올리는 여섯 가지 공양 즉, 향香 등燈 차茶 화花 과果 미米가 기다란 상을 꽉 채웠다. 사과와 배는 쌓아 올린 높이가 1m는 됨직한데 무너질까 봐 투명 테이프로 칭칭 감아 놓았다.

화려한 꽃가마가 도착하고 해운스님이 흰 장갑을 낀 손으로 사리함을 단 한 가운데로 모셨다. 그리고 사리함 속 뚜껑을 조심스럽게 열었다. 스님이 삼배하고 단을 내려가자 우리들도 들고 있던 기와 번을 무대에 꽂아 놓고 따라 내려가 자리에 앉았다. 황금색의 둥근 우산 모양의 번개 아래에 사리함이 놓여 있고 그 좌우로 오색의 화려한 번과 기가 펄럭였다. 향이 타오르며 금빛 사리함 위를 감돌았다.

범패梵唄의 큰 소리가 정적을 깼다. 징과 북도 따라 울렸다. 붉은 가사를 어깨에 맨 스님 서너 분이 마이크 앞에 서서 번갈아 범패를 불렀다. 앰프가 없어도 우렁찬 소리가 절 마당을 찌렁찌렁 흔들었다.

호랑이가 으르렁대는 소리가 한동안 계속되더니 경쾌한 사설이 죽 이어졌다. 북도 빠르게 고조되며 2중창 3중창이 합세하였다. 뜻은 알아듣지 못하겠지만 마음이 붕 떴다. 음색과 음조와 음량이 다른 두 소리의 섞임이 절묘하였다. 한 소리는 굵고 묵직하였고 또 한 소리는 가늘고 맑았다.

이러한 사설과 염불이 5분, 10분씩 계속되었다. 이에 비하면 요즘 젊은이들이 열광하는 랩rap은 그야말로 아이들 장난 같았다. 리듬의 빠르기나 멜로디의 경쾌함이 비교가 되지 않았다. 무식한 말일지 모르나 랩의 원형原型은 미국의 흑인들이 아니라 한국의 범패가 아닌가 한다.

이렇게 범패가 울리는 동안 무대 위에서는 범무梵舞가 펼쳐지고 있었다. 고깔을 쓴 스님 두 분 또는 네 분이 나비춤과 바라춤을 번갈아 보여 주었다. 느릿느릿 정중한 동작이 죽 이어졌다. 긴 소매와 장삼 자락이 너풀너풀 무대를 휩쓸었다. 이렇게 두 시간 가까이 범패와 범무를 감상하시던 여래如來의 몸인 사리는 다시 꽃가마를 타시고 원래의 자리로 되돌아가셨다.

심포지엄도 두 개나 열렸다. 전문가가 논문을 발표하고 패널이 토론을 벌이며 청중들과 질문답변을 주고받았다. 주제는 '오대산 불교문화의 가치와 활용', '오대산 천년 숲의 명상적 가치'였다. '오대산 수행문화와 그 특징'을 발표한 김광식교수는 한암종정과 탄허대종사의 가풍과 업적을 열거한 다음, 이분들의 수행문화가 옛날부터 전해 내려오는 오대산 문수신앙과 어떻게 연결되는지 그 구조를 밝혀야 한다고 주장했다. 월정사 주지 정념스님은 오대산의 천년 숲을 기반으로 세계적인 선 센터를 조성하여 경쟁과 공해로 피폐해진 현대인들에게 삶의 활력을 재충전 할 기회를 제공하겠다고 포부를 밝혔다.

법고法鼓대회도 열렸다. 무대 위에 내 키보다도 더 큰 북이 설치되었다. 사람 힘으로는 들 수 없어 크레인에 매달아 올렸다. 전국 사찰의 명인 고수 다섯 팀이 출전했다. 비워 두었던 중앙 관람석에 젊은 비구니 스님 200여명이 갑자기 나타났다. 동학사 승가대학생들인데 법고대회에 출전한 동료들을 응원할 겸 축제도 참관하기 위해 단체나들이를 했다는 것이다. 모두가 밀짚모자를 쓰고 승복을 입었지만 젊음을 숨길수는 없었다. 앉고 서는 부드러운 몸매에 손을 들어 이마에 대고 햇빛을 가리는 제스처는 발랄한 여대생의 모습 그대로였다. 밝은 얼굴에 빛나는 눈, 환한 미소가 풋풋한 젊음을 내뿜고 있었다.

고수들의 솜씨는 넋을 나가게 했다. 너무 빠르고 강해서 마음이 팽팽해졌다. 그 넓은 북을 두 손으로 두드리는데 북채가 보이지 않았다. 한 사람이 계속 치기는 버거운가 보다. 그래서 두 사람이 번갈아 치는데 북소리가 죽지 않도록 서로 신호를 주고받으며 교대를 하였다. 호흡이 완벽하게 맞지 않으면 달리는 템포와 리듬을 살릴 수 없겠다. 동화사 승가대학 팀이 무대에 서자 일제히 환성과 박수가 터지고 피켓이 춤을 추었다. 수법스님과 환오스님도 우리들 뒤에서,

"크게 박수를 치세요."

하며 응원을 주문했다. 이 젊은 비구니들이 학교 후배들인 모양이었다. 대회가 끝났는데도 북은 '둥! 둥! 둥!' 한동안 내 가슴 속에서 계속

울렸다.

저녁에는 산사음악회가 열렸다. 지금은 은퇴한 거나 마찬가지지만 한때 인기 절정의 톱 가수가 출연한대서 마을주민들이 관람석을 메웠다. 우리 행자들도 모두 구경을 갔지만 나는 혼자서 법륜전 댓돌을 걸었다.

산사의 가을 저녁은 생각보다 쌀쌀하였다. 털모자와 목도리를 감았는데도 추웠다. 음악회가 열리는 적광전 앞마당에서 간드러지게 넘어가는 여가수의 노래와 밴드의 반주와 박수 소리가 들려왔다. 적광전 처마가 스포츠 라이트를 받아 찬란하였다. 낮에 보이던 칙칙한 색깔은 사라지고 붉은색, 푸른색, 초록색 단청이 살아 움직이고 있었다.

비탈 위 소나무들도 조명 세례를 받아 둥치의 붉은색과 가지의 연두색이 온전히 드러났다. 캄캄한 하늘에 오로지 그 곳만 밝아 공중에 떠 있는 별세계 같았다. 그 색깔은 밝지도 흐리지도 않고 은은하고 신비하였다. 하늘의 선부仙府가 절 구경하러 내려온 것 같았다.

법륜전 앞마당에서 사찰음식을 소개하고 있는 선재스님으로부터 특강을 들었다. 조용조용하고 부드러운 말씨로 절음식의 특징을 차근차근 설명해 주었다. 부처님은,

"꿀벌이 꿀을 따듯 그렇게 음식을 구해서 먹어라. 벌은 꿀을 딸 때 꽃을 해치지 않고 오히려 도와준다."

고 가르쳤다고 한다. 그래서 스님들도 아픔을 느끼지 못하는 식물 위주의 음식을 먹게 되었다는 것이다. 선재스님은 간암 중증 환자였는데

사찰음식의 도움으로 건강을 회복했다고 한다.

"때 아닌 때 먹지 말고, 제철에 나는 재료로 만든 음식을 먹고, 첨가제가 안 든 음식을 4식識, 즉 안眼 이耳 비鼻 설舌식으로 단물이 괼 때까지 천천히 씹어서 먹어라."

고 충고하였다. 스님이 직접 만든 김밥도 맛보았다. 무엇을 넣었는지 바삭바삭 무척 고소하였다.

사흘간의 축제도 이제 막판이었다. 가야금과 해금과 피리와 피아노로 짜인 악단이 있었다. 피아노를 빼면 모두 우리나라의 전통악기들인데 연주를 못하는 곡이 없었다. 재즈와 발라드와 심지어 클래식까지 거뜬히 소화해냈다. 연주자들도 한복 대신 검은 드레스 차림이었다. 음악도 아주 깨끗하고 섬세해서 인상 깊었다. 강릉과 춘천의 대학생들도 대거 출연했다. 주로 춤과 노래인데 마술공연도 한 꼭지 끼었다. 젊은이들답게 발랄하고 패기 넘치는 공연을 보여주었지만 동아리활동 수준을 넘지 못하는 것 같았다. 나에게는 학생들의 춤과 노래가 비명을 지르는 몸부림으로 보였다.

참회

2007년 10월 8일, 월요일. 흐림

⸻

축제가 끝난 절 마당은 어지러웠다. 까마귀 떼가 전나무 숲을 날며 요란하게 짖었다. 무대를 철거하고 의자를 치우고 등을 걷고 쓰레기를 치웠다. 마당에 빗질까지 끝내니 절은 본래의 모습으로 돌아와 다시 정에 들었다.

습의도감스님이 돌아오면서 느슨하던 분위기도 다시 조여졌다. 우선 아침포행이 달라졌다. 아마도 도감스님의 웅성雄性이 발동한 것 같았다. 기껏해야 산신각 근처까지 가다 돌아오는 포행길이 확 늘었다. 우리들을 숲 속 깊이 숨어 있던 다비장과 매표소 앞 외곽 주차장까지 끌고 다녔다. 낮에도 이웃 지장암으로 데려가 골짜기에 감춰진 전나무 숲길을 구경시켰다. 그 길은 비구니 스님들의 전용 포행길로 금남의 성역이라고 한다. 사경할 때도 나타나 절 똑바로 하라고 한 마디 보탰다.

이제 우리들 절 생활도 끝나 간다. 내일 사자암에 올라가 철야정진하고 마지막 날 삼천배하면 끝이다. 사경탑도 다 채워지고 한 시간분만 남았다.

저녁의 청규시간은 울음 바다였다. 학감스님이 행자들 각자가 살아온 지난 세월을 참회하라고 주문했다.

주로 아내와 남편, 자식에 대한 참회가 많았다. 모지락스런 말, 비정한 말로 자식들 마음에 아물 수 없는 상처를 남겼다고 후회하는 아버지 어머니가 의외로 많았다. 돌아가신 부모에 대한 불효로 흐느끼는 사람도 여럿이었다. 자기 자신에 대한 자책과 반성도 많았다.

참회는 단단히 닫힌 마음의 빗장을 여는 열쇠이었다. 마음이 열리지 않으면 부처님에 대한 귀의도, 신에 대한 헌신도, 보시와 사랑도 불가능하다. 당연히 깨달음과 믿음도 불가능하다. 부처님이나 하느님, 그 어느 분의 말씀도 들리지 않기 때문이다.

철야정진

2007년 10월 9일, 화요일. 맑음

저녁을 들고 철야정진을 위해 중대 사자암으로 올라갔다. 그동안 몇 번 지나갔지만 법당으로 들어가 본 것은 이번이 처음이었다. 비로전이라는 현판이 붙은 법당 안은 깨끗하고 화려하고 밝았다. 불사가 끝난 지 얼마 되지 않는 듯 모든 것이 새 것이었다. 고급 목재를 깐 마루는 맑고 빛이 났으며 천장은 오색단청으로 화려하였다.

금빛 비로자나불이 문수보살과 보현보살을 거느리고 정좌한 불단 뒤에는 은행나무를 붙이고 그 위에 수많은 부처와 보살을 조각했다. 아래 부분에는 500 문수동자를, 윗부분에는 500 문수보살을 모신 것이라고 한다. 그 모습들이 밝은 조명을 받아 살아 움직이는 듯했다. 불단 앞에 놓인 커다란 난분에는 조그마한 꽃들이 만개했다.

먼저 백팔참회를 하고 한 시간쯤 참선했다. 그 한 시간이 영원처럼 길었다. 아침저녁 결가부좌로 명상을 한 지 27년이나 되어 2, 3십 분쯤 앉아 있는 것은 별로 힘든 일이 아니었다. 그런데 웬일인지 힘이 들어가고 답답해졌다. 자정이 가까워 화장실에 가려고 법당 마당에 내려섰다. 하늘에 별이 가득 차 장엄하였다. 전나무로 빽빽한 검은 산줄기가 별 무더기로 덮였다. 삼태성의 굵은 별들이 바로 눈앞에서 반짝였다. 마당가에 켜진 보안등이 빛을 잃어 초라하게 보일 정도였다. 화장실로 내려가는 계단은 수직에 가까울 만큼 급하였다. 사자암은 이렇게 가파른 비탈을 깎아, 맨 아래에 식당, 중간에 요사채, 맨 위에 법당을 앉혔다.

학감스님이 이번 공부 중에 궁금한 것이 있었으면 무엇이든지 물어보라고 했다. 채공행자가 나섰다.

— 불교의 가르침 중에 윤회설이 있습니다. 우리가 죽으면 영혼靈魂이 남는가요?

"불교에는 기독교의 영혼 같은 것이 없습니다."

— 그러면 무엇이 윤회 합니까?

"업業 Karma이 윤회합니다."

— 저희들은 매일 아침 원각경 보안보살장을 읽는데, 몸은 4대大로 흐트러지고 마음은 6진塵으로 돌아간다고 가르치고 있습니다. 몸도 마음도 없다 하니 카르마도 없는 것 아닙니까?

"그렇습니다. 이 세상 모든 것은 있는 것처럼 보이지만 사실은 실체가 없는 허깨비, 환幻이라고 했습니다."

— 허깨비라면, 허깨비가 윤회를 할 수는 없잖습니까?

"그래서 석가여래께서는 바로 그 환을 증득證得하라고 가르치고 있습니다. 윤회를 벗어나는 것이 해탈解脫입니다. 해탈을 못하면 이 세상은 환으로 보이지 않습니다. 우리가 불교를 믿는 최종 목표는 해탈을 얻는데 있습니다."

하지만 채공행자는 여전히 의문이 풀리지 않는 모양이었다. 증득이란 체험을 통하여 안다는 뜻이지만 쉽게 알아들을 수 있는 말이 아니다. '물은 H_2O, 즉 수소원자 두 개와 산소 원자 한 개가 결합된 액체이다' ─ 물을 이렇게 이해하면 물을 분해할 수도 있고 재생할 수도 있다. 기술적 조작이 가능한 것이다. 그러나 물을 그렇게 아는 것은 증득이 아니다. 물을 직접 마셔보고 '아하! 물이란 것이 이런 것이구나.' 하고 그 고유성固有性을 깨닫는 것이 증득이다. '환을 증득하면 온 세계가 즉각 청정해진다.便得無方淸淨'고 『원각경』「보안보살장」은 가르치고 있다.

법당 벽에 기대 조는 사람이 많았다. 새벽예불은 적멸보궁에 올라가서 드릴 예정인데 한 시간 정도 시간이 남았다. 눈을 좀 붙이려고 요사채로 내려가 보니 이미 이불까지 덮고 누운 사람이 여럿이었다.

사경탑

2007년 10월 10일, 수요일. 맑음

사자암의 새벽은 추웠다. 시월 초순인데도 벌써 한겨울 같았다. 차가운 별빛이 냉기를 더 보태주었다. 내복을 입고 털모자에 털목도리, 털장갑으로 중무장을 한 것이 정말 잘한 일이었다. 동이 트려면 아직 세 시간도 더 지나야 된다. 그런데도 적멸보궁으로 올라가는 길은 플래시가 필요 없을 정도로 별빛이 밝았다.

새벽예불은 사자암 주지 인광스님이 이끌었다. 나는 법당 서편 돌바닥에 비닐 좌복을 깔고 절을 했다. 이제까지 들어보지 못한 독특한 염불 소리가 들렸다. 호흡이 길고 우렁찼다. 구성진 판소리의 한 대목처럼 구불구불 이어지기도 하였다. 도저히 따라갈 수도 없고 흉내도 낼 수 없었다. 그 소리가 아득한 구소九霄까지 울려 퍼지며 유정, 무정의 무명을 흔들어 깨우는 것 같았다. 하늘의 무수한 별들이 우리들의 예불을 내려다보고 있었다. 바람은 없었으나 너무 추워서 주지스님의 정근이 무척 길게 느껴졌다.

사자암의 아침 공양은 따뜻했다. 뜨거운 미역국이 언 몸을 풀어주었다. 새알 옹심이가 든 죽도 맛있었다. 우리는 사자암에서 월정사까지 12km 남짓한 산길을 걸었다. 자동차 길이 아닌 숲으로 난 옛길이었다.

침엽수가 많아 고운 단풍은 드물지만 숲을 뚫고 떨어지는 아침햇살이 부드러웠다. 낙엽 썩는 냄새가 풍기는 숲의 향기를 마시며 한 줄로 걸었다. 길은 내리막이라 어렵지 않고 바닥은 양탄자처럼 푹신했다.

행자들은 말이 없었으나 행복한 얼굴이었다. 갈 길은 먼데 해가 진 격인 나는 젊은 그들이 부러웠다. 허세와 일탈, 허황된 꿈을 버리고 인생일대의 중대사 해결을 위해 이곳을 찾은 그들이 대견하였다. 삼십 초반의 여 행자 한 사람은 이 과정이 끝나자마자 지장암으로 출가하기로 했으며, 남 행자 두어 사람도 집에 가 신변을 정리한 뒤 바로 출가한다고 한다.

드디어 사경탑이 완성되었다. 두루마리를 높이 들어 풀어보니 탑이 제법 거대하였다. 붉은 지문 위에 겹친 가는 먹 글씨가 고물고물 살아 움직이는 듯하였다. 그동안 붓 펜 두 자루가 닳아 없어졌다. 찰중스님이 붉게 상기 된 얼굴로 말했다.

"장하십니다. 일자일배 사경은 드문 일입니다. 나도 이 탑을 완성해서 기쁩니다. 이제 그간 사경에 바친 모든 정성을 회향하세요."

죽비를 치면서 사경을 함께 한 각엄스님은 아무 말이 없었다. 각엄스님은 사경할 때마다 등이 젖었다. 환오스님의 목소리가 뒤에서 들려왔다.

"사경 두루마리는 내일 저녁 삼천배할 때 불전에 올렸다가 소각하시기 바랍니다. 한 자 한 자 쓸 때의 그 발원, 한 번 한 번 절 할 때의 그 정성을 모두 부처님께 드리고 잊어버리세요."

나는 아쉬웠다. 다른 것은 몰라도 사경만큼은 전력투구했기 때문에

태워버리기에는 너무 아까운 생각이 들었다.

　이 세 분 스님들은 첫 날부터 우리들과 늘 함께 있었다. 우리들보다
먼저 일어나고 늦게 잠들었다. 사람 다루기가 얼마나 힘든 일인지를
나는 잘 안다. 직장생활을 할 때 교육담당을 오래 해 보았기 때문이었
다. 남녀노소로 50명이 넘으니 벼라 별 일이 다 생겼다. 그래도 스님들
은 항상 우리들 곁을 떠나지 않고 애로와 불편을 해결해 주었다.

　습의사스님들은 집짓기를 마무리하는 미장이 같았다. 목수가 기둥
을 세우고 벽돌공이 벽돌을 쌓으면 빈틈을 메우고 벽을 발라 집을 완성
하는 것이 미장이의 역할이다. 다른 스님들께 묻기 어려운 궁금증을
대신 풀어주고 절생활의 미숙함을 바로잡아 주었다. 돌이켜 보니 화낸
얼굴을 본 적이 없었다.

삼천배

2007년 10월 11일, 목요일. 맑음

마지막 날이다. 발우를 반납하였다. 그렇게 속을 썩이던 발우였건만 허전하고 아쉬웠다. 삭발탑에 묻히던 나의 흰머리가 보였다. 절을 나가서도 여기서 사경하던 그 마음이 살아 있을까? 머리가 자라면서 다시 옛날 생활로 돌아가지나 않을까? 적광전 너머 하늘이 한없이 푸르다. 댓돌 위의 베고니아는 날이 점점 추워지는데도 여전히 붉었다.

날이 어두워지자 바로 적광전에서 삼천배를 시작했다. 지난 한 달간 행자 교육에서 닦은 것, 하심과 수용, 조고각하를 모두 삼천배에 실어 부처님께 올리는 것이다. 학감스님의 긴 축원이 끝나자 죽비가 울렸다. 일제히 '석가모니불'을 부르며 오체투지 했다.

죽비는 젊은 도반들이 번갈아 잡을 모양이었다. 50분 절하고 10분씩 쉬겠다고 미리 밝혔다. 첫 50분은 정신없이 지나갔다. 두 번째 50분도 힘들지만 잘 따라갔다. 땀을 잘 흘리지 않는 나도 온몸이 땀으로 젖고 얼굴이 화끈거렸다. 물을 들이켜고 와서 넓적다리를 주물렀다. 세 번째 50분이 시작되었다. 월정사로 들어오던 첫 날 버스에서 만났던 그 영감님도 특전사 장교 출신답게 죽비를 잘 따라 가고 있었다. 이번에는 먼저 번과 달랐다. 시간이 지날수록 죽비 소리가 멀어지면서 힘이 부쳤다. 허리와 무릎은 아프지 않았으나 체력이 달리는 것 같았다.

쉬는 시간에 산자와 약과를 나누어 주었다. 법당기둥에 기대 가쁜 숨을 몰아쉬고 있는데 채공행자가 다가왔다.

"괜찮습니까? 뒤에서 보니 너무 무리하시는 것 같아예. 우째 그리 억척스럽게 하십니까?"

그러면서 조청이 철철 흐르는 손수건만한 산자를 내밀었다. 염치불구하고 받아먹었다. 정말 꿀맛이었다. 네 번째 절이 시작되었다. 정말 힘들었다. 입에서 단내가 나며 정신이 아득해졌다. 몸은 그냥 기계적으로 움직였다. 네 번째 절이 끝나자 찰중스님이 찾아와서 충고를 했다.

"무리하지 마세요. 이제 400번씩 두 번이면 끝납니다. 연세가 많아서 죽비를 따라 가시기 힘드실 것입니다. 죽비 두 번에 한 번 절해도 됩니다. 세 번에 한 번이라도 좋으니 끝까지 따라만 가세요."

하였다. 스님의 충고대로 나머지는 죽비 두 번에 한 번 꼴로 절을 했다. 속도가 느리니 훨씬 수월하였다. 좌복이 땀에 젖어 꺼멓다. 젊은 도반들도 많이 힘 드는가 보다. 숨소리가 거칠고 정근 소리가 약해졌다.

스님들의 정근 소리가 간절하였다. 그 소리가 쓰러지려는 나를 일으켜 세웠다. 소리가 아득해지다 다시 똑똑해질 무렵 긴 절이 끝났다. 절이 끝나면 쓰러질 줄 알았는데 오히려 후련하였다. 새벽 1시가 조금 넘었다.

다시 익숙하던 세상으로

2007년 10월 12일, 금요일. 맑음

채공행자와 함께 절문을 나왔다. 분명 이 산중에도 나의 스승님이 계실 것이 틀림없겠건만 아직 만날 인연이 없었던 것 같았다. 그래도 빈손은 아니었다. 이제 낯선 곳을 떠나 다시 익숙한 세상으로 되돌아가야 한다. 채공행자의 배낭 옆구리에는 반쯤 남은 포도주 병이 꽂혀 있었다. 그가 그것을 내밀며,

"기가 막힙니다. 한 모금 하십시오."

한다. 내가 고개를 젓자 버스정거장 근처의 가게에서 아이스콘을 샀다. 그것은 쓴 맛이 나도록 달았다. 아이스콘을 핥으며 내가 물었다.

― 이제부터 뭘 할 거요?

"우선 회사 일 좀 챙기고 박사과정에 등록할까 합니다. 공덕 어른께서는 무얼 하실 겁니까?

나는 대답 대신 삭발탑이 서 있는 전나무 숲을 바라보았다.

〈2008, 2, 25.〉

2부

발밑이 무너지다

선체험은 정해진 순서나 단계가 없다. 도둑이 들 듯 예고 없이 찾아온다.

그 체험의 내용도 알 수가 없다. 그러나 발밑이 무너지고

생각이 뒤집어 지는 듯한 분명한 변화가 있다. 체험의 순간은 이처럼

예측이나 묘사가 불가능하지만 어떤 상황에서 그런 체험이 일어나는지,

선체험 이후에는 어떤 일이 벌어지는지는 기술記述할 수 있다.

사람들마다 선체험의 전후사정은 다 다르겠지만 그 체험의 낙처落處는 다 똑같다.

나의 선체험은 막히고, 통하고, 분명해지는 순서로 진행되었다.

이러한 구분은 설명을 쉽게 하기 위한 방편일 뿐 누구나 이런 순서로

진행된다는 뜻은 아니다. 앞으로 이 과정을 시계열 별로 제시하면서

중간 중간 과거의 수행법도 소개하면서 그 한계를 지적할 것인데

그 수행법을 비판하기 위한 것이 아니라 나에게는 별 효과가 없었다는 것을

말하고자 할 뿐이다. 또한 법문 듣기와 정진법회 참가, 스승님과의 면담 등이

많이 거론 될 터인데 이는 모두 그때그때 일어나는 변화를 강조하기 위한 것이지

법회의 분위기를 전달하려는 것이 아니다.

1

막히다

무심선원

월정사에서 나온 지 보름쯤 지나 옛날 명상수행을 하던 자리에서 만났던 선배를 찾았다. 그분이 나의 삭발한 머리를 보고 사연을 묻기에 월정사에 다녀온 일을 말씀드렸다. 그분은 나에게 무심선원을 소개했다.

'무심선원' 김태완金泰完 선원장은 부산대학교에서 '중국조사선의 연구中國祖師禪研究'로 박사학위를 받은 정통 철학자이며 선지식이다. 1996년 여름, 훈산薰山 박홍영1922-2012 거사가 법문하는 자리에서 견성체험見性體驗을 하고, 그 후 경전과 조사어록을 번역하면서 자신의 견처見處가 그분들과 같다는 것을 확인하였다. 2001년 말부터 부산과 서울에서 무료 공개법문을 계속하고 있다. 김 박사에게는 따로 당호堂號나 법호法

號 같은 것이 없다. 그래서 그 분의 인터넷 아이디를 법호로 삼아 '무사인無事人' 선생이라고 부른다.

2007년 11월 18일, 일요일부터 무사인 선생의 법문을 듣기 시작했다. 무사인 선생은 2003년 7월부터 한 달에 두 번 수원에 올라와 『육조단경六祖檀經』과 『서장書狀』을 교재로 법문을 하고 있었다. 무사인 선생의 첫인상은 40대 후반에 조용조용한 목소리를 가진 평범한 얼굴이었다. 무슨 거룩한 후광 같은 것은 보이지 않았다. 경전을 읽고 풀이를 해주었지만 자기 자신의 독창적인 주장이 더 많았다. 말이 명석하며 곡진하였다. "바로 이것뿐, 다른 것이 없어요."하며 손가락을 세워 보이기도 하고 손을 흔들어 보이기도 하였다. 그때 법회장소는 수원 팔달문 로터리, '경기불교문화회관'이었고 모인 사람들은 삼십 명 안팎이었다.

"방법이 없다."

"수행에는 정해진 방법이 없다. 경전이나 조사어록을 아무리 뒤져도 참선參禪 중에 깨쳤다는 말은 없다. 무엇을 보거나, 무엇을 듣거나, 무슨 행동을 하다가 문득 와 닿았다는 증언이 대부분이다. 법法은 가르칠 수는 없고 다만 가리켜 줄 수 있을 뿐이다. '정전백수자庭前柏樹子', '마삼근麻三斤', '간시궐乾屎厥' 등은 법을 바로 보여준 것이다. 즉 직지直指 한 것이다.

대신심大信心, 대분심大憤心을 갖고 항상 이것에 관심을 집중하면 저절로 계합契合 될 때가 올 것이다. 무리하거나 억지를 쓰면 병이 생긴다. 이 공부는 아주 자연스러워야 한다. 무엇이 보인다든가, 무슨 느낌 같은 것이 온다면 그 것은 다만 망상일 뿐이다. 도道를 얻었다고 당장 신통력이 생기는 것도 아니고 생활이 달라지는 것도 아니다. 평상심平常心이 도라는 말이 있지 않은가? 바로 그대로다. 모든 의심이 없어져 걱정과 두려움이 사라지고 항상 밝고 생생하다.

그렇다고 아무것도 하지 말라는 말은 아니다. 자나 깨나 이것에 관심을 집중하여 마침내 생각이 갈 길을 잃고 오도 가도 못하는 지경에 몰리면 어느 순간 문득 생각이 확 뒤집어지는 경험을 하게 될 것이다. 이때부터가 공부의 출발이다. 물소 뿔에 주둥이를 들어 박은 생쥐는 앞으로 나가지도 못하고 뒤로 물러서지도 못하는 절박한 상황에 놓이

게 된다. 도를 구하고자 하는 마음, 초발심初發心을 이렇게 몰고 가
라."

<2008년 1월 20일. 일요일>

모두 지금까지 알고 있었던 상식과는 사뭇 다른 이야기들이었다.
선 공부에는 방법이 없다는 말에 그저 어리둥절했을 뿐 그 뜻을 이해하
지 못하였다. 나는 평생 고대하던 선지식을 드디어 만났다는 것을 직감
하였다.

'쇠뿔 속의 쥐'

○♀─○

한 밤중에 숨이 막히도록 쩔쩔 매다 문득 깨어 보니 꿈이었다. 나는
텔레비전 방송국의 스튜디오 앞에 있었다. 담당 프로듀서가 내 복장을
눈으로 점검하더니 스튜디오 안으로 들어가라는 신호를 보냈다. 이때
부터 나는 몸이 달기 시작했다. 생방송으로 경제문제에 대한 해설을
하기로 되어 있었는데 무슨 말을 해야 할지 몰라 갑자기 눈앞이 캄캄해
졌던 것이다. 책상 위에 자료가 있었는데 그것을 펼쳐 보아도 웬일인지
한 글자도 읽을 수가 없었다. 이제 와서 스튜디오를 나갈 수도 없고
그대로 있을 수도 없었다. 애가 달아 눈앞이 캄캄해지면서 폭발할 것
같았다. 스튜디오 밖의 시계 초침이 '12'에 겹치면서 '큐!' 사인이 떨어
지는 순간 벌떡 일어났다.

깨어 보니 꿈이었다. 나는 지옥에서 탈출한 느낌이었다. 그 다급하
고 절박한 심정이 여전히 생생하였다. 잠이 싹 달아났다. 화장실에
다녀오고 물을 벌컥벌컥 들어 마셨더니 겨우 진정이 되었다. 어제 무사
인 선생의 법문 중, '쇠뿔 속에 갇힌 생쥐'가 생각났다.

〈2008년 1월 21일. 월요일〉

배워서 얻은 것이 아닌 능력 1

"즐거움과 화남 등 기본감정의 얼굴표현은 대체로 문화와 무관하다. 텔레비전이 없는 아프리카 오지의 원주민도 처음 보는 사람의 웃는 얼굴을 즐거움으로 이해하는 것으로 미루어 보면 학습에 의한 것은 아니다. 심지어 침팬지 등 영장류의 얼굴 감정표현도 유사하다. 언어는 문화마다 달라서 인간끼리도 소통이 안 되는데, 감정의 얼굴표현은 모든 영장류에서 공통적이다. 놀라운 일이다. 언어능력이 학습에 의해 후천적으로 얻어짐에 반해 얼굴표현과 인지능력은 선천적으로 주어진다. 소프트웨어가 아닌 하드웨어로 구성된 것이다. 다만 언어와 달리 얼굴의 감정표현은 다양하지 못하고 제한적이다.

〈이수영, KAIST 바이오 및 뇌공학과 교수.
중앙일보, 2008, 2, 23, 토요일, 30면 '과학칼럼'〉

아침에 이 글을 읽다가 '언어는 학습에 의해 후천적으로 습득 된다'는 의미가 새롭게 와 닿고, 웃음은 학습에 의하지 않고 이미 가지고 태어나는 능력이며, 이는 모든 영장류에 공통적인 현상이라는 말에 눈이 번쩍 떠졌다. 말은 필요에 따라 후천적으로 이루어진 약속이다. 같은 대상이라도 문화에 따라 말이 다르다. 원래부터 있었던 것이 아니고 인간이 만들어 낸 방편이기 때문이다.

그래서 시대와 문화와 종족에 따라 얼마든지 말은 바뀔 수 있다. 고정된 실체가 없는 것이다. 그러나 웃음은 배운 것이 아니라 태어날 때부터 가지고 나온 인류 공통의 능력이다. 이 능력은 어디서 오나?

배워서 얻은 것이 아닌 능력 2

눈을 뜨니 새벽 4시다. 밖이 훤하다. 어제 대통령 취임식이 끝난 뒤부터 눈발이 날리더니 밤새 내려 쌓였다. 마음속에서 빨리 나가 눈을 쓸라고 명령한다. 마당으로 내려가 대나무 빗자루로 눈을 쓸기 시작했다. 발목이 잠기는 것을 보니 10cm도 넘을 듯하다. 빗자루의 끝부분을 잡고 쓰니 눈이 두꺼워 힘이 들었나 보다. 나도 모르는 사이 빗자루의 중간을 잡고 쓸게 되었다. 나는 그런 동작이 나온 다음에야 뒤늦게 그것을 알아차렸다. 자루의 끝을 잡으면 힘이 드니 중간 부분을 잡아야 힘이 덜 들겠다는 생각을 내서 일부러 그런 동작을 취한 것이 아니었다.

여기서 나는 또 한 번 번쩍했다. 내가 의식하기 전에, 내가 분별하기 전에 나도 모르게 저절로 힘을 덜 들일 수 있는 동작을 취하도록 만드는 '그 무엇'이 있는 것이 아닐까? 이것은 심리학자들이 말 하는 본능일까? 아니면 오래 된 습관으로 나도 모르게 그런 동작이 나온 것일까? 나는 그런 습관이 들만큼 빗질을 많이 한 적이 없었다.

〈2008년 2월 26일. 화요일〉

선체험담

처음으로 무심선원의 정진법회에 참가하여 무사인 선생과 여러 도반들로부터 많이 배우고 느꼈다. 이 법회는 2008년 5월 10일토, 11일일, 12월 사흘간 언양彥陽 간월산肝月山 배냇골, 원불교청소년수련원에서 열렸다. 참가자들은 60명쯤 되는데 남여가 반반이었다. 수원법회 도반도 20명 가까이 참가한 것 같았다. 월정사에서 만났던 채공에게 권했더니 그도 기꺼이 참가했다. 법회기간 내내 날씨는 좋았으나 생각보다 추었다. 법회장은 간월산의 밀양密陽 쪽 능선 중간에 자리 잡은 높은 골짜기라서 인적이 드물고 아주 조용했다.

무사인 선생은 단하 천연丹霞天然선사의 '완주음翫珠吟'을 8회에 나누어 설법하였다. 전반부는 칠언절구七言絕句, 후반부는 오언절구五言絕句로 되어 있는데 내용이 어려웠다. 한 시간 법문하고 한 시간 또는 두 시간씩 쉬어서 여유가 많았다. 쉬는 시간에 참가자들은 무사인 선생과 개인면담을 가졌다. 나는 여쭈어 볼 것이 없어 면담을 신청하지 않았다. 그 대신 주변을 산보하며 초록물이 뚝뚝 떨어지는 산비탈을 바라보았다.

채공은 여기서도 주저주저하는 법이 없었다. 법회에 참가하자마자 선생님께 면담을 신청했다. 채공이 상기된 얼굴로 선생님과 면담한 내용을 알려주었다.

"제가 이 공부에 관심을 가진다는 것이 무슨 뜻입니까?"
하고 여쭈어 보았더니

"남에게 갚아야 할 빚이 있다고 하자. 그러면 밤낮으로 그 빚을 갚기 위해 항상 부담이 될 것 아닌가? 흐르는 시냇물처럼 끊어지지 않는 법에 대한 갈증을 말 한다"
고 가르쳐 주시더라는 것이다. 그리고 지금까지 자기를 괴롭히던 몇 가지 의문도 풀렸다며 기쁜 표정이었다.

둘째 날인 12일은 부처님 오신 날이었다. 오후에는 자유시간이 많아 채공과 함께 석남사石南寺를 참배하기로 하였다. 석남사는 생각 보다 규모가 작았다. 824년, 신라시대 도의道義선사가 창건하였다고 안내판에 쓰여 있다. 도의선사는 당唐나라 서당 지장西堂智藏으로부터 선을 배워 우리나라에 처음 남종선南宗禪을 소개한 선지식으로 구산선문九山禪門 중 가지선문迦智禪門의 개조가 된 분이었다. 지금은 비구니 사찰이지만 예전에는 그렇지 않았던 모양이었다. 내일이 부처님 오신 날이고 마침 연휴라서 어린이를 동반한 불자들로 붐비고 있었다. 돌아오는 길에 간월재에 들렀다. 고개 마루의 쉼터에서 우리들의 법회장이 잘 내려다 보였다.

무사인 선생의 법문은 소재는 다르지만 전하고자 하는 뜻은 늘 같았다. 법의 자리를 직접 보여주고 있으니 그냥 잘 보라는 것이다.

"따지지 말고, 분석하지 말고, 추측이나 예단하지마라. 오직 이것뿐이다. 모자라지도 않고 넘치지도 않는다. 보는 것도 이것이요, 듣는 것도 이것이요, 말 하는 것도 이것이고 망상 분별하는 것도 이것이다."

몇 사람은 졸고 몇 사람은 법문에 취해 득의에 찬 미소를 띠고 있었다. 나도 법문의 뜻을 알아들은 것 같은데 따지려고 덤벼들면 캄캄하였다. 선생님은 가끔

"이렇게 분명하게 보여주는데 왜 보지 못하느냐?"

며 안타깝다는 표정도 지었다. 나는 도저히 그 말씀을 납득할 수 없었다.

쉬는 시간에 도반들이 들려준 그들의 체험담은 나를 놀라게 했다. 수원법회의 좌장인 칠십대 노인은

"녹음기 넉 대가 고장 나도록 선생님의 법문을 들었다. '그것'을 확인하고 나니 지금까지 속은 내가 너무 어이없었다."

고 말했다. 그는 또 책장을 후루룩 넘겨 보이며

"벌써 책을 다 본 거잖아요. 글자를 따라 가면 시간이 많이 걸리겠지만 순식간에 다 본 것 입니다. 굉장히 빨라요."

했다. 수원법회의 총무를 맡고 있던 삼십 대 후반의 젊은 여성은

"'그것'이 무엇인지 궁금해 안절부절못하다 마침내 죽을 것 같았다. 6개월이나 그렇게 쩔쩔매다가 포기하고 허탈에 빠져 며칠 지났을 때 교차로의 신호등이 마음속에서 반짝반짝 하는 체험을 하였다. 신호등은 분명히 밖이 아니라 마음속에서 반짝였다. 그 후부터 선생님의 법문이 수월하게 들리고 교수들의 강의에 허점이 많다는 것을 알게 되

었다."

그녀는 대학원에서 선학禪學을 주제로 논문을 쓰고 있는 중이라 말했다.

마지막 날 마지막 법문 시간인 오전 11시쯤이었을 것이다. 선생님은 31번째 게송偈頌, '양변구막립 중도불수행兩邊俱莫立 中道不須行'을 풀이 하며 늘 하던 말씀을 되풀이하였다.

"나누지 마라. 이법二法에 떨어지지 마라."

고 강조하며 연기緣起와 중도中道에 대해 설명하였다. 선생님은 죽비를 들고 말했다.

"가운데에서 이쪽은 왼쪽이고 가운데서 저쪽은 오른쪽이라고 말 하면 그건 분별하고 연기하는 것이다. 왼쪽 오른쪽을 분별하지 않으면 내 손이 닿는 자리가 다 중도이다."

그 말씀에 내 마음은 팽팽해지기 시작했다. 선생님은 이어서

"태양이나 등불은 광원光源이 있다. 돌아보면 그 광원이 보인다. 그러나 마음에는 광원이 없다. 모양이 없기 때문이다. 마음이 떨어지는 자리를 보아야 마음을 볼 수 있다."

고 하였다. 이 말씀을 듣는 순간 육중한 기계가 한 바퀴 돌면서 '철거덕' 하며 어긋난 것이 맞춰지는 것 같은 느낌이 들었다. 비로소 연기의 개념을 정확하게 이해하였다. 지금까지 막연하게 알던 12연기설과는 좀 다른 뜻이었다.

카메라의 눈, 사람의 눈

2008년 6월 14일, 토요일 아침, 전주로 이철수 선생을 만나러 갔다. 주말인데도 고속도로는 한산했다. 기름 값이 크게 올라 나들이 차량이 많이 준 것 같았다. 오전 11시쯤 전주 톨게이트를 빠져나오니 이 선생이 기다리고 있었다. 이 선생은 2002년 6월, 티베트고원의 서쪽 깊은 곳, 카일라쉬Kailash, 해발 6,714m를 여행할 때 알게 된 사진가이다. 먼저 임실군 신덕면 지장리 오궁미술촌의 작업실부터 둘러보았다. 폐교가 된 초등학교 건물을 화가, 조각가, 사진가들이 공동으로 임대하여 쓰고 있었다.

어린이들이 아름다운 꿈을 키웠을 운동장에는 잡초가 무성하고 작업 중인 돌덩이와 작업이 끝난 작품들이 빈 교실 앞에 예닐곱 점 서 있었다. 이 선생의 작업실은 책 더미와 필름 다발 등이 어지럽게 널린 헛간 같았다. 유리창 위에 걸린 임제臨濟선사의 '수처작주 입처개진隨處作主 入處皆眞'이란 족자 하나만이 반듯하였다.

선생이 손수 캐서 말렸다는 칡차를 마셨다. 입 끝에 달착지근한 향이 겨우 살아있었다. 숙소는 더 끔찍했다. 벽에 아무렇게나 꽂혀 있는 책들과 옷가지들이 도깨비 소굴 같았다. 내가 필통같이 특이하게 생긴 향꽂이와 향로에 관심을 보이자 이 선생이 주저 없이 향을 하나 뽑아

피웠다. 즉시 퀴퀴한 방 안에 난향蘭香같은 진하고 시원한 향이 퍼졌다. 우리나라에서는 구할 수 없는 인도산 향이었다. 나도 그런 향을 몇 개비 가지고 있었지만 함부로 피우기가 아까워서 서랍 속 깊숙이 보관만 하고 있었다. 어쩌다 서랍을 열 때 풍기는 향내로 만족하고 있었던 것이다.

바닥에는 전기요가 깔려 있었다. 작업을 하다 피로하면 이곳에 들어와 명상도 하고 쉬기도 하는 모양이었다. 책꽂이 한편에는 은으로 안쪽을 감싼 해골바가지와 구리 주전자, 옥잔 같은 티베트 골동품들도 몇 점 놓여 있었다.

"여기서 오랜만에 오 선생님의 카일라쉬 여행기를 다시 읽었어요. 5년 전, 이 책을 처음 받았을 때는 대충대충 그냥 넘어 갔는데 요즘 꼼꼼히 읽어 보니 그때의 모습이 아주 생생합니다. 제 이름이 세 번이나 등장 하더군요. 그래서 묻고 물어 선생님의 전화번호를 알아냈습니다."

이 선생이 자기의 '보물창고'를 열고 포트폴리오를 몇 권을 안고 나왔다. 그 창고는 이발소 그림부터 초등학교 졸업장, 절구와 공이 등 온갖 잡동사니들로 꽉 차 있었다. 1 읍 5 개면, 68개 마을이 수장 된 용담댐 수몰 지구에서 주민들이 버리고 간 물건들이라고 한다.

이 선생은 이 댐의 수몰 지역에 물이 차기 시작 할 때부터 물이 다 찰 때까지 6년 동안 그곳이 변하는 모습을 사진으로 기록했다. 이 선생이 들고 나온 포트폴리오는 그 다큐멘터리를 비롯한 '당 나무', '무당의 내림굿', '카일라쉬와 구게 왕국', '전통 장례식' 등 자신의 작품 전체였다. 적외선 필름의 독특한 질감 등 선생의 여러 실험과 기법 전부가 드러나 있었다.

카일라쉬 편에는 나를 마나사로바manasarova 호수에 집어넣고 찍은 사진도 있었다. 뒤통수만 찍었다더니 얼굴이 선명하게 잘 나왔다. 검고 두터운 물결이 힘차게 출렁거리고 히말라야의 준봉, 나이모나니 Naimonanyi, 7,728m의 긴 능선과 정지되어 있는 점 같은 나는 새도 보였다.

이튿날에는 이 선생 내외와 함께 지리산 정령치를 넘어 실상사를 참배했다. 정령치는 울창한 수림과 구불구불한 비탈길로 힘이 넘치는 청년 같았다. 폭포가 있다기에 올라가 보니 젊은 무당이 방울을 흔들며 주문을 외고 있었다. 그냥 평복에 차린 제물도 없었다. 신력이 떨어진 무당이 기를 보충하기 위해 이곳을 찾은 것 같다고 이 선생이 말했다.

바로 그 근처 길가에 할아버지의 얼굴을 닮은 바위가 있었다. 바위 뒤 골짜기 너머로는 지리산 줄기가 용틀임하듯 꿈틀거리며 지나가고 있었다. 나는 속으로 카메라를 놓고 온 것을 후회하였다. 내 마음을 알아차린 것일까? 카일라쉬를 여행할 때도 여간 해서는 카메라를 꺼내지 않을 만큼 까다로운 이 선생이 기념사진을 찍었다. 5분도 넘게 이리저리 카메라를 들여다보던 그는 삼각대에 카메라를 장착하고 자기도 우리와 함께 렌즈 앞에 섰다. 이 선생 부인이 놀랐다. 사진가 남편과 평생을 살았는데도 함께 사진을 찍은 적이 없었다는 것이었다.

이 선생은 삼각대에서 카메라를 풀면서 자기에게는 세 가지 기쁨이 있다고 말했다. 카메라 셔터를 누를 때, 필름을 현상 할 때, 그리고 프린트하며 드러나는 형상을 볼 때이다.

"지금 저 하늘의 푸른색과 숲의 푸른색을 이철수의 눈은 금방 분간해 내지만 카메라 렌즈는 그렇게 할 수 없어요. 숲에 초점을 맞추면 하늘색이 무뎌지고, 하늘에 초점을 맞추면 숲의 색조가 흐려집니다."

나는 이 말을 듣는 순간 또 머리가 핑 도는 것을 느꼈다.

"바로 그겁니다! 바로 그거! 기계는 조작한대로 보지만 사람은 보고 싶은 대로 봅니다. 기계나 컴퓨터는 아무리 빠르고 정교해도 미리 프로그래밍 한대로 일 할 뿐인데 사람은 자기가 하고 싶은 대로 알아서 합니다. 그건 사람이 하는 것이 아니라 '그것'이 하는 거요. 볼 때도 '그것'이 보고, 찍을 때도 '그것'이 찍고, 필름을 현상 할 때도, 필름을 프린트 할 때도 '그것'이 하는 거요. 이 선생! 사람몸뚱이도 카메라와 똑 같아요."

모두 놀란 눈으로 나를 쳐다보았다.

실상사 백장암

실상사實相寺는 한적하고 소박하였다. 높은 산으로 둘러싸인 벌판에 여염집처럼 자리 잡고 있었다. 절로 들어가는 개울 다리에서 돌장승이 먼저 참배객을 맞았다. 이제부터 속세를 떠나 청정세계로 들어가니 흐르는 물에 붙잡고 있던 것을 다 버리고 깨끗한 마음으로 들어가라고 말해주는 것 같았다.

법당에는 울긋불긋한 단청도 없고 사람도 스님도 안 보였다. 금당金堂에는 비로자나불이 앉아계시고 그 옆 약사전에는 철불여래鐵佛如來가 앉아계셨다. 이 절을 창건한 홍척洪陟선사와 그의 제자 수철秀澈 816-893 화상의 부도와 탑도 남아 있다. 철불은 수철 화상이 만들어 모셨다는데 지리산의 주봉 천왕봉을 정면으로 바라보도록 자리를 잡았다고 한다. 신라 말, 이런 변방에서 4천근짜리 철불을 주조할 정도라면 그 단월檀越은 상당한 재력과 권력이 있었을 것이다. 그런데 지금은 이렇게 빈 절처럼 한적하였다.

백장암百丈庵은 실상사에서 차로 20분쯤 걸리는 산내면 대정리 삿갓처럼 생긴 봉우리의 8부 능선에 숨어있었다. 올라가는 길이 매우 가팔랐다. 암자는 단출했으나 절터는 넓었다. 멀리 실상사가 자리 잡은 움푹한 곳이 내려다보이고 그 너머로 우람한 산자락이 겹겹이 흘러갔다. 새까만 3층 석탑과 석등이 맨 땅 위에 그냥 서 있었다. 그 위로 좀 비켜서서 두어 칸짜리 법당이 한 채, 공양간이 한 채, 대나무 숲 너머의 선방 몇 채가 이 암자의 살림살이 전부였다.

법당에 절을 드리러 올라갔더니 한쪽 벽에 지공指空 ?-1363, 나옹懶翁 1320-1376, 무학無學 1327-1405화상和尙을 증명법사證明法師로 모셨다는 족자가 걸려 있었다. 지공 화상은 인도 마가다국의 왕자로 태어나 여덟 살에 출가하여 나란다那爛陀 : Nalanda대학을 졸업하고 원元 나라에 들어와 가르치다 고려에서도 3년이나 머문 나옹과 무학의 스승이었다. 지공이 원나라에서 입적하자 나옹이 그의 유골을 모셔다 양주 회암사檜嚴寺에 안치하고 탑을 세워 기릴 만큼 우리나라 불교와 인연이 깊었던 선지식이었다. 무학은 나옹의 제자였으니 스승과 제자 3대를 증명법사로 모신 것이었다.

3층 석탑은 국보 10호로 지정될 만큼 아름답고 귀한 몸인데도 아무런 보호 시설이 없었다. 덕택에 가까이 가서 탑면塔面을 자세히 들여다볼 수 있었다. 그 탑은 위층으로 올라 갈수록 비례가 줄어드는 일반양식과는 달리 크기가 거의 비슷하였다. 아름다운 상륜부는 온전히 남아 있었지만 약간 기울어 쓰러질 듯 위태위태하였다. 탑면에 보살상과 동자상을 돋을새김 했는데 그 모습이 아주 부드럽고 편안하였다.

그 사진을 한 장 갖고 싶었지만 차마 입 밖에 말을 내지 못하고 있었는데 웬일인지 이 선생이 또 지프로 가서 카메라를 챙겨왔다. 시간은 오후 4시가 약간 넘었다. 그는 햇빛을 살펴보고 파인더를 여러 각도로 들여다보더니 삼각대를 또 이리저리 옮겼다. 우리들이 서는 위치까지 여러 번 바꾸라고 주문하며 공을 들였다. 아마 그냥 기념사진을 찍는 것이 아닌 모양이었다.

　우리들은 그대로 내려가기가 아쉬워 풀밭에 자리를 깔았다. 그때 스님 한 분이 우리 쪽으로 오시더니 함께 앉았다. 나이는 가늠 할 수 없었지만 사십 대 중반 같았다. 눈 코 입이 크지도 작지도 않고 단정하였다. 갸름한 얼굴이 웃는 모습인데 넥타이를 맨다면 톱스타를 능가할 빼어난 미남이었다.

　— 지금 결제 중이시지요?
이 선생이 말문을 열었다.
"네. 저는 대구에서 왔습니다. 지금 아홉 분이 공부하고 계십니다."
　— 너무 좋으시겠어요. 경치도 좋고 조용하고.
아내가 부러운 듯 끼어들자 스님은 환하게 웃으며 이렇게 말했다.
"소동파蘇東坡의 시에 이런 것이 있습니다.

廬山煙雨 浙江潮
未到千般 恨不消
到得歸來 無別事
廬山煙雨 浙江潮

안개비에 젖은 여산과 밀물이 몰려들며 파도치는 절강은 천하의 절경이라, 그것을 보지 못하면 평생 한이 될 뻔 했는데 막상 가서 보니 특별한 것은 없고 이전 그대로 '여산연우 절강조盧山煙雨 浙江潮'라는 것입니다. 멀리서 보면 그립고 아름답고 신비로워 보이지만 실지로 가서 보면 달라진 것이 없다는 뜻입니다.

모든 것이 마음먹기에 달렸다는 것이지요. 여기가 조용하고 경치가 좋다고 하시지만 한 달만 머물러 보세요. 새 소리가 그렇게 시끄러울 수가 없습니다. 저 앞에 지리산의 줄기도 담벼락 같아요.

불교는 이 세상 모든 것에 정해진 모습이 없다고 가르칩니다. 사람의 몸도 있는 것처럼 보이지만 실지로는 없다는 것입니다. 이것을 모르고 너무 돈에 집착하고 너무 권력에 집착하다 죽을 때가 되면 '악'하고 제 정신이 돌아온다는 것인데 그때는 너무 늦다는 거지요. 그래서 평소에 부지런히 이 공부를 해서 늘 정신 차리고 살라 가르칩니다."

나는 깜짝 놀랐다. 기대도 못했는데 이처럼 공부가 깊은 스님을 만날 줄 몰랐던 것이다. 소동파의 시도 예사롭지 않았다. 여산이나 절강은 여전히 같은 모습이겠지만 깨달은 뒤의 눈은 깨닫기 전의 눈과는 다르다는 뜻일 것이다. 깨달은 뒤에도 그전의 생활과 별로 달라질게 없겠지만 늘 편안하고 걱정이 없어진다는 의미도 있을 것이다.

— 우리 같은 속인들은 살기가 바쁜데 스님 같은 그런 공부를 할 수 있겠습니까?

"불교는 중들만 위한 종교가 아닙니다. 스님들은 모든 중생이 깨치도록 도와주는 안내자들입니다. 그래서 '자타일시 성불도自他一時 成佛道'

라고 예불 드릴 때마다 서원합니다. 이 공부는 스님이건 아니건 스스로
하는 것입니다. 남이 대신 할 수 없어요. 내 배가 고프면 내가 먹어야지
남이 먹으면 내 배고픈 것이 풀립니까? 늘 '그것'에 관심을 가지세요.
여러분을 백장암까지 데려 온 '그것'이 무엇인지 찾아보세요. 저 위에서
스님들이 하는 공부도 똑 같습니다."

이 선생이 카메라를 들고 저만치 나가 엎드려 우리들 모습을 스케치
했다. 내가 오늘 이 시간쯤 집에 있었더라면 수원법회에 나가 무사인
선생의 법문을 듣고 있었을 것이다. 그런데 어찌된 인연인지 멀고 먼
백장암까지 와서 이처럼 또 귀중한 법문을 듣게 되다니 신기한 생각이
들었다.

― 아까 스님께서는 '나라는 것은 없다'고 말씀하셨는데 내가 다리를
꼬집으면 '아야!'하는 소리가 저절로 나옵니다. 그건 내가 아니고 누가
내는 소리입니까?
"바로 그 '아야!'하는 놈을 찾아보세요. 무엇이 '아야!' 했을까요?"
스님은 이렇게 말 하면서 크게 웃었다. 나는 얼굴이 달아올랐다.
스님을 떠보려했던 무례한 속셈을 들킨 것 같았다. 스님은 내 눈을
똑바로 쳐다보며 당신이 정말 답답해 알고 싶은 것은 바로 '이것'이잖아
하듯 다음과 같이 가르쳤다.
"어떤 제자가 스승께 '이 세상이 너무 추하고 험하니 온 세상을 비단
으로 깔았으면 좋겠습니다.' 하니 스승이 '뭐, 그렇게까지 애쓸 일이
있겠느냐? 네 신발 밑에다 비단 조각을 대라. 그리하면 온 세상을 다

비단 위로 걸을 수 있지 않겠느냐?'하였답니다. 아이고, 시간이 다 되었군. 5시면 스님들이 저녁공양을 들 시간입니다."

나는 눈앞이 확 밝아지면서 환희가 솟구쳤다. 무사인 선생이 늘 하는 말씀, " '이것'은 항상 제자리라. 미국을 가도 중국을 가도 항상 그 자리예요. 바로 지금 이 자리에서 떠난 적이 한 번도 없어요."라고 가르친 뜻이 풀렸기 때문이다. '그것'은 '신발 밑의 비단 조각'이고, '조고각하照顧脚下'이며, '도추道樞'였던 것이다. '수처작주 입처개진隨處作主 入處皆眞'이란 말의 뜻도 짐작이 갔다.

오늘 두 번씩이나 큰 가르침을 얻은 것이 너무 황송하였다. 마조馬祖의 법손法孫 홍척대사가 신라에 선불교를 처음 전한 선방禪房이 이곳이고, 암자의 이름을 마조의 법제자 백장百丈懷海 749-814선사의 도호道號에서 따온 것이며, 인도와 중국에서 불교가 쇠퇴하던 고려 말에 그 두 나라 선맥禪脈의 정통을 이어 받은 지공, 나옹, 무학 대사를 증명법사로 모셨다는 점도 심상한 일 같지 않았다. 법호를 여쭈었으나 스님은 말없이 웃으면서 휘적휘적 3층 탑 뒤로 사라졌다. 나는 탑을 향해 허리 굽혀 합장하고 백장암을 내려왔다.

서울법회 시작

൦ఁ൦

2008년 7월 6일, 일요일. 오후 2시, 남산 '대원정사'에서 무사인 선생의 서울법회가 처음 열렸다. 부산 남산동에서 첫발을 내디딘 법회가 수원을 거쳐 드디어 서울에 입성한 것이었다.

서울법회를 기념하기위해 부산에서 올라 온 도반들도 많았다. 서울 첫 법회 참석인원은 100명이 넘을 것 같았다. 법회 중간에 떡과 과일을 준비해 참석자들을 대접했다. 법회가 끝난 후에 기념 촬영도 했다.

무사인 선생은 새로 번역해서 주석을 붙인 '금강경'과 여러 선지식들의 가르침을 우리말로 풀어서 엮은 '깨달음의 노래'를 교재로 두 시간 법문 하였다.

첫째 시간에는 금강경의 제목만 한 시간에 걸쳐 설법 하였고 두 번째 시간에는 '지공 화상 14과송' 중 제일과 '보리번뇌불이菩提煩惱不二'의 다섯줄을 법문하였다. 법문내용은 변함이 없었다. 노상 같은 이야기였다. 에어컨 바람이 서늘하다 못해 추었다. 졸음이 오는 것을 간신히 참고 있었는데,

"뜻을 따라가지 않으면 혓바닥만 움직이는 거잖아요."

하는 소리가 얼핏 지나갔다. 나는 정신이 번쩍 들었다. 여기서 또 '그것'이 확인 되었다. 선생님이,

"금, 강, 경,"

하는 소리는 바로 '그것'을 가리키는 것이었다.

뜻을 따라 가지 않으면 혓바닥 놀리는 것, 그것뿐이다. 혓바닥 놀리는 것을 분별하여 미국인은 미국 말을 한다 하고, 러시아 인은 러시아 말을 한다하는 것이다.

〈2008, 7, 6. 일요일〉

첫 번째 면담

무심선원의 2008년 여름정진법회 장소는 지난봄과 같은 곳인 간월산 배냇골이었다. 8월 14일 목요일부터 17일 일요일까지 3박4일이었다. 참석 도반들은 70명쯤이었고 계속 비가 내렸다. 첫날 저녁, 채공이

"예까지 와서 왜 선생님 면담을 하지 않느냐?"

며 내가 말리는데도 일방적으로 면담을 대신 신청했다. 아마 내가 부끄러워서 면담을 하고 싶어도 망설이는 줄 알았던 모양이었다. 그동안 선생님 면담을 늘 생각하고 있었으나 아직 드릴 말씀이 없었다. 내가 알고 싶은 것은 법문을 통해 대부분 해소되었기 때문이었다.

무사인 선생은 법문 중에는 질문을 받지 않는다. 그래서 여쭈어보고 싶은 것이 있으면 별도로 면담신청을 해서 만나 뵈어야 한다. 그러나 신청자가 많아 늘 시간이 부족하였다. 이 때문에 개별면담을 희망하는 사람들은 대개 정진법회를 이용하였다. 그 면담은 선원의 입실지도入室指導와 같은 것이었다.

선생님과 단독으로 마주 앉아 자기의 살림살이를 전부 꺼내놓고 공부가 바른 길로 가고 있는지, 삿된 길로 빠지고 있는지를 점검을 받는 것이었다. 그때 선체험이 종종 확인되는 수가 있었으므로 선생님의 방문을 노크할 때는 면접시험을 보러 들어가는 수험생처럼 가슴이

설랬다.

저녁 9시쯤 선생님 방으로 들어오라는 전갈이 왔다. 무사인 선생은 작은 다탁을 마주하고 혼자 앉아계셨다.

— 선생님 감사합니다. 선생님은 분별을 하지 말라고 가르쳤고 저는 그 뜻이 무엇인지 알겠습니다. 그런데 항상 그 자리에 있지를 못하고 자꾸 미끄러집니다.

"……"

— '뜰 앞의 잣나무'라는 화두는 조주趙州 스님이 '그것'을 도장 찍듯 찍어 보여준 것이더군요. 조사들의 공안은 모두 연기緣起와 중도中道를 가리키는 것이었습니다. 분별을 하지 못하게 틀어막고 중도를 바로 보게 만든 함정이었습니다. 중도를 말로 가르칠 수 없으므로 양귀비楊貴妃가 몸종 소옥小玉을 부르는 소리를 빌렸던 것입니다. 저는 말이 대폭 줄었습니다. 다른 사람들과 논쟁을 하지 않게 되었고 설득說得 당하거나 영합迎合 하지도 않게 되었습니다.

"공안에 신경 쓰지 마세요. 공안이라는 것이 모두 방편이잖아요. 공안을 깨치고 오도송悟道頌은 왜 짓는지 모르겠어요. 공안에 무슨 정답이 있는 것이 아니잖습니까? 게다가 수시垂示니 평창評唱이니 착어著語니 하는 것은 모두 공부하는 사람들을 혼란에 빠뜨리는 것입니다.

그래서 간화선을 창시한 대혜 종고大慧宗杲 1089-1163스님은 자기의 스승 원오 극근圜悟克勤 1063-1135스님이 편찬한 『벽암록碧巖錄』을 불태워버렸습니다. 중국의 선禪은 혜능慧能 638-713에서 시작하여 마조馬祖 709-788를 거쳐 임제臨濟 ?-867까지는 자기 소리를 냈습니다. 이때까지가 선의 황금시대였습니다. 그 후대의 선사들은 자기 소리를 내지 못하고 남이 한 말을 따라 갔습니다.

대혜스님도 이런 폐단에 젖어 잘못된 줄 모르다가 뒤늦게 깨닫고 고치려고 무척 노력한 흔적이 보입니다. 지금 『서장書狀』을 번역해서 주를 달고 있는데 대혜스님의 한탄이 곳곳에 보이고 있습니다."

— 그런데 왜 선승들은 선방에 앉아 목숨을 걸고 공안참구를 합니까?

"그 점이 참으로 딱합니다. 역대 중국 선사들의 어록을 아무리 뒤져도 참선 중에 깨쳤다는 기록은 없어요. 법문을 듣는다든지, 마당을 쓴다든지, 무슨 일을 하다 깨쳤다는 이야기가 많습니다.

제가 얼마 전 아주 큰절의 높은 스님이 보자고 해서 만났습니다. 선에 대해서 길게 말씀 하시더군요. 심지어 석가여래도 화두공부를 하지 않았으므로 깨치지 못했다고 말합디다. 자기가 공안을 5천 개나 새로 만들었다고 자랑도 해요. 나는 몇 마디 하지 못하고 듣기만 하다 나왔습니다. 이렇게 우물 안의 개구리가 되어 자기도취에 빠지면 헤어나오기 힘듭니다. 한국조계종이 간화선의 적자라고 자부하는데 정작 그 간화선을 만든 대혜스님의 경고를 잊고 있어요."

— 육조 혜능대사는 정말 대단한 혁명가였습니다. 당시 화엄華嚴과 유식唯識이 세상을 주름잡던 시대에 직지인심直指人心, 견성성불見性成佛을 주장하고 양무제梁武帝를 빌어 귀족불교를 비판하였으니 테러를 당하지 않은 게 이상 할 정도입니다.

"그래서 오랫동안 숨어 살았지 않았습니까? 육조대사는 정말 뛰어난 천재였습니다. 자기가 체험한 것을 자기말로 이야기했습니다. 모든 말씀이 힘차고 살아 움직입니다. 혜능대사의 가장 뛰어난 점은 불이사상不二思想을 반석 위에 올려놓은 데 있습니다. 나는 혜능의 불이사상을 대승불교의 꽃이라고 봅니다.

혜능의 가르침은 송宋 나라 시대에 들어와 급속도로 쇠퇴하게 되는데 그때 사위어 가던 불씨를 되살린 것이 대혜스님의 간화선 입니다. 그러나 그 간화선도 원元, 명明을 거치는 동안 중국 본토에서는 거의 사라지고 한반도에서 겨우 명맥이 유지되고 있는 것으로 보입니다.

그러나 지금 조계종의 간화선은 대혜스님의 간화선과 매우 다릅니다. 서산西山 1520-1604대사도 너무 공안과 화두에 집착했어요. 제가 지금 백파白坡亘璇 1767-1852스님의 『선문수경禪文手鏡』을 번역해서 주를 붙이고 있는데 정말 딱해요. 공안에 일일이 해답을 달았어요. 정답이 없는 공안에 답을 달려니 얼마나 힘들었겠어요. 백파선사는 도표까지 그립니다. 이를 보다 못해 초의草衣 1786-1866 선사가 말렸더군요."

나는 무심선원 이전의 수행에 대해서도 자세히 말씀 드렸다. 무사인 선생은 끝까지 나의 이야기를 들어주었지만 표정은 냉랭했다.

무심선원 이전의 수행

1. 초월명상

1980년 2월 7일, 직장선배의 권유로 서울 반포에 있던 초월명상센터를 찾았다. 미국인 몬티 워커Monti Walker 선생으로부터 일주일 동안 하루 1시간씩 교육을 받고 2월 13일, 힌두Hindu교식 예배Puja로 입문의식Initiation을 치르고 만트라Mantra를 받았다. 만트라란 '의미 없는 소리' 즉 진언眞言이다. 워커 선생은 아침저녁으로 한 번에 20분씩 규칙적으로 만트라 명상을 하라고 가르쳤다.

초월명상을 창시한 마하리시Maharishi Mahesh Yogi 1918-2008은 아루나찰라Arunachala의 성자로 알려진 라마나 마하르시Ramana Maharshi 1879-1950와는 다른 분이다. 그는 1942년, 알라하바드대학의 물리학과를 졸업했다. 대학에 재학 중이던 1941년부터 구루 데브Guru Dev의 상좌가 되어 그를 모셨다. 구루 데브의 원래 이름은 스와미 브라마난다 사라스와티Swami Brahmananda Saraswati였다. 그는 당시 힌두교 상카라Shankara 파의 상카라차리아Shankaracharya였다. 상카라차리아란 상카라 파 교단의 수장을 일컫는 말이다. 상카라 파는 9세기 인도의 걸출한 성자, 아디 상카라Adi Shankara 788-820의 가르침을 따르는 힌두교파이다.

마하리쉬는 비록 뛰어난 제자였지만 브라만계급 출신이 아니어서 구루 데브의 후계자가 될 수 없었다. 그는 1953년, 구루 데브를 떠나 1955년부터 초월명상TM을 가르치기 시작했다. 초월명상은 수천 년 전부터 전해져 내려오던 베다의 수행방법이었는데 도중에 실전된 것을 자기의 스승이 되살려 낸 것이라고 마하리쉬는 주장했다.

그는 1970년, 초월명상의 고급 수행단계인 티엠 시디TM-Sidhi 프로그램도 개발, 보급하였다. 마하리쉬는 생전에 4만여 명의 초월명상교사를 양성하여 세계 도처에 약 5백만 명이 초월명상을 수행하도록 만들었다. 2008년 2월 5일, 네덜란드 블로드로프 림부르크Vlodrop Limburg에서 아흔 살로 운명하였다.

마하리쉬의 '바가바드 기타Bhagavad-Gita주석서'는 쉽고 명쾌하며 기존 주석서에서는 볼 수 없었던 주목할 만한 언급이 많다. '바가바드 기타'란 기원 전 8-9세기, 베다 비야사Veda Vyasa라는 인물이 썼다고 알려진 고대 인도의 방대한 서사시, '마하바라타Mahabharata'의 일부로 '신의 노래'라는 뜻이다. 영웅 아르쥬나Arjuna가 자기의 사촌들과 전쟁을 치르는 와중에 크리슈나Krishna 신과 나누는 대화이다. 크리슈나 신은 아르쥬나가 타는 전차의 마부로 등장하지만 이는 방편이다. 전차는 인간의 몸을, 마부는 인간의 몸과 마음을 제어 할 수 있는 절대자를 상징하는 것이다.

아르쥬나는 정의를 실현하기 위해 사촌형제들을 죽일 것인가, 아니면 사촌형제들에 대한 연민 때문에 정의를 희생 할 것인가, 이런 갈등 속에 이러지도 못하고 저러지도 못하는 '멈춤suspension'의 상태에 놓이게 되었다. 여기서 '멈춤'이란 운동의 종료stop가 아니라 진행되던 운동이 임시로 중단된 상태이다. 이러지도 못하고 저러지도 못하는 꽉 막힌 상황이다. 그런 상태에서 어떤 선택을 할 것인지를 크리슈나 신에게 가르침을 청하며 주고받는 이야기가 이 책의 골자이다.

마하리쉬는 그 주석서의 서문에서 베다의 핵심 가르침을 이렇게 소개했다. "실재實在는 드러난 것과 드러나지 않은 것 양쪽 다다. 그것만이 유일하다. 나도 그것이고, 너도 그것이며, 모든 것이 그것이다. 이것이 진리다. Reality is both manifest and unmanifest, and That alone is. 'I am That, thou art That and all this is That', is the Truth."

이 진리가 시간의 흐름을 따라 왜곡되고 변질되었다가 석가모니Lord Buddha에 의해 부활되었다. 석가는 진여眞如. Being에 자리 잡은 의식, 즉 열반涅槃. Nirvana에 들면 고통에서 풀려나 자유롭고, 모든 행동이 저절로 바르게 된다면서 명상을 권했다. 석가여래가 가르친 명상은 진여에 직접 접촉direct contact하는 기술art인데 그것이 바로 초월명상이다. 그러나 세월이 3,4백 년 지나자 석가의 가르침도 왜곡 되고 뒤집혔다. 석가의 제자들은 계율을 잘 지키고 착한 행동을 하면 언젠가 니르바나에 도달할 수 있다고 믿었다. 그러나 이는 원인과 결과를 혼동한 것이다. 니르바나에 먼저 도달해야 해탈과 바른 행동이 뒤 따른다는 스승의 가르침을 거꾸로 이해한 것이다. 이런 잘못과 함께 석가가 가르친 초월명상도 실전되었다.

마하리쉬는 파탄잘리Patanjali도 요가를 거꾸로 가르쳤다고 비판했다.

파탄잘리는 요가를 여덟 단계로 나누어 가르쳤다. 1단계, 야마yama는 불교의 계율과 같은 것이고 2단계, 니야마niyama는 불교의 보시와 같은 것이다. 3단계, 아사나asana는 몸을 다스리는 방법이고 4단계, 프라나야마pranayama는 호흡법이다. 5단계에서 8단계까지가 명상인데 각각 프라티아하라pratyahara, 다라나dharana, 디아나dhyana, 사마디Samadhi라고 한다.

프라티아하라는 감각대상objects과 감각기관senses 사이의 영역으로, 대상으로부터 감각을 거두어들이는 단계이고, 다라나는 감각과 마음mind사이의 영역으로, 마음이 감정에 휘둘리지 않고 한결같이 유지되는 단계이다. 디아나는 마음과 진여 사이의 영역으로 마음이 생각을 초월하여 절대의 자리, 즉 진여에 닿는 단계이며 사마디는 마음이 늘 진여의 자리에 머무는 단계이다.

파탄잘리는 1단계에서부터 차례대로 수행하여 마지막 단계인 사마디를 얻는 것이 요가수행의 요점이라고 가르쳤는데 마하리쉬는 이 점이 잘못 된 것이라고 비판했다. 절차를 밟을 필요 없이 바로 사마디에 도달하면 나머지는 저절로 이루어진다는 것이다. 그리고 사마디에 바로 도달하게 만드는 기술이 초월명상이라고 주장했다.

석가모니 제자들의 어리석음과 파탄잘리의 잘못된 가르침 등으로 베다의 진리가 오랫동안 왜곡되었다가 9세기에 들어 아디 상카라에 의해 바로 잡혀지게 되었다. 상카라는 비록 서른둘이라는 젊은 나이에 세상을 떠났지만 그가 남긴 가르침은 혁명적이었다. 그는 자기의 가르침이 변질 되지 않도록 인도대륙의 동서남북 네 군데에 마타스寺院.

mathas를 만들어 따로따로 전했다. 마하리쉬의 스승, 구루 데브는 북北 마타스의 상카라차리아였다.

상카라의 가르침을 아드바이타 베단타Advaita Vedanta, 즉 비이원론非 二元論, Non-dualism이라고 부른다. 바다의 표면은 늘 파도가 치고 바다 속은 늘 조용하다. 모습으로 보면 이 둘이 다른 것 같지만 사실은 하나 다. 파도치는 겉모습이나 조용한 바다 밑이나 모두다 물이기 때문이다. 바다 전체를 브라만Brahman이라 부르고 파도치는 표면을 마야maya, 幻, illusion라고 부른다. 브라만은 변하지 않지만 마야는 늘 변한다. 마야는 늘 변해서 정해진 모습이 없지만 사실은 브라만이 모습을 드러낸 것이 다. 이 둘은 하나인데 파도만 보고 물을 보지 못하는 것을 무지無智이라 고 한다. 이러한 관점은 용수의 공空, Sunyata, 불이不二, 중도中道 사상을 그대로 받아들인 것이다. 그래서 상카라를 힌두교의 옷을 입은 불교도 라고도 부른다.

아드바이타란 브라만과 아트만의 결합을 뜻한다. 브라만Brahman이 란 우주에 편재遍在하는 초월적 실재超越的 實在, Being이고, 우리 몸속에 깃든 브라만이 아트만Atman; 참나, 眞我, Self이다. 이 둘의 결합을 위해 필요한 수행이 '감성의 길path of devotion', 박티bhakti와 '지성의 길path of knowledge', 기아나gyana이다. 박티란 신에 대한 초월적 헌신supreme transcendental devotion to God이고 기아나란 활동하는 자리에서 분리 된 '참 나'의 자각awareness of the Self as separate from the field of action이다. 여기서 말하는 활동活動 action이란 동작이나 행위 같이 눈에 보이는 움직임은 물론, 생각이나 느낌 같이 눈에 보이지 않는 움직임까지도 모두 아우르는 말이다.

상카라의 가르침 역시 그의 사후, 왜곡을 면치 못했다. 마야만 보이고 브라만과 아트만은 보이지 않으므로 그들의 존재를 잊었다. 마치 나무의 줄기와 잎만 보고 뿌리는 보지 못한 것과 같다. 박티와 기아나도 둘이 아니라 하나라고 가르쳤는데도 그의 제자들은 이를 둘로 쪼개 수행하였다. 마야가 지배하는 속세를 버려야 해탈moksha을 얻을 수 있다는 잘못된 믿음이 만연 되면서 출가하는 사람들이 늘어 인도사회 전체가 생기를 잃고 무기력해졌다.

이런 절름발이 수행으로부터 상카라의 온전한 가르침을 되살려낸 사람이 구루 데브이다. 구루 데브는 세간과 출세간은 둘이 아니라 하나이고, 박티와 기아나도 동시에 닦아야 된다고 가르쳤다. 이를 위해 초월명상도 부활되었다.

나는 초월명상의 경험이 너무 좋아서 3년 후 그 고급코스인 티엠시디TM Shidi Program에도 참여하였다. 시디Shidi란 신선神仙이라는 뜻이라고 한다. 1983년 10월 1일부터 11월30일까지 두 달 동안 서울 영동 티엠센터에서 네덜란드 출신의 크롭스Robert C. Croughs 선생으로부터 이론교육을 받은 뒤 티엠세계본부로부터 국제전화로 수트라Sutra를 직접 받았다. 수트라란 산스크리트sanskrit로 경전經典이란 뜻이지만 여기서는 '의미가 있는 소리'라는 뜻이라고 한다. 이듬해인 1984년 2월 18일부터 3월 4일까지 2주간, 서울 평창동 센터에서 공중날기 집중코스

Flying Residence Course도 마쳤다. 그 코스도 크롭스선생이 지도했다.

나는 그 공중날기 코스에서 지복감至福感 Bliss을 경험했다. 만트라 명상에 이어 수트라 명상이 끝날 때쯤 몸이 세차게 진동하면서 감당할 수 없는 엄청난 기쁨이 폭발하였다. 동시에 몸이 결가부좌한 채로 공중으로 튀어 올랐다. 몸이 천천히 공중으로 부양하는 것Levitation이 아니라 토끼가 뛰듯 깡충깡충Hopping하였다. 명상이 끝나면 드러누워 약 10분 동안 쉬는데 그 나른한 듯 편안함과 상쾌함은 말로 나타낼 수가 없었다.

그때부터 나는 날마다 새벽에 일어나 아사나Asanas 10여 동작으로 몸을 깨우고 5분쯤 호흡수행Pranayama를 한 다음 만트라 명상 15분, 수트라 명상 15분을 하였다. 이 명상은 아직도 계속하고 있다. 그래서 인지 나의 혈압은 70에서 120으로 70평생 변함이 없고 맥박은 분당 55회를 전후해서 거의 일정하다. 건강검진 할 때마다 동성서맥이 의심되므로 정밀검사를 받으라는 권고를 받았지만 생활하는데 는 아무 지장이 없었다.

2. 아봐타Avatar

나에게 초월명상을 권한 그분은 나중에 대학교수가 되어 1992년 미국에 교환교수로 가게 되었다. 그는 워싱턴에서 아봐타수행에 대한 소식을 듣자마자 플로리다로 가서 해리 팔머Harry Palmer를 만나 그 지도 자과정을 이수하였다. 그리고 나에게 연락하여 아봐타 코스를 주선해 달라고 부탁했다. 그래서 1993년 1월 9일부터 17일까지 서울 양재동 '교육문화회관'에서 우리나라 최초의 아봐타코스가 열리게 되었다. 아봐타코스는 매우 정교했으나 웬일인지 나에게는 아무런 교훈도, 감명도 주지 못했다. 나는 아봐타 수행을 바로 그만두었다.

3. 법기수행法起修行

2004년 1월 4일부터 3월 28일까지 서울 신림동에 있던 '법기선원'에서 법기수행法起修行 기초교육을 받았다. 이번에는 직장 동료가 추천했다. 법기수행이란 법기선생이 고안한 호흡에 염송念頌을 태우는 수련법이다. 숨을 가득 들이마시고 잠시 참았다가 숨을 천천히 내쉬면서 '옴마니반메훔'이나 '관세음보살'을 마음속으로 10번 염송하는 것이다. 이것을 하루에 3만 번 하라고 권했다. 그렇게 하면 삼매에 들 수 있다고 주장했다.

나는 귀가 솔깃했다. 그러나 하루에 3만 번은 고사하고 3천 번 하기도 어려웠다. 특히 호흡이 어려웠다. 단전호흡은 보통 하단전으로 숨을 쉬며 기氣를 모은다는 데 법기호흡은 이와 정반대였다. 숨을 들이마실 때 횡격막을 위로 들어 올리면서 가슴에 숨을 가두었다가 천천히 내쉬면서 염송을 하라고 가르쳤다. 이는 자연스럽지 않을 뿐 아니라 뇌에 압력이 전달되어 소위 상기병上氣病에 걸릴 위험이 컸다.

법기 선생도 이를 잘 알고 있었던 듯, 자기가 고안한 '멜로디'를 부르라고 권했다. 그'멜로디'를 부르면 뇌에서 도파민dopamine이 분비되어 짜릿짜릿한 기쁨과 함께 상기압력이 해소된다는 것이었다. 염송 횟수가 늘어나면 정수리가 따끔따끔하든가 찌릿찌릿해지는 육계肉髻 신호가 오는데 이는 호흡과 염송의 효과가 잘 나타나는 것이니 걱정하지 말라는 말도 하였다.

이 수련을 2년 쯤 하자 염송이 하루 2만 번까지 올라가고 육계신호도 자주 왔지만 삼매는 체험하지 못하였다. 그 대신 잇몸이 붓더니 어금니가 빠지기 시작했다. 법기수행은 나에게 맞지 않는다는 것을 알았다. 나는 염송을 포기하였다.

4. 단기출가학교

아봐타나 법기수행은 중도에 그만 두었지만 초월명상은 처음 배운 이래 거의 하루도 빠짐이 수행하였다. 이제는 지복감에도 익숙해져서 그냥 그 큰 기쁨을 즐길 뿐이었다. 공중뛰기는 일부러 피했다. 엉덩이도 아프고 허리도 약해져 충격을 감당하기 어려웠기 때문이었다. 그 대신 마하리쉬가 말한 대로 '편안한 각성상태restful awareness', '편안한 경각상태restful alertness'를 명상 할 때마다 경험하고 있었다. 마하리쉬는 그런 상태를 초월의식transcendental consciousness라고 불렀다.

마하리시는 의식상태를 생시waking, 꿈dreaming, 잠dreamless sleeping, 그리고 초월의식 등 네 가지로 분류했다. 생시는 인식의 대상과 인식의 주체가 다 같이 드러난 상태이고, 꿈은 인식의 대상은 드러나 있지만 인식의 주체는 드러나 있지 않은 상태이며 잠은 인식의 주체와 인식의 대상이 다 같이 드러나 있지 않는 상태이다. 초월의식은 인식의 대상은 사라지고 인식의 주체만 드러나 있는 상태이다. 마하리시의 초월의식은 베단타Vedanta의 투리아turiya와 같은 것으로 보인다. 투리아란 산스크리트로 '네 번째'라는 뜻으로 제4의식을 말한다. 베단타에 따르면 제4의식은 생시와 꿈과 잠이 나타나는 바탕으로 브라만Brahman과 같다. 그들은 불교의 공空 sunyata도 튜리아라고 주장하고 있다.

마하리쉬는 명상을 규칙적으로 꾸준히 수행하면 초월의식이 우주의식cosmic consciousness으로 바뀌고, 우주의식은 또 신의식God consciousness으로 바뀌어 활동activity을 할 때나 잠을 잘 때나 꿈을 꿀 때나 언제든지 초월의식 상태가 유지 된다고 주장했다. 이 과정은 마치 무명옷감에 노란 물을 들이는 과정과 비슷하다고 설명하였다. 새 무명옷감은 노란 물에 담가도 쉽게 물이 들지 않는다. 물에 담갔다가 햇빛에 말리고 또 물에 담갔다가 햇빛에 말리기를 여러 번 반복해야 비로소 물이 제대로 든다. 이와 같이 초월명상을 날마다 규칙적으로 수행하면 언젠가는 신의식에 도달한다는 것이다.

나는 명상할 때마다 초월의식을 분명히 경험하였지만 눈을 뜨면 그것은 없어졌다. 한동안 편안하고 상쾌한 기분이 지속될 뿐이었다. 그래서 아봐타와 법기수행을 곁눈질 했던 것인데 둘 다 나와는 인연이 없는 수행법이었다.

직장에서 은퇴한 후 마지막으로 불교에서 답을 구하려고 여기저기를 수소문하였다. 하지만 다니던 절도 없었고 아는 스님도 없어서 내가 찾아뵐만한 선지식을 찾을 수 없었다. 인터넷을 검색하다 월정사가 단기출가학교를 운영한다는 것을 알고 바로 지원하였다. 그러나 나이가 많은 탓이지 몇 번 거절을 당하다 2007년 가을에서야 겨우 입학을 허락 받았다.

2007년 9월 13일부터 10월 12일까지 한 달 동안 월정사에 들어가 삭발, 염의하고 행자생활을 하였다. 그때서야 비로소 정식으로 계戒를 받고, 연비하고, 불자가되었다. 절밥을 먹으면서 많이 배우고 많이 느꼈지만 내가 원하던 선지식은 만날 수 없었다.

허공에 도장 찍기

나의 이야기를 다 듣고 난 무사인 선생은 내가 평소 대단한 경지라고 자부하던 지복감至福感이나 공중뛰기 같은 경험을 다만 경계境界에 불과한 것이라고 일축하였다. 나는 적잖이 실망하였다. 무사인 선생은 그냥 지나가는 소리처럼

"그거 다 경계입니다. 눈 뜨면 금방 사라지잖아요?"

하였던 것이다. 혹시나 하고 걸었던 기대가 한 순간에 와르르 무너져 내렸다. 깨달음은 초월의식과 같은 어떤 마음의 상태가 아니라는 것이었다.

이튿날 아침 법문에서 무사인 선생은 어제 나에게 들려주지 못한 이야기를 마저 하는 것 같았다. 임제臨濟의 삼구三句를 소개하였는데 처음 들어 보는 가르침이었다.

"제 1구는 허공에 도장을 찍는 것이다. 허공에 도장을 찍으면 찍을 때나 찍고 난 뒤에도 흔적이 없다. 그러나 찍은 것은 분명하다. 이 도장은 주관과 객관이 분리되기 이전을 뜻하는 것이다. 제2구는 물 위에 도장을 찍는 것이다. 물에 도장을 찍으면 찍을 때 약간의 흔적이 남지만 곧 없어져버린다. 모양이 있는 것 같지만 실은 모양이 없는

것이다. 제3구는 진흙 위에 도장을 찍는 것이다. 진흙에 도장을 찍으면 그 흔적이 오래 남는다. 제3구에 빠지면 영원히 깨닫기 힘든다. 이치理致와 논리論理와 개념概念으로 분별分別하려 하기 때문이다."

그리고 공안에 속지 말라고 누누이 강조했다.

"죽비가 있으면 죽비를 치면 되고, 컵이 있으면 컵에 물을 따라 마시면 된다. 구태여 죽비가 있느니 없느니, 컵이 있느니 없느니 분별하지 마라. 도화지 위 그림만 보고 왜 도화지는 보지 않는가, 거울에 비치는 영상만 보고 왜 거울 그 자체는 못 보는가?"

〈2008년 8월 15일 금요일〉

송정 앞바다

2008년 가을정진법회는 10월 3일 금요일부터 5일 일요일까지 부산 해운대구 송정, '해양청소년수련원'에서 열렸다. 수련원 바로 앞이 해수욕장이라서 경치가 아름다웠다. 숲이 우거진 산자락 아래에 폭 50m, 길이 1km쯤 되는 고운 모래사장이 초승달처럼 푸른 바다를 안고 펼쳐져 있었다. 바다 멀리 어선과 화물선이 지나가고 빨간 등대도 보였다. 6백만 인구가 들끓는 도시 변두리에 이런 곳이 있다니 놀라운 일이었다. 모텔과 음식점과 노래 방 같은 지저분한 구조물만 걷어내면 환상적인 리조트가 될 수 있을 것 같았다. 숙소는 오래되어 낡고 냄새가 났다. 여덟 명이 한 쪽에 네 명씩 누워 자려니 발이 서로 걸렸다. 이번 법회에 참석한 도반들은 60여 명쯤인데 서울에서 내려 간 사람들은 10여 명 정도였다.

무사인 선생은 틸로빠Tilopa 988-1069의 '마하무드라의 노래Song of Mahamudra'를 교재로 법문하였다. 틸로빠는 뱅골 출신으로 티베트 불교 카규 파Kagyu School의 시조가 된 금강승金剛乘의 성취자成就者 Master였다. 틸로파의 제자 나로파Naropa 1016-1100가 마르파Marpa 1012-1098에게 법을 전하고 마르파는 밀라레파Milarepa 1025-1135에게 전했다. 틸로파가 나로파에게 전했다는 여섯 마디의 훈계가 인상적이다.

"지나간 일을 회상recall하지 말고, 앞으로 다가 올 일을 상상imagine하지 마라. 지금 일어나고 있는 일을 생각think하지 말고 어떤 것도 탐구examine하거나 헤아려 보지 마라. 어떤 것도 일어나도록 조작control하지 말고 지금 당장 긴장을 풀고 쉬고 또 쉬어라rest."

한 마디로 분별, 조작하지 말라는 뜻이다.

두 번째 법문에서 무사인 선생은
"물결이 치는 것은 당연한 것이다"
라고 말 하였다. 나는 이 말에 답답한 체증이 뚫려 시원히 내려가는 것을 느꼈다. '그것'이 왜 미혹 되는지 의문이 풀렸기 때문이다. 송정 앞바다의 물결이 끊임없이 밀려 와 부서지는 모습도 함께 떠올랐다. 바다는 잠시도 가만히 있지 않았다. 바다 전체에 힘이 작용하고 있으며 그 힘이 표면으로 드러나고 있었던 것이다.

물결치는 것은 지극히 당연한 것이었다. 물결치는 것이 문제가 아니라 그 물결에 집착하고 끌려가는 것이 문제였던 것이다. 생각에 끌려가지 않으면 그것이 바로 '무주無住'라는 것을 알았다.

저녁에는 인도의 부다가야까지 찾아가서 참선을 할 정도로 치열한 구도행각을 벌이고 있다는 어느 오십객의 인생 드라마를 들었다. 그는 10여 년 전 큰돈을 부도내고 자살 직전까지 갔다가 불제자가 되어 화두를 잡고 있지만 아직 소식이 없다고 말했다. 전국의 이름 난 도인들 중에 안 찾아가 본 사람이 없다. 나는 모두 다 이름도 못 들어 본 사람들이었다. 그는 결가부좌 하고 정에 들면 12시간 만에 깨어난다는 말도 하였다.

무사인 선생은 다음 날 대혜스님의 어록을 인용하면서 혼침昏沈과 도거掉擧를 조심하라고 여러 차례 강조했다. 우연인지, 알고 하시는지, 그 오십객 도반에 대한 충고의 말씀을 전하는 것 같았다.
"하루 밤, 이틀 밤을 선정에 들었다고 자랑하는 수행자들이 많은데 알고 보면 혼침에 떨어진 경우가 많다. 혼침이란 앉아서 자는 잠을 말 한다."
고 하였다. 도거는 혼침과 반대로 정신을 차리려고 일부러 애를 쓰는 경우라는 것이다. 나는 현악기의 줄 비유가 생각났다. 석가여래는 '줄 이 너무 팽팽해도, 줄이 너무 느슨해도 제 소리가 나지 않는다. 수행도 이와 같다.'고 가르친바 있다.

마지막 날 무사인 선생은,
"무승자박無繩自縛"
"병 속에 든 과자를 쥐고 있으니까 손을 뺄 수 없는 것이다. 과자를 버리면 손은 쉽게 빠진다."
"무장해제武裝解除하고 푹 쉬어라."
"원숭이(分別心, 生死心)는 한 번 죽었다 다시 살아나야 한다."
"반야般若의 씨를 심어 놓고, 법문法門의 물을 주고, 때를 기다려 라(時節因緣)."
는 등 가슴을 쿵쿵 치는 법문을 하다가
"법法이 있는 것이지 아상我相이 있는 것이 아니다."

라고 지나가는 듯 한마디 툭 던졌다. 이 말에 꽉 조였던 강철 띠가 탁 풀리는 것 같았다. 이어서,

"속제俗諦로 진제眞諦를 증명하려는 것을 범주範疇의 오류誤謬라 한다."

고 알려 줄 때 또 속이 시원하게 뚫리는 느낌이 들었다. 속제는 그 전체가 환幻이요 무명無明이기 때문에 진제眞諦를 증명할 수 없는 것은 너무나 당연한 것이었다. 방편으로 속제와 진제를 나누지만 속제는 연기緣起에 따라 성주괴공成住壞空하고 생주이멸生住異滅하므로 자성自性이 없는 것이다. 모두 분별의 소산으로 진제의 바다에 뜬 물결일 뿐이다.

정말 어이가 없었다. 이러한 이치는 내가 그 전부터 잘 알고 있었지만 실감하지는 못했던 것들이었다.

〈2008년 10월 6일, 월요일〉

경계에 속지마라

2009년 무심선원 봄 정진법회는 용인 둥지골 청소년수련원에서 열렸다. 주말에 석가탄신일이 겹쳐 서울 근처의 모든 도로가 마비되다시피 막혔다. 오후에는 비까지 뿌려 교통체증을 부채질했다. 2시 반쯤 수련원에 겨우 도착하였다. 부산에서 온 도반들은 이미 숙소에서 짐을 풀고 있었다. 이제 정진법회 참석도 다섯 번째라 낯익은 얼굴이 많아졌다.

오후 법문은 늦는 사람들이 많아 30분 기다린 뒤 시작되었다. 무사인 선생은 『설무구칭경說無垢稱經』의 「불사의품不思議品」을 교재로 법문을 하였다.

법회를 마치고 돌아오는 차 중에서 동행했던 50대의 보살이 아주 부러운 듯 말했다.

"서울법회에 나오는 어느 보살님이 집에서 굉장한 체험을 했나 봐요. 너무 기뻐서 소리를 고래고래 질렀더니 남편이 놀라서 어쩔 줄을 모르더래요. 공부는 남편이 먼저 시작했는데 소식은 아내가 빨랐던 것이지요. 이번에 선생님을 면담하고 아주 황홀해 하더라고요."

이 말을 듣자 무사인 선생이 왜 마지막 시간을 거의 전부 '공부의 체험'에 대해 길게 설명했는지 짐작이 갔다.

"법은 느낌도 아니고 에너지도 아니다. 면담하러 와서 왜 법 이야기는 하지 않고 느낌이나 기분만 말하나? 이 공부를 하다보면 사람에 따라 여러 가지 경계가 나타날 수 있는데 그걸 따라가면 공부가 안됩니다. 경계에 속지 않는 것이 바른 공부입니다."

꽉 막히다

2009년 여름 정진법회가 간월산 '배내원불교수련원'에서 열렸을 때였다. 무사인 선생은 참석자 전원을 면담한다고 밝혔다. 면담을 자율에 맡기니까 면담신청을 안하는 사람들이 많아서 일부러 그런 결심을 하신 것 같았다. 나는 이미 법을 알았다고 은근히 자부하고 있었기 때문에 선생님을 면담할 생각이 없었다. 하지만 이제 면담을 피할 수 없게 되었다. 법회 마지막 날 저녁 9시쯤 무사인 선생을 뵈었다. 선생님은 전혀 피곤한 기색이 없었다. 단둘이 만나니 어색하였다. 나는 자신만만하게 말씀드렸다.

"이제 두리번거리거나 헤매지 않고 '이것'만 쳐다볼 수 있는 힘이 생겼습니다. 공간과……"

무사인 선생은 내가 '공간'이라는 말을 할 때 나의 말을 일방적으로 끊어버렸다. 나는 공간과 시간은 생각 속에만 있을 뿐 실재하지 않는다는 것을 말씀드릴 참이었다.

"공, 이게 생각이잖아요? 뭐, 의문 나는 거 없습니까?"

나는 순간 멈칫했다. '왜 일방적으로 말을 끊나?'하고 이상한 생각이 들었지만 평소에 생각해도 알 수 없었던 것을 여쭈어보았다.

"법은 왜 스스로 미혹하는지 궁금합니다."

무사인 선생의 대답은 또 다시 의외였다.

"그것도 생각이잖아요. 생각에서 빠져나와야 돼요."

나는 당혹스러워져서 선생님의 얼굴을 정면으로 쳐다보았다. 1년 전 첫 번째 면담 때는 그렇게 부드럽더니 표정이 엄숙하였다. 나는 무안해서 겨우 한마디 하였다.
"그럼 어떻게 해야 됩니까?"
"어, 떻, 게, 해, 야, 됩, 니, 까, 이게 다 생각이잖아요."
"……"
"방 거사가 석두에게 물으니 석두가 입을 틀어막았잖아요. 생각에 갇혀 있으면 이 공부는 못 합니다. 이렇게 1대1로 만나 이야기 하는 것이 공부에 많은 도움이 될 것입니다."

나는 할 말을 잊고 쩔쩔맸다. 그냥 침묵이 흐른 뒤 면담시간이 끝났다는 죽비가 울렸다. 일어서면서 눈앞이 캄캄해졌다. 무사인 선생은 인정사정없었다. 평소의 부드러운 모습과는 전혀 판판이었다. 내가 입만 열면 무조건 틀어막았다. 나는 너무나 노엽고 섭섭했다. 나의 말을 들어보지도 않고 무조건
"그게 다 생각이잖아요?"
하고 묵살하였으니 무시당한 것 같아 억울하고 화가 났다. 나의 얼굴빛도 창백해졌던 모양이었다. 밖에서 기다리던 채공이 말을 걸지 못하고 놀란 표정을 지었다. 채공은 내가 무사인 선생으로부터 깨달음을 인가 받을 것이라고 잔뜩 기대하고 있었던 모양이었다.

〈2009년 8월 5일 수요일〉

2

통하다

살수도 없고 죽을 수도 없다

나는 충격이 너무 커 무심선원을 떠날 생각도 여러 번 하였다. 그날 저녁의 면담장면이 떠오를 때마다 부끄럽고 비참해졌다. 그러나 대안이 없었다. 한편 '그게 다 생각이잖아요?'하는 선생님의 말씀이 자꾸 떠올랐다. 아무래도 이상했다. 무사인 선생이 무조건 내 입을 틀어막은 것은 이유가 있을 것이라는 생각이 들었다.

마음을 가다듬고 '서장법문'을 듣기 시작했다. 이 법문은 2004년부터 2008년까지 장장 4년여에 걸쳐 191시간 동안 진행된 대작이었다. 법문이 예전하고 달리 들렸다. 그전에는 대학교수가 강의하는 것을 듣 듯 법문도 그렇게 들었던 것이다. 법문의 뜻을 이해하려고 애를 썼던 것이다. 중요한 대목이 나오면 받아 적고 그 뜻을 음미하기도

했다. 내가 법문을 받아 적을 때마다 함께 법문을 듣던 선배도반들이 그렇게 하지 말라고 여러 번 충고를 했었다. 나는 그때마다 그들의 충고를 무시했다. 그들이 주제넘은 짓을 한다고 오해한 것이었다. 무사인 선생도 법문을 받아 적지 말라고 고구정녕 당부했다.

"나의 법문은 경전을 해설하는 것이 아니라 '그것'을 직지直指하는 것입니다. 그러므로 뜻을 이해하려고 하면 분별 망상만 늘어나 공부에 도움이 되지 않습니다. 나의 말이나 손가락이 무엇을 가리키는지 그것을 보십시오."

나는 그때까지 이 말씀이 무슨 뜻인지 알아듣지 못했다. 나는 나의 입맛대로 듣고 싶은 것만 골라서 들은 것이었다. 이제 선입견을 내려놓고 법문을 들어보니 이해되는 것이 거의 없었다. 나는 당황했다. 선생님이 손가락을 들고, 책상을 두드리는데 그것이 무엇을 가리키는지 도대체 납득이 가지 않았던 것이다. 법문을 들을수록 답답해지고 지루하고 짜증도 났다. 무사인 선생은 깊이 잠이 든 나를 흔들어 깨우는 것 같은데 마냥 깜깜할 뿐이었다.

2009년 8월 16일, 일요법문에서 무사인 선생은
"'초점이 딱 맞는다.'는 말은 생각이 개입할 여지가 없다는 뜻."이라고 말했다. 초점이 맞지 않으면 생각이 치고 들어와 '그것'이 분명하지 않다는 것이다. '틈이 없다'라는 말도 물과 물결이 둘이 아니라 하나라는 뜻이라고 하였다. 선생님은 또,
"분별하면 틈이 생긴다. 통하면 즉각 통하는 것이지 90% 통하고 10% 못 통하는 일은 있을 수 없다. 통하면 즉시 통하고 통하지 못

하면 캄캄할 뿐이다. 통하면 분명하고 밝아 의심의 여지가 없다."
고 말하였다.

법문을 들을 때 환희심이 일거나 눈앞이 갑자기 밝아지는 것 같은 느낌들은 깨달음이 아니라 자기최면自己催眠이었다는 것을 뒤늦게 알았다. 그런 것들은 대부분 모르고 있었던 것들을 새로이 알게 되었거나 애매모호하던 것들이 분명해지면서 생긴 감정의 기복에 불과했던 것이다.

나는 허탈했다. 그날 저녁 무사인 선생이 왜 나의 입을 세 번씩이나 틀어막았는지도 겨우 짐작이 갔다. 기고만장하던 나의 자존심은 여지없이 꺾이고 아무 것도 알 수 없고, 아무 것도 할 수 없다는 무력감에 빠졌다. 그리고 답답해졌다. 삼풍백화점 붕괴사고로 콘크리트 더미에 갇혔다가 사흘 만에 구조된 청년의 말이 생각났다.

"고개를 들 수도 없고 다리를 뻗을 수도 없고 좁고 답답하여 숨이 막혔다. 캄캄하고 축축하고 무서웠다. 살 수도 없고 죽을 수도 없었다."

나도 그런 상황에 놓인 것 같았다. 법문을 듣는 것이 점점 힘들어지고 재미도 흥미도 없어졌다. 공부를 포기하고 싶을 때가 많아졌다. 전혀 공부에 진보가 없고 희망도 보이지 않았기 때문이었다.

월정사 관음암 주지스님으로부터 들은 구정九鼎선사 이야기가 생각났다. 그때 나는 몽둥이로 세게 얻어맞은 것 같은 충격을 받았다. 그 이야기는 아주 유명해서 이전부터 잘 알고 있었던 것이었다. 내가 듣기로는 구정선사가 깨닫기 전, 그의 근기와 발심의 정도를 떠 보기 위해 솥을 걸게 했다는 것이었지만 어느 편이던 중요하지 않았다. 내가 받은 충격은 '깨달음은 아는 것과 모르는 것과는 아무 상관없다.'는 점이었다.

그 후 조사의 어록을 보다가 이와 같은 사례를 여러 곳에서 확인했다. 용담 숭신龍潭崇信 782-865은 3년간 스승 천황 도오天皇道悟 748-807를 지성으로 모셨으나 불법에 대해서는 한 마디도 들은 적이 없었다. 실망한 용담은 스승에게 하직 인사를 드렸다. 스승이 어디를 가느냐고 물었다. 숭신이 불법을 찾아 나선다고 말하자 천황 도오가 말했다.

"네가 차를 올리면 차를 마셨고, 네가 밥을 지어 오면 그것을 먹었고 또 네가 절을 하면 나도 고개를 숙였는데, 내가 너에게 안 가르쳐 준 것이 무엇이냐?"

스승이 평상시 일거수일투족으로 불법을 늘 보여주었는데도 이를 알아보지 못했다는 뜻이었다. 용담은 스승의 그 말에 즉시 깨달았다.

조주趙州 778-897가 스승 남전南泉普願 748-834에게 불법을 묻자

"평상심이 도다."

라고 가르쳐주었다. 조주가,

"그것을 향하여 나갈 수 있습니까?"

라고 재차 묻자 남전은,

"향하여 나간다면 바로 어긋난다. 도는 아는 것, 모르는 것과는 아무 상관없다."

고 말했다. 조주는 그 말 끝에 바로 깨달았다.

조과 도림鳥窠道林 741-824 선사가 보따리를 싸는 제자 회통會通에게

"어디 가느냐?"

고 물었다. 회통이,

"불법을 찾아 다른 스승을 찾아 갑니다."

하자 도림 선사는,

"불법이라면 나에게도 조금 있다."

하며 옷섶에서 실오라기 하나를 짚어 손바닥에 올려놓고 훅 불었다.
그때 회통은 바로 깨달았다.

이런 이야기를 통해 내가 얻은 교훈은 '깨달음에 대한 간절한 발심'
과 '스승에 대한 굳센 믿음'이었다. 구정선사는 이 두 교훈을 충직하게
실천한 훌륭한 선승이었다. 그는 비록 잘못 알아들었을망정 부처가
짚세기라는 스승의 말을 철석같이 믿었다. 믿음이 굳어지면 굳어질수
록 '어째서 짚세기가 부처인가?'라는 의문도 깊어져 폭발 직전의 타성일
편打成一片에 도달했던 것이다. 그때 만일 스승이 제자를 딱하게 여겨
'부처는 이런 것이다……'하며 '친절'을 베풀었다면 구정 선사는 영영
깨닫지 못하였을 것이다.

동네 치과에 가서 오른쪽 위 어금니 두 개를 뽑았다. 평소에는 그
존재를 의심치 않아 고마움을 모르다가 점심을 들면서 어금니의 부재不
在를 실감하였다.

『서장書狀』 법문 125번부터 127번을 듣는 동안 '이것'이 항상 1번이
되고 생각은 2번이 되어야 한다는 말씀에 분별이전分別以前을 감지感知

하였다. '분별이전'은 어금니와 같이 평소에 그 존재를 모르던 것이었다. 이어서,

"고정된 '나'가 없다. 하늘을 보면 하늘이 나고 나무를 보면 나무가 나다."

라는 선생님의 말씀에 마치 대청소를 한 듯 머릿속이 개운해졌다. 서랍과 책장을 뒤져 시효가 지난 약을 찾아 죄다 버렸다.

〈2009년 10년 12일 월요일〉

꿈

"우리가 지금 보고 있는 것은 다 햇빛입니다. 햇빛이 없으면 나무도 집도 자동차도 사람도 볼 수 없어요. 그런데도 햇빛의 존재를 까맣게 잊고 있습니다. 햇빛은 색깔이 없는데도 사람들이 분별해서 보라, 남, 파랑, 초록, 노랑, 주황, 빨강으로 구분 합니다. 법도 마찬가지예요. 삼라만상은 모두 법이 나타난 것 입니다. 법이 보고, 법이 말하고. 법이 듣는 것입니다. 드러난 현상은 있는 것도 아니고 없는 것도 아닙니다. 꿈하고 똑 같아요. 꿈속에서는 다 있지만 꿈을 깨면 싹 없어집니다."

선생님의 이 법문은 수도 없이 들은 것이었다. 그래서 무슨 뜻인지도 잘 알고 있었다.

그런데 오늘은 그 와 닿는 느낌이 달랐다.

〈2009년 10월 25일. 일요일법회〉

수행 일기 쓰지 마라!

서장법문 172번에 '수행 일기 쓰지 마라'는 당부가 있다. 나는 또 엉뚱한 짓을 하다가 들킨 어린 아이 꼴이 되었다.

"수행 일기를 쓰는 짓은 자기가 자기공부를 되돌아보고 망상을 짓는
일이다. 생각이 갈 곳을 모르게 몰아붙여 힘을 쓰지 못하게 만들어야
되는데 일기를 쓰면 오히려 죽어 가던 생각에 힘을 불어 넣어주는
결과가 된다."

나는 지금까지 이 공부를 하면서 생각의 변화나 느낌들을 꼼꼼히 기록하였는데 그것이 잘못되었다는 지적이었다. 뒷날 이 공부를 할 손자들이 나의 전철을 밟지 않도록 도와주기 위해 기록을 남기려 했는데 내 발등을 내가 찧는 어리석은 짓이었나 보다. 이제까지 헛공부를 한 것 같아 허탈해졌다. 아직도 나는 생각을 벗어나지 못했다는 것을 알고 낙담하였다.

〈2009년 11월 1일, 일요일. 비〉

도둑을 보다

2009년 가을정진법회는 성주星州 원불교 삼동三同수련원에서 열렸다. 날이 흐리고 비가 이따금 내렸다. 삼동수련원은 성주 시외버스터미널에서 택시로 10분 거리에 있었다. 들도 아니고 산도 아닌 나지막한 언덕에 서너 채의 벽돌 건물이 띄엄띄엄 서 있었다. 날씨 탓인지 유행성독감 탓인지 참가 인원은 50명 남짓이었다. 무사인 선생은『단경檀經』에 실려 있는 계송을 뽑아 법문하였다.

토요일 낮 12시 반, 점심을 들자마자 채공과 함께 해인사 구경을 나갔다. 예상보다 시간이 많이 걸려 절 입구에서 바로 차를 되돌려야했다. 나는 도중에 일행과 헤어져 서울행 버스에 올랐다. 중국에 나가 근무하는 둘째 아들이 모처럼 귀국하여 내일 함께 점심을 들기로 했기 때문이었다.

버스가 김천을 지나 추풍령을 넘을 때였다. 차창으로 휙휙 지나는 경치를 무심히 바라보다가 바퀴에 생각이 미쳤다. '바퀴는 제자리에서 그냥 빙빙 돌기만 할 뿐인데 버스를 달리게 하고 경치를 바뀌게 만드는구나.' 하고 신통하게 생각하고 있었다. 바로 그때 '장자莊子'에 나오는 도추道樞도 이와 같겠다는 생각이 번개 같이 스쳤다. 도추는 지금 여기, 분별하지만 분별을 따라가지 않는 '분별, 그 자체'였다.

"아하! 바로 이것이었구나!"

하는 놀라움과 함께 연기緣起와 중도中道가 무엇을 가리키는 말인지도 납득이 되었다. 답답하던 가슴이 뚫리며 날아갈 듯 시원해졌다. 핸드폰이 울렸다. 깜짝 놀라 받아 보니 채공이었다. 버스를 잘 탔느냐는 안부 전화였다. 나는 아직 흥분이 가라앉지 않은 열띤 목소리로 '제자리에서 도는 바퀴의 공덕'이 한 없이 크더라는 말만 중얼거렸다.

〈2009년 11월 15일, 일요일 오후〉

나는 그 체험이 혹시 '깨달음의 체험'이 아닐까하는 기대에 한동안 설렘을 억누를 수 없었다. 하지만 시간이 지나자 실망으로 바뀌었다. '분별하되 분별을 따라가지 않는 것'이 무엇인지는 짐작이 갔으나 그것이 가슴에 와 닿지는 않았기 때문이었다. 『서장』에서 읽은 대혜大慧宗杲 1089-1163 스님의 충고가 생각났다.

"'조주의 개에게는 불성이 없다.'라는 화두는 임에게는 마치 사람이 도둑을 체포함에 이미 숨어 있는 곳을 알면서도 아직 붙잡지 못하고 있는 것과 같습니다.(『書狀』「王狀元 聖錫에 대한 답서」 2)"

나도 그 같은 심정이었다. 도둑이 숨어 있는 것을 보았지만 아직 그 도둑을 잡지는 못 했기 때문이었다.

발밑이 무너지다

12월 5일 토요일 낮, 조카의 혼인예식이 있었다. 예식이 끝나고 가족사진을 찍기 위해 양쪽 집안의 친척들이 단상에 늘어섰다. 사람들이 너무 많아 대열을 정비하는데 시간이 좀 걸렸다. 사진감독이 셔터를 누르기 위해 카운트다운을 시작했다.

"하나" "둘"

하고, 셋을 부르기 직전 낭랑한 아기의 목소리가 먼저

"셋"

하고 외쳤다. 단상단하壇上壇下의 모든 하객들이 일제히 웃음을 터트렸다.

"원석이로구나!"

하는 순간 발밑이 푹 꺼지면서 공중에 붕 뜨는가 싶더니 정신이 아득해졌다. 마치 전기가 나가 깜깜해진 것 같았다. 이어서 눈앞이 확 밝아지면서 사람들의 웃음소리가 우레같이 들렸다. 이번에는 캄캄한 극장에서 영화를 보는데 갑자기 불이 환하게 켜진 것 같았다. 순간 무거운 짐을 내려놓은 듯, 쇠사슬에서 풀려난 듯 이루 말할 수 없이 상쾌했다.

원석이의 '할' 한 방에 꽉 막혔던 장벽이 사라진 것이었다. 원석垣錫이는 네 살 난 나의 둘째 손자이다.

〈2009년 12월 5일 토요일. 춥고 눈보라가 심했다〉

그 일이 있은 뒤 마음이 한결 편안하고 담담해졌다. 지긋지긋했던 콘크리트더미에서 빠져나온 듯 불안하고 답답했던 느낌들도 사라졌다. 그런 일이 왜 벌어지는지 나도 알 수 없었다. 아니, 그런 것들을 아예 의식하지도 않게 되었다. 법문도 예전하고는 달리 들렸다. 법문을 이해하는 것이 아니라 그냥 공감하게 되었다. 법문을 들으면서 속으로

"그렇지, 그래요!"

하는 감탄이 저절로 튀어 나왔다. 『단경』이나 『서장』의 알듯알듯한 말들도 술술 소화되었다. 전부가 '분별하되 분별이 없는 자리'를 가리키는 말들이었다. 이제 '분별하되 분별이 없는 자리'를 의심할 수 없게 되었다.

소를 타고 소를 찾다

『단경』 53회 차 법문을 듣는데 '마음이 무엇인가요?'라고 묻는 것은 '말은 어떻게 하는 건가요?'라는 물음과 똑 같다는 대목이 있었다. 그 말을 듣는 순간, 미혹한 중생을 왜 '자기 머리를 자기가 찾아다니는 사람'이라 하고, '소를 타고 소를 찾는 사람'이라 하고, '자기 집안에서 자기 집을 찾는 사람'이라고 부르는지 확실하게 알게 되었다.

말을 그렇게 잘 하면서 말을 어떻게 하는 것이냐고 묻다니? 찾고자 하면 달아나고, 머물면 이미 지나간 것에 휘둘린다. 허공에 도장 찍기가 일구一句요, 물 위에 도장 찍기가 이구二句요, 진흙 위에 도장 찍기가 삼구三句다. 분별하되 분별에 따라가지 않는 것이 무념無念이고, 물결과 물을 동시에 하나로 보는 것이 무상無相이며 이쪽저쪽 어느 쪽도 선택하지 않는 것이 무주無住이다. 기러기가 진흙 위를 걸어가면 발자국이 남고, 연못에 뛰어들면 물결이 남고, 하늘을 날면 흔적이 없다.

이제 방금 꿈에서 깬 것 같고 환하게 불이 켜진 가운데 영화를 보는 것 같았다. 꾸불꾸불 구부러진 철사가 저절로 펴진 것 같고 꽉 조이던 강철 띠가 탁 풀린 것 같았다. 〈2010년 1월 28일 목요일. 겨울비가 내리다 밤부터 추워짐. 신종 플루 백신을 접종했다〉

담담해지다

2월 10일 오후 2시쯤 큰 아들 내외가 충북 음성 대소라는 곳에서 큰 교통사고를 냈다. 며느리가 운전연습을 하다가 눈길에 미끄러지면서 언덕에서 굴러 떨어진 것이었다. 폐차를 해야 될 정도의 큰 충격이었다는데 목숨을 건진 것이 천행이었다. 그날은 진눈깨비가 내려 숙달된 사람도 운전하기 어려운 날씨였다. 내가 두 번 세 번 말렸는데도 그 충고를 무릅쓰고 나갔다가 사고를 낸 것이었다.

나는 화가 솟았으나 이상하게 폭발하지는 않았다. 그냥 담담했다. 이전의 나라면 상상도 못할 일이었다.

사고현장으로 급히 내려가다가 도중에 되돌아왔다. 내가 현장으로 내려가 그들을 데려오려면 시간이 너무 걸릴 것 같았기 때문이었다. 아들에게 빨리 아내를 집 근처 병원으로 데려오라고 전화로 연락했다. 며느리가 워낙 중상이라 시골 병원에서도 환자 이송에 쉽게 동의해 준 모양이었다.

오후 4시 반쯤 둘이 도착했다. 병원장이 사진을 보여주었다. 아비는 갈비뼈가 몇 개 부러진 것 이외에 큰 부상은 없었지만 며느리는 양쪽대퇴부 복합골절에 골반 뼈에도 금이 갔다. 며느리는 넉 달쯤 입원해야 되고 퇴원 후에도 오랫동안 재활치료를 받아야 한다고 병원장이 말했다.

그래서 손자 둘이 우리 집에 와서 지내게 되었다. 할머니는 며느리의 병상을 지키고 나는 아들네 집에 가서 집안을 대충 치워주고 손자들의 옷가지를 챙겨왔다.

내가 아이들 옷을 어디에 두었는지 몰라 헤매자 큰 손자 장석長錫이가 제 옷과 동생 옷을 골라 예쁘게 개었다. 그리고 동생이 좋아하는 장난감과 '아불'도 챙겼다. 아불은 원석이가 노상 들고 다니는 커다란 타월이었다. 원석이는 그것이 없으면 잠을 자지 못 할 정도였다. 나는 그런 사정을 깜박했는데 장석이는 그것을 잊지 않은 것이었다. 두 손자는 갓난이 때부터 할아버지, 할머니와 함께 지낸 탓인지 아비 어미를 찾지 않고 잘 먹고 잘 놀았다. 어른들이 전화하는 소리를 듣고 사정을 대강 알아차린 것 같기도 하였다.

〈2010년 2월 10일 수요일. 진눈깨비 내리다〉

부처는 부처가 아니라 이름이 부처다

무사인 선생의 『단경』 72회 차 법문을 들었다

"부처는 부처가 아니라 이름이 부처다."

라는 대목에서 내가 지금까지 '부처'를 잘못 알고 있었다는 것을 깨달았다. 부처는 상相도 없고 속성屬性도 없는 무한無限이라서 무엇이라고 정의定義할 수 없기 때문에 방편 상 부처라는 이름을 붙였다고 생각해 왔던 것이다. 그러나 이제 보니 부처라는 그 무엇이 따로 존재存在하는 것이 아니라 이름 그대로가 바로 부처였다. "부처는 부처가 아니라 이름이 부처다."라는 말 그 자체 뿐 따로 실재하는 것은 따로 없다.

"컵이라 불리는 물체는 법성해法性海의 물결이라 그것의 실상實相은 알 수 없다. 그래서 사람들이 방편 상 '컵'라 부르자고 약속한 것이다. 그래서 컵은 컵이 아니라 그 이름이 컵이다." ― 나는 지금까지 이렇게 알고 있었던 것이다. 그러나 컵이라는 사물이 존재하느냐 마느냐는 상관없이 '컵이 있다', '컵이 없다'는 말 자체만이 실재하는 것이라는 것을 분명히 확인하였다. 컵이라는 사물은 분별의 결과로 나타난 상相 Image일 뿐이다. 그러므로 그것을 컵이라 부르든 시계라 부르든 연필이라 부르든 아무 상관없다. 시계는 시계 자신이 "지금은 4시 15분이다."라고 말 하지 않는다. 보는 사람들이 그렇게 인식할 뿐이다. 의외로 간단하고 쉽고 분명했다.　　　〈2010년 2월 12일 금요일. 내일 모레가 설이다〉

싹이 돋았다

2010년 겨울 정진법회에는 무심선원 개원 이래 가장 많은 90여명이 참석 했다. 법회장소는 부산 금련산金蓮山 청소년수련원이었다. 금련산은 해발 415m로 그 기슭에 고급 아파트가 즐비하고 그 발치에는 광안리 해수욕장이 펼쳐져 있었다. 수련원은 금련산 8부 능선에 자리 잡고 있어 동백섬과 해운대, 광안 대교가 한 눈에 내려다 보였다. 낮에도 그 전망이 시원하고 아름다웠지만 밤이 되면 바다를 가로지르는 광안 대교에 불이 켜지고 해운대 일대가 불야성을 이루어 자못 황홀하였다.

첫째 날에는 비가 내리며 음산했으나 둘째 날에는 구름 한 점 없이 맑아 태평양으로 이어지는 광안리 앞 바다가 하늘과 맞닿았다. 아침 법문이 끝나고 4시간의 여유가 생겨 부산 사는 도반들과 함께 이기대二 妓臺 해안산책로를 걸었다. 도시 한 가운데에 이런 아름다운 경치가 숨어 있었다니 놀라운 일이었다. 오랫동안 군사시설보호지역으로 묶여 있다가 풀린 지 얼마 되지 않는다고 한다. 절벽 위에 까치집처럼 붙어 있는 백련암에서 바라보는 바다의 전망은 기가 막히도록 아름다웠다. 동백섬과 해운대 주택가도 한눈에 들어왔다. 부산 토박이들도 여기는 처음이라며 태종대보다 더 아름다운 것 같다고 감탄했다.

마지막 날 저녁, 망설임 끝에 선생님 면담을 신청하였다. 쑥스럽지만 가슴에 묻어두고 신경을 쓰는 것보다 모두 털어놓고 편해지는 편이 더 좋겠다는 생각이 들었다. 나의 면담차례는 밤 열 시가 넘은 시간이었다. 선생님은 고단하셨던지 두툼한 쿠션에 눕다시피 앉아 계셨다. 평소에 늘 웃던 모습은 온데간데 없고 자못 엄숙한 얼굴이었다.

"저는 작년 여름 간월산에서 선생님으로부터 한 말씀을 듣고 꽉 막혀서 미칠 지경이 되었습니다. 그때 저는 선생님을 뵐 생각이 없었는데도 참석자 전원을 면담하시겠다는 바람에 어쩔 수 없이 뵙게 되었습니다. 선생님은 제가 저의 견처見處를 말씀 드리려고 하자 '그게 다 생각이잖아요.'하시며 저의 입을 막았습니다. 제가 또 말씀 드리려 하자 선생님은 제 말을 들어 보시지도 않고 무조건 가로 막았습니다. 이렇게 세 번을 되풀이 했습니다. 마지막에 '그러면 어떻게 해야 합니까?'라고 제가 원망스럽게 묻자 또 '그게 다 생각이잖아요.'하셨습니다. 저는 그때 눈앞이 캄캄해졌습니다. 노엽고, 분하고, 화가 나서 끓어오르는 감정을 주체하지 못했습니다.

시간이 갈수록 저는 더 비참해졌습니다. 너무나 야속하여 이 공부를 그만둘까 하는 생각마저 들었습니다. 그런데 불현듯 선생님이 그렇게 단호하게 저의 말을 막은 것은 무슨 이유가 있을 것이란 생각이 떠올랐습니다. '그게 다 생각이잖아요.' 이 말씀은 그 때부터 저의 화두가 되었습니다. 그리고 선생님의 『서장書狀』 설법을 하루도 거르지 않고 들었습니다. 적을 때는 두 시간, 많을 때는 다섯 시간씩 들었습니다. 이 설법과 서울 법회의 설법을 들으며 제가 선생님의 법문을 잘못 듣고 있다는 것을 알았습니다. 그동안 저는 선생님의 설법을 강의 듣 듯 그렇게 이해하고 분석하며 들어야 잘 듣는 것인 줄 알았습니다. 그래서 선생님의 설법으로 오래 묵은 의문이 풀리면 쾌재를 부르며 의기양양 해 하기도 했습니다. 그러나 그렇게 하면 공부를 거꾸로 하는 것이라는 점을 뒤늦게 알게 되었습니다. 설법을 들으면 들을수록 의문이 쌓여서 폭발할 지경이 되어야 하는데 오히려 의문이 해소 된다면 공부에 방해 가 되는 것이었지요.

그 후 저는 모든 견해를 물리치고 아무 선입견先入見 없이 말씀 그대 로를 경청傾聽했습니다. 『서장』을 마치고 『단경壇經』을 시작했습니다. 섭섭했던 감정은 가라앉았으나 답답하기는 마찬가지였습니다. 그동안 아는 체 하며 기고만장하던 기세는 여지없이 꺾이고 비참하고 무기력 해졌습니다. 작년 12월 초, 집안 조카의 혼인예식이 있었습니다. 사진 감독이 가족사진을 찍기 위해 사람들을 줄 세우고 '하나', '둘'하며 카운 트다운을 시작했습니다. 그때 감독보다 먼저 우리 네 살배기 손자가 '셋'하고 외쳤습니다. 저는 그 순간 발밑이 꺼지는 것 같으며 공중으로 붕 뜨는 느낌이었습니다. 그리고 정신이 아득해지며 깜깜해지다가가 확 밝아지면서 사람들의 웃음소리가 우레처럼 들렸습니다. 마치 영화 를 보다가 불이 켜진 것 같았습니다. 가슴이 시원해지고 마음도 상쾌해 졌습니다."

― 그 체험이 약이 될지, 아닐 지는 좀 기다려 봐야 될 것 같습니다. 8월 정진법회 때 다시 보지요.

"저는 그 체험 이후 숨통이 트이게 되었습니다. '지도리(道樞)'라는 것도 알 듯 말 듯 했는데 분명해졌습니다. 지도리란 모양도 없고 속성도 없으면서 저절로 돌아가는 엔진 같은 것이더군요. 무엇이든지 해낼 수 있는 능력을 가지고 있습니다. 분별하되 분별을 따라가지 않습니다. 판단이나 평가가 따라 붙으면 즉시 저울대가 기울어집니다. 저는 이제 말이나 생각에 잘 속지 않게 되었습니다. 간혹 말이나 생각에 끌려가다가도 퍼뜩 되돌아올 수 있는 힘도 생겼습니다."

― 그 체험이 언제라고 그랬지요?

"작년 12월입니다."

― 지금 법문을 들을 때 어떻습니까?

"어떤 때는 쑥 이해가 되어 기쁘고 어떤 때는 꽉 막혀 캄캄합니다. 가끔 졸기도 합니다."

― 경전도 읽습니까?

"거의 안 봅니다. 웬일인지 읽기가 싫어졌습니다."

― 아직도 화가 나고 답답합니까?

"많이 편해졌습니다. 얼마 전 아들과 며느리가 큰 교통사고를 냈습니다. 내 말을 어기고 진눈깨비 내리는 날에 차를 가지고 나갔다가 벼랑에서 굴러 며느리는 허벅지가 부러지는 중상을 입고 아들은 갈비뼈가 부러졌습니다. 아내는 놀라고 겁이나 발을 동동 구르는데 저는 이상할 이만큼 조용했습니다. 화도 나고 딱하기도 했지만 마음은 뜻밖에 담담했습니다. 예전에는 없었던 일입니다."

― 싹이 하나 돋은 것 같습니다. 잘 키워 보십시오.

"네. 열심히 하겠습니다."

— 억지로 하시면 안 됩니다. 싹은 너무 약하기 때문에 잘못하면 부러집니다. 자연스러워야 됩니다. 경전은 읽지 마시고 법문을 지금 같이 그렇게 꾸준히 들으십시오.

면담을 마치고 나오니 창밖으로 높이 뜬 정월 대보름달이 밝았다.

이튿날 오전 첫 번째 법문이 끝나자 서울법회 총무가 찾아와 상기된 표정으로 말했다.

"오늘아침 선생님께 다 들었습니다. 축하합니다. 작년 여름 간월산 법회 때 선생님의 말씀 한마디에 꽉 막혔다면서요. 저도 그때가 생각나요. 면담을 마치고 나오시던 오거사님의 표정이 지금도 눈에 선합니다. 하도 얼굴이 백짓장 같아서요."

〈2010년 3월 1일. 월요일 저녁. 봄비〉

첫 번째 점검

2010년 4월 18일 서울법회 첫 시간이 끝나고 쉴 때였다. 무사인 선생은 마당에서 도반들과 환담하고 있었다. 나는 자판기에서 커피를 뽑아들고 마당을 가로질러갔다. 그때 선생님이 나를 불러 세우고 물었다.

"요즘 어떠십니까?"

나는 전혀 예상치 못했다.

"그저 담담합니다. 여전히 생각에 휘둘리고 있습니다. 아직 뭐가 뭔지 잘 모르겠습니다. 허전함이랄까, 막연한 두려움 같은 것도 있습니다."

무사인 선생은 빙긋이 웃으면서 말했다.

"금방 분명해지지는 않습니다. 불안감 같은 것에 신경 쓰지 마세요. 항상 편안하시잖아요. 그게 힘입니다. 지금처럼 꾸준히 공부 하세요." 하였다.

그 체험 이후, 마음이 편안해지고 걱정거리가 있어도 걱정이 되지 않는 이상한 일이 벌어지고 있었다. 하지만 무사인 선생이 손가락을 들어 가르치는 '그것'은 분명하지 않았다. 가끔 까닭 없이 불안하고 사람들을 만나기가 귀찮았다. 천야만야한 절벽의 중간에 난 아슬아슬

한 잔도를 걷는 심정이었다. 추락할 염려는 없는 것 같은데 공연히
불안하고 겁도 났다. 무사인 선생을 만나는 것도 부담이 되었다. 혹시
무엇을 물으면 대답할 능력이 없었기 때문이었다.

〈2010, 4, 19. 월요일. 흐림〉

불취어상 여여부동

드디어 금강경金剛經의 마지막 부분 '불취어상 여여부동不取於相 如如不動'의 뜻이 소화되었다. 지금까지 알 듯 말 듯 늘 찜찜했었는데 이제 의문이 싹없어졌다. 2010년 5월 7일, 금요일 새벽 4시쯤 잠이 깨면서 이 말에 또 걸려 답답해하는 중에 무사인 선생의 법문 한 구절이 떠올랐다.

"손으로 어떤 모양을 짓던 손은 손이다. 손은 무엇이든지 잡을 수 있지만 자기 자신을 잡을 수는 없다."

그 때는 그냥 평범한 소리로 흘러버렸던 이 말이 새삼스럽게 부각되었다. 그리고 곧

"그렇지. 그래!"

하며 그 뜻이 분명해졌다. 손을 쥐든 펴든 오므리든 구부리든, 그 어떤 모양을 짓던 손은 여전히 손이다. 모양을 보되 그 모양에 머물지 않으면 손은 항상 손이며 변함이 없다. 손이 모양이고 모양이 손이다. 둘이 아니다. 손은 필요에 따라 어떤 모양으로 도든지 변 할 수 있지만 여전히 손은 손이었다. '약견제상비상 즉견여래若見 諸相非相 卽見如來'도 같은 뜻이고 화엄일승법계의 '불수자성 수연성不守自性 隨緣成'도 같은 뜻이었다. 불취어상 여여부동不取於相 如如不動은 본래면목本來面目의 속성을 밝히는 해설도 아니고 수행의 지름길을 가르쳐 주는 비결도 아니었다.

석가여래가 자기 자신이 증득證得한 바를 사실대로 묘사한 말일 뿐이었다. '금강경' 전체도 이와 같다는 것을 알았다.

아내가 새벽부터 나와 주방에서 달그락거렸다. 장석이가 오늘 현장학습을 나가기 때문에 김밥을 싸는 것 같았다. 장석이를 학교에 데려다주며 주변을 둘러보니 어느새 봄꽃은 다 지고 느티나무가 짙푸르다. "할아버지 저 하늘 좀 봐. 달이 떴어!"하는 장석이의 말에 고개를 드니 하늘에 구름 한 점 없었다. 올봄은 거의 날마다 비 오고 바람 불고 춥더니 이제야 세상이 밝아졌다. 은근히 나를 괴롭히던 불안도 많이 사라지고 마음도 저 하늘처럼 맑아졌다.

〈2010년 5월 7일〉

소염시

　2010년 봄 정진법회에서 무사인 선생은 달마조사의 『절관론絶觀論』
을 소재로 법문하였다. 둘째 날 법문을 통하여,

　"번뇌로부터 자유로운 상태를 '번뇌장해탈煩惱障 解脫', 아는 것으로
부터 자유로운 상태를 '소지장해탈所知障 解脫'이라고 부른다. 번뇌장해
탈을 '선정禪定'이라 부르고, 소지장해탈을 '지혜智慧'라고도 부른다. 이
것이 바로 '정혜쌍수定慧雙修'인데 이때 정定과 혜慧는 둘이 아니라 하나
이다. 정定은 삼매三昧 Samadhi를, 혜慧는 반야般若 prajna를 뜻으로 번역
한 말이다. 소지장해탈을 산스크리트어로는 보리菩提 bodhi 라고도
부른다."
라고 설명하였다.

　나는 내가 선체험禪體驗을 했다는 사실을 알린 바 없는데 많은 사람
들이 이미 알고 있었다. 부산선원의 도반들로부터 축하인사를 받았다.
그들의 채근을 견디지 못해 할 수 없이 입을 열었다.

　"저는 아직 계합契合하지 못했습니다. 다만 선생님의 법문을 듣는
요령을 알았을 뿐 입니다. 작년 여름 간월산정진법회 때 제가 아는
척을 하다 선생님으로부터 '그게 다 생각이잖아요?'라는 핀잔을 세 번씩
이나 받고 큰 충격에 빠졌습니다. 그 후 몇 달 동안 답답해 끙끙 앓다가

작년 12월 초 혼인 예식장에서 색다른 체험을 한 뒤 마음이 담담해졌습니다. 그동안 저는 선생님의 법문을 잘못 듣고 있었습니다. 선생님은 강의講義를 하는 것이 아니라 법을 보여 주시는 것이었습니다. 이 말은 선생님의 법문 중에 수도 없이 나오는데 저는 그때서야 겨우 알아들었습니다. 법문法門을 경청傾聽하고 하심下心하는 것이 저의 공부방법입니다. 경청이란 자기의 견해를 버리고 허심탄회하게 '양귀비가 소옥이를 부르는 소리'를 알아듣는 것이고, 하심이란 자기가 모른다는 것을 인정하고 가르침을 받아들이는 마음가짐입니다."

'양귀비가 소옥이를 부르는 소리'란 당나라 때의 소염시小艶詩에서 유래한 말이다.

一段風光　畵難成
洞房深處　陳愁情
頻呼小玉　無別事
只使檀郎　認得聲
한 폭의 풍경, 그리기 어려워라.
동방심처에서 외롭다는 뜻을 전하고자
소옥이를 자꾸 부르지만 시킬 일이 있는 것은 아니고
다만 단랑이 소리를 알아듣기 바라노라.

이 시가 누구의 작품인지는 모르겠으나 양귀비가 자기의 정인 안록산에게 밀회를 청하는 모습을 그린 내용이라고 한다. 양귀비가 자기의 시녀 소옥이를 부르면 안록산이 알아듣고 자기를 만나러 오라는 뜻이다. 황제와 신하들이 알아듣지 못하도록 둘만 아는 암호를 만들었던 것이다.

당나라 때 저자거리에서나 떠돌던 이 시가 근엄한 선가禪家에서 유명해진 것은 원오 극근圜悟克勤 1063-1135선사가 이 시로 인하여 깨달음을 얻었다고 전해지기 때문이었다. 원오가 외출했다 돌아와 보니 자기의 스승 오조 법연五祖法演 1024-1104선사가 진陳 제형提刑이란 거사와 차를 마시고 있었다. 원오는 그때 '뜰 앞의 잣나무'라는 공안에 걸려 한참 애를 쓰고 있는 중이었다. 법연선사가 진 거사에게 공안은 소염시와 같다고 말 하는 것을 원오가 얼핏 듣고 스승에게 이렇게 말했다.

"그 소리를 알아들은 사람은 어떻게 해야 됩니까?"

오조 선사가 벼락 치듯 답했다.

"'뜰 앞의 잣나무'도 이와 같다. 할!"

그 순간 원오에게 막혔던 것이 쑥 내려가는 체험이 왔다. 원오는 이 체험이 사라지기도 전에 마당으로 내려서다 닭이 횃대로 날아오르는 것을 보고 또다시 크게 깨달았다.

'뜰 앞의 잣나무'는 '소옥아, 소옥아, 부르는 소리'와 그 기능이 같다. 양귀비가 "소옥아, 소옥아" 부를 때 소옥이가 눈치 없이 나타난다면 소옥이는 양 귀비의 진정한 의도를 알아채지 못한 것이다. '뜰 앞의 잣나무'는 법法을 그대로 직지直指 한 것이지 마당에 서 있는 잣나무를 가리 킨 것이 아니다.

〈2010년 5월 24일 월요일. 비〉

두 번째 점검

_c&-c_

두 번째 점검은 2010년 여름정진법회에서 있었다. 그 법회는 7월 29일 목요일부터 8월 1일 일요일까지 울주 간월산에서 열렸다 참석 도반은 79명이었다. 무사인 선생은 봄정진법회에 이어 달마화상의『절관론』을 교재로 설법하였다. 이번에도 무사인 선생은 참석자 전원을 면담하면서 그간의 공부를 점검하였다. 나의 면담 순서는 첫 날 첫 법문이 끝난 직후 네 번째였다.

"순간순간 법이 확인 되지만 그 자리에 있지 못하고 자꾸 미끄러집니다. 아직 모르는 것이 많지만 알고 싶은 생각도 없어졌습니다. 늘 마음이 담담하고 개운합니다."

이에 대해 선생님은,

"자꾸 미끄러진다고 하시니 아직 법이 분명하지 않은 것 같습니다. 초점이 딱 맞으려면 시간이 좀 걸립니다. 밝은 곳에 있다가 갑자기 어두운 지하실에 들어가면 한참 동안 아무 것도 보이지 않는 것과 같습니다. 그러나 시간이 지나면 저절로 밝아집니다. 지금 그대로 법문을 잘 들으시면서 공부를 꾸준히 계속 하십시오. 억지로 하지 마시고 자연스럽게 하셔야 됩니다."

지난 2월 부산 금련산법회 때 하신 말씀과 대동소이하였다.

저녁에는 채공과 함께 간월재에 올라가 텐트를 치고 한데 잠을 잤다. 구름이 잔뜩 껴서 앞이 잘 안 보일 정도였다. 채공이 가로등도 없는 험한 산길을 운전하느라고 고생 많았다. 간월재 휴게소의 데크에는 우리들 텐트 말고 세 채가 더 있었다. 바람이 심해서 밖에 오래 앉아 있을 수가 없었다. 포도주를 몇 잔 들고 바로 침낭 속으로 들어갔다. 텐트는 침낭만을 가까스로 감쌀 정도로 좁고 작아서 꼭 관 속에 누워 있는 기분이었다. 바람이 점점 심해지고 빗방울도 가끔 뿌렸지만 침낭은 아주 따뜻해 땀이 날 정도였다. 채공이 월정사에서 약속한 것을 실행에 옮긴 것이었다. 하지만 날씨가 너무 사나워 내가 그리던 낭만 같은 것은 없었다.

둘째 날 오후에는 몇몇 도반들과 함께 사자평 쪽으로 이어지는 능선을 세 시간 동안 걸었다. 도반들은 산길을 가며 나에게 이것저것 여러 가지를 물었다. 특히 체험 전과 후의 상태를 판사가 증인 심문하듯 꼬치꼬치 캐물었다.

"다른 사람들은 세상이 뒤집어지면서 다시 태어나는 것 같은 강렬한 체험을 했다던데 그렇지 않군요. 지금은 법문을 어떻게 듣습니까?"

"모든 견해를 물리치고 그냥 경청합니다. 가끔 '아하! 이래서 선생님이 그런 말씀을 하시는구나!'하는 찬탄이 저절로 나옵니다."

8월 1일 정진법회가 끝나자 서울에서 내려간 도반 10여명은 선생님께 특별히 청을 드려 2박3일간 법회를 계속하기로 하였다. 이를테면 가행정진加行精進인 셈인데 설법보다는 면담위주로 진행되었다. 나도 그 법회에 참여하였다. 이번 면담에서는 시간의 제한을 받지 않았으므로 보살들은 한 시간도 넘게 무사인 선생을 물고 늘어졌다. 나도 초월명상과 법기염송을 또 자세히 말씀드렸다. 선생님은 역시 첫 번째 면담 때와 마찬가지로

"그것은 다 경계에 머무는 일이니 그런 식으로는 법을 얻을 수 없다"고 충고했다.

더운 한낮에는 다실에서 법문을 듣고 그 옆 테라스에서 차를 마시며 법담을 나누었다. 내가 조선 세조世祖 때의 신미信眉 대사 이야기를 꺼냈다. 신미 대사가 한글창제에 깊이 관여하고 불경번역에도 공이 크다는 글을 읽은 적이 있다고 말하자 무사인 선생은 그 분이 번역한 『몽산법어蒙山法語』에 오역誤譯이 많다며 다음과 같이 말했다.

"신미 대사는 한문에는 해박했으나 몽산이 살았던 당시의 중국어는 잘 몰랐던 것 같다. 그래서 구어체로 된 몽산법어를 번역하면서 구색을 맞추기 위해 허사虛辭로 들어 간 글자까지 억지로 번역하는 실수를 했다. 예를 들어 '끽다거喫茶去'의 거去는 아무 뜻이 없는 허사인데도 굳이 '차 한 잔하고 가라'고 번역하는 것과 같은 오역이 여러 군데에서 보인다. 치명적인 것은 '화두를 든다.'라고 번역한 부분인데 이점에 관해서는 나중에 책으로 써서 밝힐 예정이다.

신미 뿐 아니라 몽산 자신도 조사선의 본지本旨를 왜곡하였다. 혜능에서 대혜까지의 선지식들은 "쇠뿔 속에 든 쥐가 오도 가도 못하는 상황에서 끝까지 버티면 견성 체험이 온다."고 누누이 가르쳤는데도 불구하고 몽산은 "상자 속에 든 쥐는 애를 쓰다가 결국 상자의 벽을

뚫고 나오게 된다." 고 주장했다. 이 같은 몽산의 견해는 유위有爲의 수행을 암시하는 것이어서 혜능이나 마조의 가르침과는 크게 어긋난다. 몽산법어는 지금 전국의 선방에서 선수행의 기본 교과서로 활용되고 있으므로 이 잘못이 지적 되면 엄청난 파장을 몰고 올 것으로 예상된다."

가끔 계곡의 맑은 물에 들어가 멱도 감았다. 무사인 선생은 의외로 살집이 통통하고 희였다. 나는 물이 진저리가 날 정도로 차가운데 선생님은 그저 시원하기만 한 모양이었다. 선생님께 나의 신상에 관해서도 소상히 말씀 드렸다.

「금강경」 제3장

2010년 가을 정진법회 첫 날 저녁 9시쯤 자청해서 선생님과 면담을 하였다. 이제 선생님을 뵙는 것이 두렵지 않았다.

"선생님, 드디어 분명해졌습니다. 얼마 전 『원오심요圓悟心要』법문을 듣다가 '석가여래는 하늘에서 별이 반짝하는 것을 보고 이것을 깨달았다고 하는데 그때 별이 반짝한 것은 저 하늘이 아니라 바로 이것이에요.'하는 대목에서 저도 그 '반짝' 이 분명해졌습니다. '반·짝' 만이 실재實在하는 것이더라고요. '반짝'한 것은 별도 아니고 석가도 아니었습니다. 그것은 그냥 당연했습니다. 설명이 필요 없습니다. 저는 이제 법法을 의심할 수 없게 되었습니다. 선생님이 왜 군이 '금·강·경'이라고 말씀하시는 지도 분명하게 납득이 되었습니다. 선생님이 '금·강·경'이라고 말씀하실 때는 금강경이라는 경전經典을 지칭하는 것이 아니라 지금 이 순간에는 '금·강·경'만이 실재한다는 것을 가리키는 것이었습니다.

저는 월정사에서 「금강경」을 사경 할 때 그 내용을 도저히 이해할 수 없었습니다. 긍정한 것을 바로 부정하고 부정한 것을 또 바로 뒤집어서 말장난하는 것 같았습니다. 특히 제1장과 3장에 꽉 막혔습니다.

밥을 구걸하고, 밥을 먹고, 옷 갈아입고, 발 닦는 이야기로 가르침이 시작되는데 어째서 당연한 그것이 모든 가르침의 첫째가 될 정도로 중요한 것인지 납득할 수 없었습니다. 또한 모든 중생을 남김없이 다 제도했는데 제도 된 중생이 하나도 없더라는 말도 자기모순 아닙니까? 그것이 저를 꽁꽁 묶어 답답하게 만들었습니다.

며칠 전 동네 뒷산을 걷다가 우연히 그 의문이 탁 풀렸습니다. 지금까지 제가 중생衆生이라고 알고 있었던 것들은 놀랍게도 실재實在하는 것이 아니었습니다. 그것들은 모두 다 제가 분별해서 만든 이미지와 개념槪念과 신념信念 등일 뿐, 스스로 존재하는 것이 아니었습니다. 제도해야 할 중생은 애초부터 있었던 것이 아니고 아상我相, 인상人相, 중생상衆生相, 수자상壽子相들이 있었던 것입니다. 그 모든 상相은 다 경계境界였습니다. 경계는 연기緣起하므로 있는 것 같아도 있는 것이 아니었습니다. 모양이 있는 것, 경계가 있는 것은 자성自性이 없습니다. 그래서 그것들을 모두 한 손으로 쓸어 없앨 수 있을 뿐 아니라 전혀 다른 버전version으로 만들 수도 있습니다. 실재하는 것은 '반짝' 이것뿐입니다.

'당체當體와 낙처落處', '만법귀일萬法歸一', '유식무경唯識無境', '색공불이色空不二', '일즉다 다즉일一卽多 多卽一', '천상천하 유아독존天上天下 唯我獨尊', 이런 말들이 무엇을 가리키는지도 분명해졌습니다. 모두 본래면목本來面目을 가리키는 방편들이더군요. 본래면목은 정해진 모양이 없어 말이나 글로 표현 할 수가 없습니다. 말이나 글로 표현하는 것,

그 자체가 본래면목이더군요. 그래서 금강경 첫머리가 밥 먹고 발 닦는 이야기로 시작될 수밖에 없다는 것을 깨달았습니다. 부처님의 활동活動을 보여주면서 법을 직지直旨한 것입니다. 그 직지를 대중들이 알아보지 못하니까 수보리가 일어나 부처님께 말로 가르쳐달라고 청을 드리는데 그것이 제2장입니다. 금강경의 나머지 부분은 전부 제3장의 주석인 것 같습니다."

선생님은 빙그레 웃으시면서 "모두가 법法이니 멸도滅度하려야 멸도滅度할 것이 없다는 것이지요. 중생이 실재하는 것이 아니라 이름뿐이라는 것을 자심중생自心衆生이라고 부릅니다. 그대로 더 공부를 계속하시면 점점 더 밝아지고 분명해집니다."

"그 동안 선생님께서 수도 없이 '이것뿐'이라고 말씀하셨는데도 그것을 왜 그대로 받아들이지 못했는지를 알 수가 없습니다. 커다란 북을 쉴 새 없이 두들겨 크게 울려 주셨는데도 그 소리를 듣지 못한 것과 같습니다. 선생님의 자비慈悲와 인내忍耐에 감사드립니다. 선생님이 저의 입을 세 번이나 틀어막지 않으셨다면 저는 이것을 증험證驗하지 못했을 것입니다."

지난여름 간월산에서도 선생님과 여러 날을 보냈지만 그때까지도 법이 분명했던 것은 아니었다. 나는 이제 '흙덩이를 좇아가는 개韓獹逐塊'신세는 면하게 되었다. 숨어있던 도둑을 발견하고, 그 도둑을 잡고, 이제 도둑의 정체까지 밝혀낸 것이다.

송정 수련원 뒷산, 바닷가 절벽 위 소나무 숲길은 싱싱하고 아름다웠다. 몇몇 도반들과 그 길을 따라 청사포까지 내려가 조개구이를 들었다. 대구에서 온 선배도반이 자신의 견처見處를 말해주며 나의 체험을 물었다. 그 동안의 일을 대충 설명하고 올봄 금련산에서 받은 '숙제'를 어제 밤에서야 비로소 선생님께 제출했다고 밝혔다. 청사포 한편에는 가야산伽倻山의 호랑이로 불리던 성철性徹큰스님이 겨울철 추위를 피해 내려와 살았다는 암자가 한 채 서있었다. 문은 열려 있었으나 사람들은 보이지 않았다.

〈2010년 11월 15일, 월요일〉

3

분명해지다

초점이 맞아떨어지다.

무사인 선생은 법문 중에 '초점이 딱 맞아떨어진다.' '계합契合한다.' 는 말을 자주하였다.

"'초점이 딱 맞아떨어진다.'는 것은 쌍안경의 초점을 맞추는 것과 같다. 초점이 맞지 않으면 물체가 흐릿하게 보이지만 초점이 딱 맞으면 물체가 선명하게 보인다. 본래면목도 마찬가지다. 초점이 잘 맞으면 본래면목이 분명히 드러나지만 계합하지 않으면 본래면목은 알 수 없다. 계합이란 물에 물을 붓는 것같이 둘이 서로 딱 들어맞아 하나가 된다는 뜻이다. 정오正午에 마당에 나가 막대기를 해와 일치되게 세우면 그림자가 생기지 않는다. 이런 것이 계합이다. 그러나 막대기가 조금이라도 기울면 해와 틈이 생기면서 그림자가 생긴다. '초점' '계합',

이런 것이 중도中道이고 분별망상이 쉬는 자리이다."

　전에는 늘 이런 말이 소화되지 않고 목구멍에 걸린 가시가 되어 나를 괴롭히고 답답하게 만들었다. 생각으로는 알 수 있었으나 실감實感이 나지 않았던 것이다. 물을 화학구조식으로만 이해하고 마셔 보지는 못한 상태와 같았던 것이다. 이제 '불이중도'와 '쉬는 자리'를 분명하게 이해하였을 뿐 아니라 증험證驗할 수 있게 되었다.

　목수들이 수평水平을 알기 위해 사용하는 수준기水準器도 중도와 계합을 가리키는 유용한 도구가 될 수 있을 것이다. 좌우左右가 평등平等하면 물방울은 '평등한 자리'에 멈춰있다. 여기서 평등한 자리란 양쪽 거리의 물리적 중간지점이란 뜻이 아니다. 양쪽으로 분리되기 이전을 가리키는 것이다. 물리적 중간지점은 활동이 정지停止 stop된 것이지만 평등한 자리의 물방울은 활동이 종료된 것이 아니라 일시 중단中斷 suspension된 것이다. 그 물방울은 살아있기 때문에 평등이 조금만 어긋나도 민감하게 움직인다. 움직이면서도 멈춰 있고 멈춰 있으면서도 움직인다.

　예식장의 체험 이후 마음이 담담해지고 걱정거리가 있어도 문제가 되지 않는 이상한 일이 생겼지만, 까닭 없이 불안하고 절벽의 잔도를 걷는 듯 했던 것은 초점이 딱 맞지 않았기 때문이었다. 일단 생각의 감옥에서는 풀려났으나 '쉬는 자리'가 분명하지 않았기 때문에 나도 모르게 불안해졌던 것이다. 이제 '쉬는 자리'를 확인하였지만 늘 그 자리에 있지 못하고 자꾸 분별 망상에 끌려 다녔다. 물방울이 평등의 자리를 지키지 못하고 자꾸 흔들렸던 것이다.

『수능엄경首楞嚴經』에,

"이理는 문득 깨닫고 깨달음과 더불어 사라지지만, 사事는 차차로
제거되니 순서대로 없어진다.理卽頓悟 乘悟倂銷 事卽漸除 因次第盡"

고 하였고, 대혜大慧선사는,

"낯 선 것을 익숙하게 만들고 익숙한 것을 낯설게 만든다.生處放敎熟
熟處放敎生.(『大慧 書狀』「曾侍郎 天游에 대한 答書」)"

라고 하였고, 또 태주台州 서암瑞巖스님은,

"주인공아, 속지 말라."

고 늘 되뇌었으며, 조주趙州 고불古佛은,

"내가 남방에 있던 30년 동안 죽과 밥을 먹는 두 때는 제외하겠으니,
이때는 마음을 잡되게 쓴 때이다.我在南方三十年 除粥飯二時 是雜用心處.(『圜
悟心要』,「示 諫長老」)"

라고 하였다.

물방울을 평등의 자리에 머물게 하는 일은 정말 쉬운 일이 아니었다.
이제부터가 선공부의 시작이라는 것을 절감하였다. 그 공부는 죽을
때까지 해도 끝나지 않을 것 같았다. 다만 위안이 되는 것은 앞으로
나 혼자서라도 공부를 계속할 수 있는 힘이 생겼다는 점과, 쉬는 자리를
확인하였기 때문에 남의 말에 속지 않을 수 있는 안목眼目이 열렸다는
점이었다.

물, 거울, 지도리

ℯ 𝒞 ℯ

불법佛法을 정의定義 define 할 수는 없지만 물, 거울, 지도리를 통해 그 것을 감지感知할 수는 있을 것이다.

물은 정해진 모양이 없다. 정해진 모양이 없기 때문에 어떤 모양으로든지 바뀔 수 있다. 물은 또 항상 흐른다. 즉 살아 있다. 대접에 담긴 물이나 댐에 갇힌 물이나 흐름이 종료된 것이 아니라 잠시 멈춘 것일 뿐이다. 물결도 물이고 물도 물결이다. 물결과 물은 둘이 아니라 하나이다.

거울은 오는 대로 영상影像을 띄울 뿐 취사선택取捨選擇이 없다. 자기가 좋아하는 것은 받아들이고 자기가 싫어하는 것은 배척하는 등 차별을 두지 않는다. 즉, 인정사정人情私情이 없다. 노자老子는 이를 두고 '천지불인天地不仁'이라 했고 소강절邵康節 1011-1077은 '성性과 공公'이라고 주장 했다. 以物觀物 性也 以我觀物 情也 性公而明 情偏而暗.

영상은 변하지만 거울은 변함이 없다. 불취어상 여여부동不取於相 如如不動이다. 그렇다고 거울과 영상이 따로따로 분리된 것은 아니다. 수많은 경계가 있지만 그것들은 전체를 조각조각 분리하는 구획선區劃線이 아니라 서로서로를 이어주는 접촉선接觸線이다. 그러므로 항상 전

체이고 부분은 없다. 사람들은 자기가 거울을 본다고 생각하지만 사실
은 거울이 사람을 비추는 것이다.

  지도리는 문을 열고 닫게 하면서도 늘 제자리에 있다. 지도리가 없
으면 문이 문 구실을 할 수 없다. 엔진은 제자리에서 피스톤의 왕복
운동만 하지만 자동차를 굴리고 배를 가게 하며 비행기를 날게 한다.
이처럼 지도리는 자신은 변하지 않으면서 무엇으로든지 변하게 할 수
있다. 이것이 도추道樞요, 대기대용大機大用이다. 시간時間과 공간空間,
신神, 그 어떤 것도 도추를 떠날 수 없다.

〈2011년 5월 12일, 목요일. 맑음〉

세 번째 점검

～♀～

    나의 선체험에 대한 무사인 선생의 세 번째 점검은 2011년 봄 정진 법회가 열린 부산 송정에서 있었다. 첫 법문이 시작되기 전 진행자가 선생님 면담 할 사람 다섯 명의 이름을 불렀는데 그 첫 번째가 나였다. 면담을 신청한 일이 없었는데 뜻밖이었다. 공부를 또 점검하실 작정인 것 같았다. 첫 법문이 끝난 오후 4시 반 선생님 방으로 들어갔다.

    — 요즘 어떻습니까?

    "이제 흙덩이 좇아가는 강아지 신세는 면 한 것 같습니다."

    — 결혼식장에서 그 체험을 하신지 얼마나 지났지요? 한 일 년 넘었지요?

    "1년 반 되었습니다."

    — 분명하십니까?

    "처음에는 이것이 너무 쉽고 간단해서 잘 믿어지지가 않았습니다. 저는 이제 의심할 수 없습니다. 그러나 항상 그 자리에 있지는 못해요."

    — 시간이 많이 걸립니다. 한 10년은 지나야 됩니다. 그 전하고 달라진 것 없어요? 생각이나 말, 행동 같은 거……

    "생각을 하되 생각을 따라가지 않을 수 있고, 모든 것이 통째로 보입니다. 영화 장면처럼 스크린이라는 하나의 평면 위에 서로 붙어있는 것으로 보입니다. 스크린에 나타나는 모양이 빛이고 빛이 모양이라는 것을 확인했습니다. 「반야심경般若心經」이나 「금강경金剛經」을 읽어도 막히는 부분이 별로 없고 『원오심요圜悟心要』나 『대혜서장大慧書狀』도 잘 소화되면서 공감하는 대목이 많습니다. 원오대사나 대혜선사는 모두 어려운 것을 쉽게 풀어주는 뛰어난 말솜씨를 가졌습니다. 「반야심경」과 「금강경」도 무슨 이론을 전개한 것이 아니라 신문기자가 기사를 쓰듯 법안法眼으로 본 것을 그냥 기술記述한 것이더군요. 『심요』나 『서장』도 마찬가지 입니다. 깨달은 견처見處를 그대로 증언證言한 것입니다. 그래서 따질 필요 없이 그냥 받아들이면 됩니다. 제 큰아이가 나이 40인데 공황장애가 있나 봐요. 갑자기 죽을 것 같은 공포가 찾아오면서 심장이 터질듯 하대요. 그래서 병원 응급실로 뛰어가 검사를 받아보면 심장이나 뇌기능에 아무 이상이 없다고 말한답니다. 그래서 아들에게 말했어요. '없는 것을 있다고 착각하지 마라. 정해진 것은 아무 것도 없다. 모든 것은 지나가는 것이니 붙잡지 마라.'했어요. 그랬더니 아들이 자기의 고통이 얼마나 심각한지 짐작도 못하면서 한가한 소리를 한다고 저를 원망하더군요."

— 발심이 안 된 사람에게 불법을 이야기 하면 못 알아듣습니다. 지금 하시는 대로 공부를 죽 하십시오. 그러면 점점 밝아지면서 항상 이 자리를 떠나지 않게 됩니다. 딱 안정이 됩니다. 책은 너무 많이 보지 마십시오.

"모두가 선생님 덕분입니다. 제가 선생님을 뵙지 못했다면 이것을 어떻게 알았겠습니까? 2009년 여름 간월산 배냇골 정진법회 때 선생님의 낚시에 걸렸습니다. 그때 선생님은 참석자 전원을 면담하시면서 한 사람 한 사람의 공부를 점검하셨습니다. 제가 입만 열면 무조건 '그게 다 생각이잖아요?'하시면서 말문을 틀어막았습니다. 이렇게 세 번이나 저를 몰아세웠습니다. 저는 돌아버릴 정도로 노엽고 원망스러 웠습니다. 그 후 몇 달 동안 '그게 다 생각이잖아요.'라는 말씀이 저를 밤낮으로 계속 몰아세웠습니다. 정말 비참해지고 무기력해지더군요. 그러다가 결혼식장에서 우연히 제 손자의 엉뚱한 말 한 마디에 발밑이 푹 꺼지면서 공중에 뜨는 듯한 체험을 하게 된 것 입니다."

— 꿈속에서 나무도 보이고 산도 보이고 여러 사건도 벌어집니다. 그때 나 자신은 어디에 있던 가요?

"모르겠습니다."

— 꿈을 꾸는 동안에는 모든 것이 다 있는 것처럼 보이지만 꿈을 깨면 일시에 다 사라지잖아요? 생시도 마찬가지 입니다. 있는 것도 아니고 없는 것도 아닙니다. 나도 공空하고 법도 공空합니다. 아상我相 은 말할 것도 없고 법상法相도 생기면 공부를 망치게 됩니다. 조심하십 시오.

"감사합니다."

70을 바라보는 노인이 자기의 법문을 듣고 '이것'을 알았다고 말을 하니 선생님도 감개무량 한 것 같았다.

〈2011년 6월 7일. 화요일 맑음〉

오매일여

"꿈속에서 '나'는 어디에 있던가요?" 선생님은 일주일 전 부산 봄 정진법회 때 나의 공부를 점검하면서 이렇게 물었다. 그때 나는 그냥 "모르겠습니다."라고 대답할 수밖에 없었다. 그런데 무사인 선생은 나와 면담이 끝난 다음 이어진 법문에서 이 문제를 또 거론하면서 공부를 점검할 수 있는 아주 좋은 방편이라고 말하였다. 그러나 어째서 좋은 방편이 되는지 분명하게 와 닿지 않았다. 그래서 또 갑갑증에 걸렸는데 오늘 새벽 2시쯤 꿈을 꾸다 깨어나면서 그것이 풀렸다. 몽중일여夢中一如, 오매일여寤寐一如가 해결된 것이다.

꿈속의 '나'는 꿈속에서 보이는 산, 별, 나무, 구름과 똑 같이 그 여러 모양 중의 하나일 뿐이었다. 꿈속에서는 분명히 있었지만 꿈을 깨면 한꺼번에 사라진다. 그러므로 꿈속의 '나'나 꿈속의 세상은 있다 할 수도 없고 없다 할 수도 없다.

생시도 마찬가지이다. '나'라는 것이 있어 그것이 보기도 하고 말도 하며 생각도 하고 자동차운전도 하는 등 온갖 짓을 다 하지만, 일단 잠이 들면 종적도 없이 사라진다. 하지만 잠에서 깨면 사라졌던 세상이 다시 눈앞에 나타난다. 그러므로 꿈속에서와 마찬가지로 생시의 '나'나 생시의 세상 역시 있는 것도 아니고, 없는 것도 아니다.

이처럼 있는 것도 아니고 없는 것도 아니어서 정해진 모습이 없는 것을 불교에서는 공空하다고 말한다. 꿈속의 세상도 공하고, 생시의 세상도 공하다. 모두가 공하므로 꿈꿀 때나 잠잘 때나 깨어 있을 때가 다 같이 공하다. 분별하면 꿈도 있고 잠도 있고 생시도 있지만, 분별을 떠나면 생시도 꿈도 잠도 따로 있지 않다. 꿈속의 일은 잠자는 동안에 생멸하는 분별망상이고 생시의 일은 깨어있는 동안에 생멸하는 분별망상이다.

그러므로 분별망상을 하면서도 그 분별망상에 속지 않으면 꿈도 잠도 생시도 다 똑같다. 그냥 하늘처럼 텅 비어있는 것 같은데 꽉 차있다. 그래서 한 생각이 일어나면 즉시 삼천대천세계가 다 드러나는 것이다. 컴퓨터와 인터넷이 만들어내는 가상공간假想空間 cyber space도 꿈이나 생시와 같이 있는 것도 아니고 없는 것도 아니다. 텅 빈 것 같지만 그 속에 무수한 포털portal들이 존재한다. 로그인하면 그 세계가 열리지만 로그아웃하면 즉시 사라진다.

삶生과 죽음死 역시 있다 할 수도 없고, 없다 할 수도 없다. 삶은 죽음을 전제로 하지 않으면 알 수 없다. 죽음이 있으므로 삶이 있고, 삶이 있으므로 죽음이 있다. 이 둘은 연기하고, 연기하는 것은 둘이 동시에 존재하므로 삶과 죽음도 동시에 존재하는 것이다. 그러므로 삶이 곧 죽음이고 죽음이 곧 삶이다. 생시와 잠, 삶과 죽음은 모두 생각이 만들어 낸 경계일 뿐이다. 이것이 몽중일여이고 오매일여이고 생사일여이다. 하지만 몽중일여, 오매일여, 생사일여를 이렇게 알면 그건 다 생각으로 헤아리는 것이다. 오매일여나 생사일여는 생각으로 알 수 있는 것이 아니다. 깨달음을 증득證得해야 비로소 납득할 수 있다.

대혜 종고大慧宗杲 1089-1163선사도 깨닫기 전 이 문제로 고생을 많이 한 것 같았다. 생시에는 나를 주재主宰하는 그 어떤 것이 있어서 그것이 계율을 지키게 하고 공부도 하게하며 늘 또렷또렷 분명하지만, 침상에 오르기만 하면 순식간에 사라져버린다. 몸은 멀쩡한데 그것이 제 구실을 하지 못하니 죽을 때를 당해서는 어떤 일이 벌어질까?

스승 원오대사에게 이를 물었더니

"그만, 그만 하고, 망상을 쉬어라. 망상을 쉬어라."

는 대답을 들었을 뿐이었다. 그러나 스스로 생각하기를 깨어 있음과 잠들어 있음이 분명히 둘이거늘 부처님은 어찌하여 오매항일寤寐恒一하다고 말했는가? 이런 갑갑증 속에서 끙끙 앓다가 어느 날 원오스님의 법문 중에,

"어떤 중이 운문에게 '어떤 것이 모든 부처가 몸을 드러내는 곳 입니까?'하고 묻자 '동산이 물 위로 간다.'라고 대답했다. 나라면 그렇지가 않아서 다만 그에게 '훈풍이 남쪽에서 불어오니 지붕 모퉁이가 조금 서늘하구나.' 했을 것이다."

라는 대목을 듣자 그동안 가슴 속에 막혀 있던 것이 홀연히 사라졌다. 대혜선사는 비로소 꿈꿀 때가 바로 깨어 있는 때이며 깨어 있는 때가 바로 꿈꿀 때라는 것을 알았으며, 깨어 있을 때와 잠잘 때가 늘 하나라는 부처님 말씀이 틀리지 않았다는 것을 알았다. 이상은 『대혜서장』

제 29권 「향시랑 백공向侍郎 伯恭에 대한 답서」에서 대혜스님 스스로 밝힌 이야기이다.

대혜스님에게 오매일여寤寐一如는 분별을 틀어막는 장벽이었다. 미혹했을 때는 '나'라는 주재자主宰者 또는 선정禪定이나 삼매三昧 같은 어떤 의식상태가 있어 그것이 잠 잘 때나 깨어 있을 때나 똑 같이 유지된다는 뜻으로 잘못 알았으나, 깨닫고 보니 그런 뜻이 아니었다. 스승 원오 선사의 가르침대로 생각에서 풀려나니 꿈과 잠과 생시가 모두 허망하여 똑 같다는 것을 확인한 것이었다. 생시의 모든 일도 다만 생각이 만들어내는 환상이므로 꿈과 다를 바가 없었던 것이다.

깨달음이란 소소영령昭昭靈靈하고 성성적적惺惺寂寂한 색다른 마음의 상태나 공적영지空寂靈知하고 영지불매靈智不昧한 특별한 의식상태가 아니다. 내가 명상할 때마다 체험하는 초월의식도 깨달음이 아니라는 것을 알았다. 명상 중에는 흙탕물이 맑아지듯 편안한 각성상태가 찾아오지만 눈을 뜨면 다시 흙탕물로 되돌아가 망상에 휘둘리기 때문이다. 바꿔 말하면 오매일여하지 않은 것이다.

뭐라고 느끼거나 알아차린 것들은 모두 경계이다. 베단타의 튜리아 역시 어떤 의식의 상태를 지칭하는 것이라면 불교의 공空과는 다른 것이다. 공은 어떤 상태나 경지를 나타내는 말이 아니라 본래면목을 가리키는 가명假名이기 때문이다.

「반야심경般若心經」이 지적했듯이 지혜智慧도 없고 얻을 것도 없다(無

智 亦 無得). 깨달음이란 없었던 것을 새로 얻는 것이 아니라 불생불멸不
生不滅한 무생법인無生法忍을 확인 하는 것일 뿐이다. 금강경도 이 점을
분명히 하고 있다.

"여래는 아뉴다라삼먁삼보리를 얻었느냐? 여래에게 말할만한 법이
있느냐?"

는 물음에 수보리는 답했다.

"제가 이해한 부처님의 말뜻에 따르면 아뉴다라삼먁삼보리라고 이
름 붙일만한 정해진 법은 없습니다. 또한 여래께서 말할 수 있는 정해
진 법도 없습니다. 까닭이 뭐냐하면 여래께서 설하시는 법은 모두가
취할 수도 없고 말 할 수도 없으며 법도 아니고 법 아닌 것도 아니기
때문입니다.須菩提 於意云何 如來 得 阿耨多羅三藐三菩提 耶? 如來 有 所說法 耶?
須菩提 言 如我解佛所說義 無有定法 名 阿耨多羅三邈三菩提 亦 無有定法 如來可說 何以故
如來所說法 皆 不可取 不可說 非法 非非法"

〈2011년 6월 11일. 토요일. 맑음〉

간화선의 병통

⌒୧-⌒

무사인선생은 20011년 9월 27일, 수요일 오후 서울 조계사에서 열린 토론회에 참석, 『몽산법어夢山法語』는 삿된 견해라고 주장해 참석자들을 깜짝 놀라게 만들었다.

"오늘날 한국 간화선 수행자들의 공부를 방해하는 병통은 두 가지이다. 오로지 좌선에 의한 선정의 힘을 빌려야 공부가 된다는 믿음과, 꿈속에서도 화두가 앞에 나타나는 경계를 보아야 깨달음에 임박한다는 주장이다.

이 같은 견해의 출처는 모두 『몽산법어』인데 조사선이나 간화선의 정통적 가르침에는 없는 말이다. 육조 혜능六祖慧能 문하의 조사선에서나, 대혜 종고大慧宗杲 · 무문 혜개無門慧開 · 고봉 원묘高峰原妙의 간화선에서나, 좌선에 의지하여 공부를 하라거나 선정의 힘을 빌려 공부를 하라는 가르침은 찾아볼 수 없다.

또한 꿈속에서도 화두가 현전現前해야 깨달음에 가깝다는 주장 역시 육조 문하의 조사선에서나 대혜 · 무문 · 고봉의 간화선에서도 전혀 찾아볼 수 없는 말이다. 오히려 이분 선사들은 공통적으로 금강권金剛圈에 갇히고, 율극봉栗棘蓬을 삼켜야 깨달음에 가깝다고 가르쳤다."

무사인선생의 폭탄선언으로 객석이 술렁거리자 사회자가 나서서,

"정말 세계 문제를 제기하셨다. 이 문제는 좀 더 시간을 갖고 연구하자."

며 논란의 확산을 막았다. 원래 이 토론회는 대한불교조계종 승가교육진흥위원회가 마련한 연간토론시리즈의 아홉 번째로, 토론의 주제는 '현대 명상문화와 한국 선의 과제'였다. 주제발표는 안국선원장 수불스님이 맡고 한산사 용성선원장 월암스님, 무심선원장 김태완박사, 유마선원장 이제열법사가 토론자로 나섰다.

수불스님은 재가불자를 대상으로 한 참선지도의 성공사례를 소개하며 선 공부를 사찰에서 재가불자로 확대해야 한국불교의 중흥을 꾀할 수 있다고 주장하며 유럽이나 미국, 한국을 휩쓰는 각종 명상기법을 선 공부의 조도助道로 활용하자고 제안했다.

월암스님은 불교이론을 전혀 모르면 참선공부를 하기 힘들다며 참선공부 이전에 연기, 불이, 중도, 계정혜 삼학(緣起 不二 中道, 戒定慧 三學)의 등지等持가 필요하다며 선교겸수禪敎兼修를 강조했다.

김태완박사는 바른 참선지도를 할 수 있는 선지식의 안목과 지도력이 우선 필요하고 견성체험 이후에도 진망불이眞妄不二의 법안을 갖도록 안내하는 것이 중요하다고 말했다.

이제열법사는 불교에는 참선 이외 수많은 수행법이 있는데 어째서 참선만이 최상승이냐고 물었다.

김태완선생은 평소 한국조계종이 조사선을 종지로 삼는다고 그 종

헌에 명시해 놓고도 조사선의 가르침은 외면한 채 『몽산법어』에 매달려 헛공부를 하고 있다고 개탄해왔다. 그러다가 오늘 드디어 그 조계종의 총 본산에서 직접 그 뜻을 펴게 된 것이었다. 하지만 세상에서는 아무 반응이 없었다.

〈2011년 9월 29일, 금요일〉

축구공

2011년 가을 정진법회에서는 조계사 토론회에 관한 이야기가 큰 화제였다. 이번 정진법회 참가자 중 그 토론회를 방청한 사람은 공교롭게 나 하나뿐이었다. 그래서 내가 본 토론회 이야기를 여러 차례 되풀이 할 수밖에 없었다. 모두들 무심선원이 지금까지는 말장난이나 하는 곳으로 알려져 왔는데 이제부터 새롭게 세상의 주목을 받게 되었다고 자랑스러워했다.

선생님은 마지막 날 아침 첫 법문에서 축구공을 예로 들면서, 연기·중도를 설명하였다. 축구공은 육각형 가죽을 잇대어 만든 것인데 그 육각형 조각만을 보면 서로 분리되어 있지만 전체로 보면 그냥 하나의 공球이라는 것이다. 정말 연기와 불이·중도를 기가 막히게 잘 설명하였다. 그 시간 법문이 끝나자 상경上京 인사도 미리 드릴 겸

"축구공 감사합니다. 앞으로 잘 가지고 놀겠습니다."

했더니 선생님은 그냥 웃었다.

〈2011년 10월 8일. 토요일. 쾌청. 원석이 유치원 운동회〉

머물 자리가 없다

오늘 새벽 눈을 뜨는데 '그 자리'라는 것이 홀연 사라지는 체험이 왔다. 마음이 개운해졌다. 내가 머물고자하던 그런 자리는 따로 없었다. '평등한 자리'도 따로 없고, 수준기의 물방울 같은 것도 따로 없었다. 그러므로 미끄러질 곳도 없었다. 그야말로 수처작주 입처개진隨處作主 立處皆眞이었다. 「금강경」의,

'정법이라는 생각을 내면 즉각 아상·인상·중생상·수자상에 걸리고, 비법이라는 생각을 내도 즉각 아상·인상·중생상·수자상에 걸린다. 그러므로 정법도 취하지 말고, 비법도 취하지마라. 若取法相 卽着我人衆生壽者, 若取非法相 卽着我人衆生壽者 是故 不應取法 不應取非法'

는 가르침이 가슴에 와 닿았다. 무사인선생이 법상法相과 비법상非法相을 조심하라고 당부한 뜻도 실감 할 수 있었다. 무엇인가 남아 있던 찌꺼기가 사라지면서 막혔던 수채가 확 뚫리는 기분이었다.

〈2012년 4월 5일. 목요일〉

불이

새벽에 대전大顚 화상이 풀이한 반야심경인 '선에서 본 반야심경'(大顚 了通 설법. 玄鋒 역주. 서울. 불광출판사. 2008년 11월 27일. P 63)을 읽다가 협산 선회夾山 善會 805-881 선사의

"눈앞에 경계가 있는 것이 아니고 그대의 생각이 눈앞에 있는 것이다."

라는 가르침에 시선이 꽂혔다. 번역문 바로 뒤에 있는 원문原文을 대조해 보았다. '목전무법 의재목전目前無法 意在目前'이라 하였고, 이어서

"색을 보는 것이 바로 마음을 보는 것인데 중생은 단지 색만 볼 뿐이요, 마음을 보지 못한다.見色便見心 衆生只見色 不見心"

고 했다. 역자가 왜 법法을 경계境界라고 번역했는지 이상하게 생각하는 순간 깜박깜박하던 형광등이 확 밝아지듯 눈앞이 환해졌다. 법이라는 것이 따로 있는 것이 아니라 생각이 그대로 법이로구나! 생각만 알고 법을 모르면 중생이고 생각과 법이 하나라는 것을 알면 부처로구나! 법과 생각은 둘이 아니라 하나이지만 법은 정 해진 모습이 없어, 있다 없다 할 수가 없는 것이로구나!

화산이 대폭발에 이어 여진이 계속 되듯 첫 체험 이후 크고 작은 체험들이 계속되고 있었다. 이제 어긋났던 톱니바퀴가 제대로 맞아

돌아가듯 편해졌다. 영화를 보는데 배우들의 움직임과 함께 스크린도 함께 보이듯 세상 만물이 다 그렇게 보였다. 또한 바다에 속에 깊숙이 들어간 것 같아서 웬만한 파도에는 흔들리지 않을 수 있을 만큼 담담해 졌다. 하루하루가

　"인연을 만나면 베풀고遇緣卽施 인연이 사라지면 쉰다緣息卽寂."

는 황벽黃蘗 ?-856선사의 말씀 그대로였다. 바람이 불면 흔들리다 바람 이 지나가면 본래 그대로일 뿐 바람에 이끌려 날아다니는 일은 없어 졌다.

〈2012년 6월 28일. 목요일〉

증상만

2012년 8월 7일, 화요일. 선공부 오찬모임에 낯선 손님이 참석했다. 그는 큰 키에 몸집도 좋아 풍채가 당당하였다. 반백의 머리를 스포츠형으로 다듬어서인지 많이 젊어 보였다. 긴 얼굴에 우뚝한 코, 목소리도 종소리처럼 우렁찼다. 그는 자리에 앉자마자 자기의 견처를 밝히기 시작했다. 켄 윌버·에크하르트 톨레·에디야 샨티·고우·임제 등을 종횡무진으로 엮어가며 말을 폭포처럼 쏟아냈다.

"초견성이나 좀 한 것을 가지고 깨달은 것처럼 떠들고 다니는 엉터리가 수두룩하다. 그런 엉터리들에게 깨달음이 뭐냐고 물으면 대답을 못하고 우물쭈물한다. 아상을 버리는 것이 진짜 깨달음인데 자기가 누구인지도 모르면서 잠꼬대나 하고 있다. 조주는 초견성을 한 뒤 30년 만에 깨달았고 김태완선생도 최소 10년은 걸린다고 말했다. 나는 그걸 6개월 만에 해냈다."

그는 내가 술 한 병을 다 비우고 밥을 다 먹을 때까지 줄기차게 떠들었다. 아마 한 수 가르쳐 주려고 작심하고 온 모양이었다. 목소리가 너무 커 식당 주인이 공연히 문을 열고 "뭐 필요한 거 없어요?"하며 분위기를 살필 정도였다.

그의 말이 하도 오래 길어지기에 내가,

"우리도 없는데 호랑이가 갇혀서 펄펄 뛰는구나."

하였다. 그는 잠깐 멈칫하더니,

"저렇게 아무 것도 모르면서 아는 체를 하니 공부가 언제 끝나겠어? 뭘 모르면 겸손해야지 이상만 높아가지고. 깨닫기는커녕 아직 젖꼭지도 못 떼었군."

나는 어안이 벙벙하였다. 그의 말이 지겨워서 한마디 했을 뿐이었다.

"지금 선생이 이야기 하는 것은 다 선생의 생각이잖아요. 모두 책에서 읽은 이야기고."

나의 이 말에 그는 폭발하였다. 불화살을 맞은 황소처럼 길길이 뛰었다.

"저렇게 뭘 모르면서 아는 체하는 것을 보니 백 번 만 번 태어나도 소용없겠어."

그를 초대한 모임의 좌장이 말렸다. 하지만 그는 한 걸음 더 나갔다.

"저 화가 나서 입술 찌그러지는 거 봐. 목소리까지 떨리네. 헛늙었군."

그는 원색적인 표현까지 써가며 나를 매도하였다.

나는 마음이 흔들렸다. 분노도 일었다. 그러나 이상하게도 바로 담담해졌다. 더 이상 대꾸하지 않았다. 임제스님의 충고가 생각났다.

"길에서 법을 아는 사람 만나거든 법 이야기는 하지마라."

그러나 소득도 있었다. 나는 지금까지 도덕적 우월감 속에서 세상을 내려다보며 살아왔다는 것을 깨달았다. 그런 태도가 나도 모르게 나의 발목을 잡고 있었다는 것을 이번에 알았다. 이 점은 적지 않은 수확이었다. 그동안 남들로부터 존경 받는 나를 지키기 위해 잃어버린 것, 불편했던 것이 한둘이 아니었음을 알았다. 나는 이제 그런 가면假面을 버리게 되었다. 그리고 나 스스로 견성체험을 했다고 떠들고 다닌 적은 없었지만 은연중 '나는 깨달았다.'는 인상을 풍기지나 않았는지, 또 그렇게 행세하며 상대방을 비아냥거리며 농락하지는 않았는지, 등줄기에 식은땀이 났다.

역대조사들은 증상만增上慢을 경계하라고 누누이 당부했다. 증상만이란 깨닫지도 못했으면서 깨달았다고 착각하는 교만驕慢을 말한다. 경전이 잘 이해되고 조사들의 말씀에도 막히는 것이 없으므로 자기가 깨달았다는 것을 의심하지 못하는 것이다. 경전이나 조사어록을 잘 분석하고, 종합하고, 추리하고, 논증하는 것은 깨달음이 아니다. 그렇게 하는 것은 분별 망상을 더욱 다지는 짓이다.

하지만 깨달음은 분석하고 종합하고 추리하고 논증하는 것을 떠나 따로 있는 것도 아니다. 그러므로 항상 하심下心하여 분석하고 종합하고 추리하고 논증하는 그곳에서 바로 깨달음을 밝혀내야 한다. 하심은 겸손謙遜과 다르다. 겸손은 자기가 능력이 있는데도 일부러 몸을 낮추는 것이지만 하심은 자기가 모른다는 것을 아는 것이다.

깨달음의 체험을 했다는 사람들도 법상法相에 걸려 헤어 나오지 못하는 경우가 많다. 법상이란 '깨달음이란 이런 것이다.'라고 스스로 정의를 내리고 자기 멋대로 해설하는 것을 말한다. 초견성初見性이 뭐고, 등각等覺이 어떻고, 묘각妙覺이 어떤 경지라고 묘사하는 것이 바로 법상이다. 말이나 글로 표현할 수 없는 것을 자기 입맛대로 그려내기 때문이다. 경전에 있는 말씀을 있는 그대로 전하더라도 그것은 깨달음이 아니라 분별하고 있는 것이다.

석가여래는 강을 건너면 뗏목을 버리라고 가르쳤다. 법이 아닌 것은 물론 자기가 가르친 정법正法조차도 모두 버리라고 당부한 것이다. 이는 불교의 경전이나 조사의 가르침 전체가 깨달음을 가리키는 방편方便일 뿐, 불변의 진리가 아니라는 뜻이다. 병이 나면 약이 필요 없듯이 깨달음을 성취하면 방편도 버려야 된다. 경전이나 조사어록에 깨달음이 있는 양 그런 것을 분석하고 종합하고 추리하고 논증하는 것은 방편을 진실하다고 착각하는 것이다. 중국의 조사들은 그럴 때 저울 눈금을 잘못 읽었다고 개탄하였다.

법상은 아주 투명하기 때문에 그 존재를 알기 어렵다. 마치 유리창에 붙은 파리와 같다. 그 파리는 바깥세상이 너무나 선명하게 잘 보이므로 투명한 장벽이 있다는 것을 모르는 것이다. 자기가 갇혔는데도 갇힌 줄을 모르고 있다.

팔정도八正道의 첫 번째, 정견正見은 '아무 견해도 없는 견해'이다. 그러나 그 '아무 견해도 없는 견해'도 일종의 견해이므로 그것마저 떠나야 된다. 그래서 조사들은 '백척간두百尺竿頭에서 한 발 더 나가라進一步'고 가르쳤던 것이다.

공자孔子와 같은 성인도 미워하는 사람들이 있었다. 바로 향원鄕原이라고 불리던 사람들이었다. 향원이란 겉으로는 도덕군자인 체하여 순박한 백성들로부터 존경을 받고 있지만 실은 남의 말이나 흉내 내며 자기의 배나 채우는 사이비군자를 말한다. 공자는 그 같은 무리를 '도덕을 해치는 도적'이라고 매도하고, 그들이 자기 집 앞을 지나가면서 인사 한마디 없어도 섭섭하게 생각하지 않겠다고 말할 정도였다. 오직 그들을 따르다 실망할 백성들을 불쌍하게 여겼던 것이다.

〈2012년 8월 8일. 수요일. 35도〉

무엇을 여쭈어야하나?

~~~

2012년 여름 정진법회가 8월 15일 수요일부터 18일 토요일 사이에 부산 송정에서 열렸다. 참가 인원은 100명 가까운데 새 얼굴들이 많았다. 도반들이 쉬는 시간에 선생님과의 면담 이야기를 많이 했다. 대부분 무얼 여쭈어볼지 몰라서 무작정 선생님을 뵈러 간다는 것이었다. 날 보고 어떻게 하면 좋으냐고 물었다.

"공부를 제대로 하면 반드시 물어 볼 것이 생긴다. 모처럼 선생님을 뵙는데 '윤회는 정말 있습니까?' '불교의 근본 뜻은 무엇입니까?'와 같은 질문을 하면 곤란하다. 그런 것은 선생님의 법문에 다 나오는 이야기가 아니냐? 이 공부는 개인적인 경험의 편차가 크다. '선생님의 법문 중 이런 대목에 의문이 안 풀립니다.', '저의 견처가 이렇습니다.', '이런 일이 있었는데 그 것이 체험일까요?' 이같이 자기 자신의 구체적 경험이나 변화된 모습을 말씀 드리고 선생님의 가르침을 청하라"
고 조언하였다.

〈2012년 8월 20일. 월요일. 비〉

네 번째 점검

2013년 12월 1일, 무심선원 인터넷사이트에 체험자 점검에 관한 안내가 공시되었다. 입문체험을 한 도반들의 공부가 올바로 나가도록 돕기 위한 것이라고 그 취지를 밝혔다. 2013년 12월 8일, 오후 2시, 일요법회가 시작되기 전, 무사인 선생을 찾아뵈었다.

"그동안 변화가 좀 있었습니다. 저는 마음도 편해지고, 바라는 바도 없어지고, 경전이나 선생님의 법문도 잘 소화되고 법도 분명한 것 같아 공부가 잘 되고 있는 줄 알았습니다. 그래서 그동안 공부한 것을 글로 정리해서 선생님께 보여드린 일이 있었습니다. 그것이 올 정초였을 것입니다. 선생님께서는 부산으로 내려가시는 기차 속에서 저의 글을 읽으시고 댁에 도착하자마자 전자우편으로 답장을 보내주셨습니다. '법문 내용을 잘 정리했는데 그런 것이 본래면목本來面目은 아니지 않느냐?'고 하셨습니다. 저는 그 대목에서 '아차! 내가 법상法相에 빠졌구나.' 하며 깜짝 놀랐습니다. 저는 선생님께서 법문하실 때 여러 차례 경고하신 대로 법상에 걸리지 않으려고 조심했지만 저도 모르게 그만 법상을 짓고 있었던 모양입니다.

저는 저 자신을 다시 되돌아보며 선생님의 법문을 귀 기울여 듣고 조사들의 경책 하시는 말씀도 주의 깊게 살펴보았습니다. 그러던 중 지난 7월,『육조단경六祖壇經』의 법문대시法門對示 편을 읽다가 눈앞이 다시 확 밝아졌습니다. 삼계유심三界唯心, 만법유식萬法唯識, 유식무경唯識無境은 당연한 것을 당연하게 말 했을 뿐이었습니다. 무슨 이론을 개발해서 그것을 설명한 것이 아니었습니다. 가장 확실한 것은 얻을 것도 없고 잃을 것도 없다는 것이었습니다. 모든 것이 있는 그대로여서 따로 법이니, 본래면목이니, 마음이니, 그런 것이 있을 수 없다는 것을 확인하였습니다. 모든 의문이 사라졌습니다. 생멸生滅이 곧 적멸寂滅이고, 본래면목本來面目이 곧 경계境界이고 경계境界가 곧 본래면목本來面目이어서 색공불이色空不二가 확실해졌습니다.

꼭 제가 처음 안경을 맞춰 썼을 때와 같았습니다. 그때까지 저는 저의 눈이 나빠졌다는 사실을 모르고 세상이 원래 흐릿한 줄 알았던 것입니다. 안경을 쓰고 세상을 바라보니 윤곽이 그렇게 선명하고 밝을 수가 없었습니다. 아주 상쾌하고 개운해졌습니다. 저는 이제 분별하면서도 분별을 따라가지 않을 수 있는 힘이 생겼습니다. 분별의 내용이나 판단에 오염되지 않는 것이지요. 분별하되 분별을 따라가지 않는 바로 그 자리가 중도이더군요. 이제 무슨 말을 듣던지 들은 것이 남아 있지 않고, 무엇을 보던지 아주 잘 보면서도 본 것이 없습니다.”

― 그렇지요. 무슨 일을 하던지 한 것이 없어요. 하루 종일 말을 해도 한 마디도 말한 바가 없고요. 모든 것이 똑 같습니다.
“이제는 또 무슨 일을 하든지 힘이 들지 않습니다. 공부를 하든지,

세속 일을 하든지 힘 쓸 일이 없어졌어요. 물속에서 우유만 골라 마신 다는 거위 왕의 비유가 기가 막히더군요. 아직도 화를 내고 경계에 따라 일희일비하지만 그런 것들이 이제 전혀 문제가 되지 않습니다. 그들의 정체를 잘 알기 때문에 즉시 제 자리로 돌아옵니다."

— 그렇게 계속 공부하십시오. 그러면 점점 더 밝아집니다.

날이 갈수록 법이 점점 분명해지고 밝아졌다. 하지만 공부를 하면 할수록 이 공부에는 완성이 있을 수 없다는 것을 알게 되었다.

'순간순간 상相을 짓지 않고, 순간순간 함爲이 없으면 곧 부처다. 도를 배우는 사람이 깨달아 부처가 되고자한다면 어떤 불법도 배울 필요가 없고, 오직 구함이 없고 집착함이 없기를 배우기만 하면 된다. 구함이 없으면 마음이 생겨나지 않고, 집착이 없으면 마음이 사라지지 않는다. 생겨나지도 않고, 사라지지도 않는 것이 바로 부처이다. 念念無相 念念無爲 卽是佛 學道人 若欲得成佛 一切佛法 總不用學 唯學無求無着 無求卽心不生 無着卽心不滅 不生不滅 卽是佛'

전심법요傳心法要의 한 구절이다. '순간순간 구함이 없고, 집착함이 없기'가 어디 쉬운 일인가? 하지만 세속의 일을 잘 처리하면서도 늘 쉬는 자리를 떠나지 않을 수 있다면 어려울 것이 하나도 없다.

〈2015년 1월 11일〉

3부

낯선 곳에 익숙해지기

풍교야박

月落烏啼霜滿天
江楓漁火對愁眠
姑蘇城外寒山寺
夜半鐘聲到客船

당唐나라 장계張繼의 '풍교야박楓橋夜泊'입니다. 안록산安祿山의 난亂
을 당하여 소주蘇州에서 피난살이 할 때 지었다고 하기도 하고 과거에
낙방하여 소주를 지나다 읊었다고 하기도 합니다. 어느 설이 맞던 시정
詩情이 유현幽玄하고 각운脚韻이 완벽하여 중국인들로부터 크게 사랑
받는 노래입니다. 시어詩語의 내포內包와 외연外延이 아득하여 소생의
재주로는 번역이 불가능합니다. 그냥 한 마디씩 그 이미지를 떠올려
보는 수밖에 없습니다. 풍교라는 다리는 아직도 소주에 남아 있다고
합니다.

'달은 지고 까마귀가 웁니다. 서리가 하늘에 가득합니다. 강풍江楓,
어화漁火를 마주 하여 시름에 겨운 잠을 청하는데 소주성 밖 한산사에
서 야반을 알리는 종소리가 객선에 닿습니다.'

강풍江楓과 어화漁火가 무엇인지 설이 분분합니다. 강풍은 강교江橋와 풍교楓橋라는 두 다리의 합성어라는 주장도 있고 강가의 단풍나무, 또는 단풍에 물든 강변이라는 해석도 있습니다. 어화漁火는 '고기잡이 불'인데 이것이 뱃전에 매단 등불이냐, 강가에 피워둔 모닥불이냐를 놓고도 시비가 만만치 않습니다. 심지어 수면愁眠하는 사람이 시인 자신이냐 어부들이냐, 야반夜半 종성이 진짜냐 가짜냐, 정박해 있는 객선에 종소리가 도달한 것이냐, 종소리가 울릴 때 객선이 도착한 것이냐, 한산이란 인물이 실존인물이냐 아니냐는 등 이 칠언절구七言絶句의 시어詩語 전체가 의문투성이입니다.

그야말로 애매모호曖昧模糊의 극치일 것입니다. 읽는 사람들로 하여금 논리적 해석을 불허不許하고 상상력의 발휘를 무제한으로 장려獎勵합니다. 이 매력에 반해 청淸나라 강희제康熙帝는 일부러 소주의 풍교를 찾았다는 일화가 전해질 정도입니다. 잘 아시는 바와 같이 강희제는 비록 만주족 출신이지만 중국 역대황제 중 가장 훌륭하다는 칭송을 받을 만큼 문무文武에 다 같이 뛰어난 영걸英桀이었습니다.

이 시의 압권은 종소리 입니다. 전쟁과 가난에 시달리는 중생衆生에게 한산사의 종소리는 구원의 메시지 같았습니다. 한산사는 어떤 절이었을까요? 이절은 독실한 불제자였던 양梁나라 무제武帝 때 창건되었다고 합니다. 처음에는 묘리보탑원이라고 불렸는데 당나라 태종太宗 때 한산寒山이라는 인물을 추모하기 위해 한산사로 이름을 바꿨다고 합니다. 한산에게는 습득拾得이란 친구가 있었습니다. 습득은 천태산天台山

국청사國清寺의 공양주였습니다. 국청사의 젊은 불자들이 "너는 성도 이름도 모르는 바보다. 풍간豊干선사가 다리 밑에서 주어왔대서 습득이 라고 부르는 것이다."라고 놀렸지만 그냥 웃었다고 합니다.

습득은 한산을 형으로 모셨습니다. 이 세상에서 자기를 알아보는 사람은 오직 한산뿐이었기 때문입니다. 국청사의 중들이 식사를 끝내 면 그들이 남긴 밥을 얻어먹기 위해 한산이 습득의 부엌을 찾아 왔습니 다. 이때 두 분은 알쏭달쏭한 말을 주고받으며 종종 울고 웃었던 모양 입니다. 그 모습이 미친 짓 같기도 하고 바보짓 같이 보이기도 하였을 것입니다. 국청사의 중들은 정기적으로 강원에 모여 경전을 읽었습니 다. 이를 보고 습득이 빗자루를 들며 한마디 했습니다. "그대들은 마음 공부 하러 여기에 모였잖느냐? 그렇다면 '이것'이 무엇이냐?" 국청사의 중들은 그 가르침을 알아듣지 못하고 오히려 방해하지 말라고 습득을 나무랐습니다. 습득은 시를 지어 한 수 가르쳤습니다.

無瞋卽是戒
心淨卽出家
我性與你合
一切法無差

성을 내지 않는 것이 계를 지키는 것이요
마음이 깨끗하면 그것이 곧 출가이다.
나의 성품과 그대의 성품은 하나이니

일체법은 차별이 없다.

한산도 한 마디 거들었습니다.

瞋是心中火
燒盡功德林
慾行菩薩道
忍辱護眞心

성냄은 마음의 불.
애써 쌓은 공덕을 태워 없앤다.
보살의 길을 가려거든
욕을 참고 진심을 보호하라.

그때까지는 조사선祖師禪이 아직 활성화되지 않아 국청사의 중들은
습득과 한산의 직지直指를 이해하지 못했던 것 같았습니다. 그들은 선
지식善知識이 지어주는 밥을 얻어먹으며 선지식으로부터 직접 가르침을
받았으나 정작 그들이 누구인지는 알아보지는 못했던 것입니다.

한산과 습득이 천화遷化한 지 한참 지나 그들이 남긴 시가 발견되었
습니다. 하지만 그 시를 그분들이 직접 쓴 것인지는 아직도 알 수 없다
고 합니다. 한산과 습득이 실존인물이 아니었을 가능성도 있기 때문이
라는 것입니다. 그럼에도 불구하고 한산과 습득은 이미 중생들의 마음

속에 큰 스승으로 확실하게 자리 잡고 있었습니다. 불가佛家에서는 견성見性한 선지식善知識으로, 도가道家에서는 득도得道한 신선神仙으로, 유가儒家에서는 탈속脫俗한 시성詩聖으로 존경받고 있었던 것입니다.

장계는 한산사의 종소리에서 위안과 희망을 찾으려 했던 것 같습니다. 그러나 바로 그 종소리 때문에 문제가 생겼습니다. 송宋나라의 문호 구양수歐陽修가 "삼경三更은 종치는 시간이 아니다. 한밤중에 웬 종소리냐?"며 이 대목은 허사虛辭라고 썰렁한 소리로 비판했습니다. 그러나 지금도 한산사의 종은 삼경에 울린다고 합니다. 장계의 시 이전부터 삼경에 종을 쳤는지, 장계의 시 이후부터 울린 것이지는 알 수가 없습니다. 그러나 시의 울림에는 거짓이 없습니다. 그 소리에는 한산과 습득의 연민과 자비가 녹아 있기 때문입니다. 한산과 습득이 실존인물이었는지, 아닌지를 따지는 일도 부질없는 짓입니다.

〈2007. 5. 12.〉

한퇴지와 백락천

한유韓愈, 768-824는 친구 유종원柳宗元, 773-819과 더불어 당송팔대가唐宋八大家의 으뜸을 다투는 대문장가였다. 그는 유종원과 함께 육조시대六朝時代부터 유행하던 진부한 문체를 버리고 소박하면서도 명석한 글쓰기운동을 주도해나갔다. 형부시랑과 이부시랑을 지낸 고위 관리였으며 죽은 뒤 국가로부터 문공文公이라는 시호를 받았다. 퇴지退之라는 또 하나의 이름이 있다.

유종원은 당시의 헌종憲宗황제가 육조대사六祖大師 혜능慧能에게 내린 시호비諡號碑를 지어 바칠 정도로 불교에 호의적이었으나 한유는 철저한 배불론자排佛論者였다. 그는 헌종황제가 대궐에 부처의 사리를 모시려 하자 '논불골표論佛骨表'를 써 그 부당함을 조목조목 밝혔다.

"하, 은, 주夏, 殷, 周의 요, 순堯, 舜이나 탕왕湯王, 문왕文王 등은 재위가 100년 가깝고 왕조의 수명도 5,6백 년이 넘었으나 후한後漢 명제 明帝 때 불교가 중국에 들어오면서 황제의 재위가 짧아지고 왕조의 수명도 줄어들었다. 특히 부처를 유달리 독실하게 모셨던 양梁의 무제武帝는 부하의 반란을 막지 못하고 자기의 궁성에 갇혀 굶어 죽었다. 이로 보면 부처를 공경하는 것은 제왕의 수명이나 왕조의 운명과는 아무 관계가 없고 오히려 해롭다. 그러므로 부처의 뼈를 물이나 불 속에 던져 후환을 없애야 한다."

헌종은 크게 노해 한유를 죽이려 했으나 대신들이,

"그의 말이 비록 과격하지만 나라를 걱정하는 뜻도 있다."

고 말리는 바람에 겨우 목숨을 건져 광동 지방의 조주潮州 자사刺史로 좌천되었다. 한유는 그곳에서 석두 희천石頭希遷. 700-790의 법을 이은 대전 보통大顚寶通. 732-824화상을 만났다.

『조당집祖堂集』 5권, 「대전화상大顚和尙」 편에 다음 이야기가 전한다.

그 후 시랑은 일부러 산사로 찾아가서 대전 선사에게 절하고 물었다.

"제자는 군주의 일이 많습니다. 불법 속의 요긴한 곳을 스님께서 가리켜주십시오."

대전이 말없이 묵묵히 있자 시랑은 어찌할 바를 몰랐다. 그때 삼평이 시자로 있었는데 시랑의 등 뒤에서 선상을 두드렸다. 대전 선사가 머리를 돌려 바라보며 말했다.

"무엇하느냐?"

삼평이 말했다.

"먼저 선정으로써 움직이고 뒤에 지혜로써 뽑아냅니다."

이에 시랑이 삼평에게 말했다.

"화상의 격조가 높고 험하여 제자는 어찌할 줄 몰랐는데 이제 시자 쪽에 도리어 들어갈 곳이 있군요."

自後侍郞特到山, 復禮乃問 "弟子軍州事多, 佛法中省要處 乞師指示" 師良久, 侍郞罔措. 當時 三平造侍者, 在背後敲禪床. 師乃廻視云 "作麼?" 對曰 "先以定動, 後以智拔." 侍郞向三平云 "和尙格調高峻, 弟子罔措 今於侍者邊, 却有入處."

〈『大慧普覺禪師語錄』 3, 김태완 역주, 서울, 소명출판, 2011년 3월. P.298〉

『연등회요聯燈會要』제19권, 「조주대전화상潮州大顚和尙」편에는 또
다른 이야기가 실려 있다.

시랑 한유, 문공이 대전 선사에게 물었다.

"연세가 얼마나 되십니까?"

선사는 염주를 집어 올리면서 말하였다.

"아시겠습니까?"

한유가 말했다.

"모르겠습니다."

선사가 말했다.

"밤낮으로 108입니다."

한유는 어찌할 바를 몰랐다. 집으로 돌아갔지만 불만스러워 즐겁지
가 않았다. 부인이 물었다.

"시랑께서는 기분이 좋지 않으시군요. 무슨 일이 있습니까?"

한유가 앞서의 일을 말해주자 부인이 말했다.

"어찌하여 '밤낮으로 108이라는 뜻이 무엇입니까?'하고 물어보시지
않았습니까?"

한유는 다음 날 이른 새벽에 다시 선사를 찾아갔다. 문 앞에 이르러
수좌를 만났는데 수좌가 물었다.

"시랑께서는 어찌 이렇게 일찍 절에 오십니까?"

한유가 말했다.

"일부러 당두스님을 만나러 왔습니다."

수좌가 말했다.

"무슨 까닭이 있습니까?"

한유가 앞서의 이야기를 해주자 수좌가 말했다.

"시랑께선 어떻게 이해하십니까?"

한유가 말했다.

"밤낮으로 108이라는 뜻이 무엇입니까?"

이에 수좌는 아랫니 윗니를 세 번 부딪혔다. 다시 방장에 이르러 앞에서처럼 물으니 선사 역시 아랫니 윗니를 세 번 부딪혔다. 한유가 말했다.

"불법이 한결 같다는 것을 참으로 알겠습니다."

侍郎韓愈文公問師 "春秋多少?" 師提起數珠云 "會麼?" 愈云: "不會."
師云: "晝夜一百八." 愈罔措 歸宅 怏怏不樂 夫人問 "侍郎 情思不懌
復有何事?" 愈擧前話 夫人云 "何不進語云 '晝夜一百八 意旨如何?'"
愈明日凌晨復去 及門逢 首座 座云 "侍郎入寺何早?" 愈云 "特去堂頭
通話" 座云 "有何因緣?" 愈擧前話 座云 "侍郎怎生會?" 愈云 "晝夜一
百八 意旨如何?" 座扣齒三下 復至方丈 進前語 師亦扣齒三下 愈云
"信知佛法一般"

〈『大慧普覺禪師語錄』3, 김태완 역주, 서울, 소명출판, 2011년 3월. P.298〉

『선문염송설화禪門拈頌說話』의 고칙古則 354에는 이 이야기의 끝에 몇 줄 더 있다.

문공이 말하였다.

"원래 불법은 별게 아니군요."

"시랑은 어떤 도리를 보았습니까?"

"아까 문 앞에서 수좌에게 물었더니, 역시 이렇게 대답했습니다."

대전은 수좌를 오라고 불러서 말했다.

"아까 시랑에게 그렇게 대답했다는데, 그랬는가?"

수좌가 말했다.

"그랬습니다."

대전은 곧 그를 때려서 내쫓았다.

〔古則〕354 公云: "元來佛法不別." 師云: "侍郞見何道理?" 公云: "適
來門首, 問首座, 亦與麼祇對." 師喚首座至云: "適來與麼祇對侍郞,
是否?" 首座云: "是." 師乃打趁出院.

『禪門拈頌說話』3권, 慧諶, 覺雲 編著, 정천구, 송인성, 김태완 譯註,

육일문화사 刊, 2009.9.30. P628

중국 역사상 최고의 시인 중 한 사람으로 꼽히는 백거이白居易,
772-846는 한유, 유종원과 동시대의 사람으로 자字는 낙천樂天인데 스스
로 취음선생醉吟先生, 향산거사香山居士라고 불렀다. 그는 사대부의 집안
에서 태어나 높은 벼슬을 지냈으나 지식인, 지배층보다 글자도 잘 모르
는 서민들을 위해 글을 썼다. 당唐 현종玄宗과 양귀비楊貴妃의 사랑을
다룬 장한가長恨歌를 쓸 때 그는 빨래터에 나가 초고를 읽어주며 표모漂
母들이 알아듣고 즐거워할 때까지 글을 고치고 또 고쳤다고 한다. 마흔
살에 어머니를 잃고 다음 해에 딸까지 먼저 보내면서 삶과 죽음의 문제
에 깊이 빠졌다. 부조리한 현실과 권력투쟁에도 진저리가 나 스스로
항주杭州 자사刺史를 자원하여 조정을 떠났다.

그때, 그곳에서 조과 도림鳥窠道林, 741-824선사를 만났다. 우두종牛頭宗에 속하는 도림선사는 절강성浙江省 출신으로 경산 법흠徑山法欽의 제자였다. 도림선사는 진망산秦望山에 살면서 늘 소나무 가지에 앉아 좌선을 하였으므로 사람들이 그를 조과화상이라고 불렀다. 조과란 새 둥지라는 뜻이다. 도림선사를 모시고 살던 회통會通이라는 시자가 있었다. 3년이나 밥하고 빨래하며 스승을 모셨는데 불법에 대해서는 일언반구도 가르쳐주는 것이 없었다. 기다리다 지친 회통이 말했다.

"저는 이제 스님을 떠나겠습니다."

"어디로 가느냐?"

"불법을 찾아갑니다."

"그래? 그런 것이라면 나에게도 있다."

그러면서 도림선사는 자기 소매에 붙어있던 실밥을 집어 들어 혹 불었다. 회통은 즉시 깨달았다.

『경덕전등록景德傳燈錄』 제4권, 「항주조과도림선사杭州鳥窠道林禪師」편에 다음 이야기가 전한다.

옛날 도림선사는 진망산의 큰 소나무 아래에 머물렀는데 당시 사람들이 그를 일러 조과화상이라 불렀다. 시랑 백거이가 적당을 진압하고 일부러 산에 들어가 도림선사를 찾아 물었다.

"선사께서 앉아계신 곳은 매우 위험합니다."

선사가 말했다.

"노승에게 무슨 위험이 있습니까? 시랑의 위험이 더욱 심합니다."

백거이가 말했다.

"저는 강산을 진압하는 곳에 자리하고 있는데 무슨 위험이 있습니까?"

선사가 말했다.

"횃불이 서로 부딪히고 식견과 성격이 안정되어 있지 못한데 위험하지 않을 수 있겠습니까?"

백거이가 다시 물었다.

"어떤 것이 불법의 뜻입니까?"

선사가 말했다.

"모든 악을 짓지 말고 많은 선을 행하십시오."

백거이가 말했다.

"세 살 먹은 어린 아이도 그렇게 말할 줄 압니다."

선사가 말했다.

"세 살 먹은 아이가 비록 말할 수는 있으나 팔십 먹은 노인도 행할 수는 없습니다."

백거이가 이에 절하고는 떠났다.

昔道林禪師居秦望山長松之上, 時人謂之鳥窠和尙, 白居易侍郎鎭
錢塘, 特入山謁之,

乃問; "禪師坐處甚危險!"

師曰; "老僧甚危險? 侍郎尤甚!"

曰; "弟子位鎭江山, 何險之有?"

師曰; "薪火相交, 識性不停, 得非險乎?"

又問; "如何是佛法大意?"

師曰; "諸惡莫作, 衆善奉行"

曰; "三歲孩兒也解恁麼道"

師曰; "三歲孩兒雖道得, 八十老人行不得"

白遂作禮而去.

〈『大慧普覺禪師語錄』4, 김태완 역주, 서울, 소명출판, 2011년 3월. P.19〉

　불교를 배척했던 한퇴지는 바쁜 와중에도 일부러 대전화상을 찾아가 제자를 자청하며 불법을 물었다. 황제에게 부처의 사리를 모시지 말라고 직언하다 귀양까지 간 사람이 어찌하여 수고를 무릅쓰고 산중까지 찾아갔을까? 한퇴지의 간절한 물음에도 불구하고 대전화상은 입을 다문 채 묵묵부답이었다. 천하의 문장文章, 한퇴지는 무시당한 것 같아 무안하고 분하고 화가 나서 앙앙불락怏怏不樂 정사불역情思不懌했다고 위 어록은 전하고 있다. 앙앙불락, 정사불역이란 요즘 말로 풀이하면 '뚜껑이 열리도록 약이 바싹 올라 방방 뜨는 상태'일 것이다.

　'불법의 요점佛法中省要處'은 말로 설명할 수 없으므로 대전화상이 침묵한 것은 당연한 일이다. 또한 한퇴지를 분별이 끊어진 금강권 속으로 몰아넣으려는 뜻도 있었을 것이다. 금강권이란 다이아몬드로 만든 감옥이라 한번 들어가면 탈출이 불가능한 곳이다.

　그 긴장된 순간, 대전화상의 시자 삼평이 느닷없이 선상을 두드리며 뭐라고 참견했다. 그 경거망동으로 금강권의 문지방에 한 발을 들여놓았던 한퇴지는 바로 발을 빼 돌아서버렸다. 일생일대의 중대사를 해결할 기회를 놓치고만 것이다. 총명한 한퇴지는 선이정동先以定動 후이지발後以智拔의 뜻을 즉각 알아채고,

"화상의 격조가 높고 험하여 제자는 어찌 할 줄 몰랐는데 이제 시자 쪽에 도리어 들어갈 곳이 있군요."

하며 대전화상을 은근히 야유했다. 더 나아가 '이를 부딪치는 일扣齒三下'에 이르러서는,

"불법이 한결 같다는 것을 참으로 알겠습니다."

"원래 불법은 별게 아니군요."

하면서 야유가 조롱으로 바뀔 정도로 자신만만해졌다. 시자 주제에 선상을 두드리고 이를 부딪치며 스승을 흉내 낸 것도 주제넘은 짓이지만 그가 함부로 내뱉은 한마디의 말은 한퇴지를 영원토록 말뚝에 묶어 두는 사슬이 되고만 것이다.

한퇴지에 비하면 백락천은 운이 좋았다. 그와 도림선사 사이에는 훼방꾼이 없었다. 한퇴지는 그 후 영영 불교를 떠났지만 백락천은 용문龍門의 퇴락한 절 향산사香山寺를 중창하고 그곳에서 친구들과 시를 짓고 법담을 나누면서 주옥같은 시를 남겼다. 세간에 머물면서도 출세간의 삶을 살았던 것이다.

언제나 재빠르고 총명하게 알아채는 것이 문제다. 한퇴지는 죽은 지 1,200여 년이 지났지만 아직까지도 자기가 불법의 요점을 제대로 알았다고 자부하고 있을지 모른다. 세속의 일에는 정답이 있을 수 있겠지만 불법에는 정답이 없다. 공안이건, 조사의 말씀이건, 부처님의 가르침이건, 뭐라고 견해를 내면 그것은 다만 그 사람의 살림살이일 뿐 본래면목本來面目과는 아무 상관없는 일이다.   〈2013. 10. 18.〉

활구와 사구

༼ᎧᏇᎧ༽

원래 화두話頭에는 활구活句와 사구死句가 따로 없다. 그러나 똑 같은 화두라도 어떻게 공부하느냐에 따라 활구가 되기도 하고 사구가 되기도 한다.

내가 알고 있는 활구와 사구는 이런 것이다. 율극봉栗棘蓬과 금강권金剛圈이란 방편方便이 있다. 율극봉이란 밤송이인데 이것이 목에 걸리면 삼키려 해도 아프고 뱉으려 해도 아프고 그냥 있어도 아파서 이러지도 못하고 저러지도 못하는 궁지에 몰리게 된다. 금강권이란 다이아몬드로 만든 감옥이다. 다이아몬드는 부수어지지 않기 때문에 안에서 밖으로 나올 수도 없고 밖에서 안으로 들어 갈 수도 없다. 활구를 참參하면 율극봉을 삼키게 되거나 금강권에 갇히게 된다.

조사들은 한결같이 활구를 참하면 깨달을 수 있지만 사구를 참구參究하면 깨달을 수 없다고 가르쳤다. 조주스님의 무자無字 화두를 예로 들어 이 둘을 비교하여 본다.

조주 종심趙州從諗 778-897?의 무無

스님이 물었다.

— 개에게도 불성이 있습니까?

조주가 말했다.

"없다."

그 스님이 말했다.

— 위로는 모든 부처에서 아래로는 개미에 이르기까지 모두 다 불성이 있다는데 개에게는 어찌하여 없나요?

조주가 말했다.

"그에게 업식業識이 있기 때문이다."

또 어떤 스님이 조주에게 물었다.

— 개에게도 불성이 있습니까?

조주가 말했다.

"있다."

그 스님이 말했다.

— 있다면 어찌하여 저 가죽 포대 속에 들어가 있습니까?

조주가 말했다.

"알면서 일부러 범했느니라."

僧問, 狗子還有佛性也無? 師云, 無. 僧云, 上至諸佛下及螻蟻 皆有佛性 狗子爲甚麼卻無? 師云, 爲伊有業識在. 又 一僧問師, 狗子還有佛性也無? 師云, 有. 僧云, 既有爲甚麼入這皮袋裏來? 師云, 知而故犯.

무문 혜개無門慧開 1183-1260**의 무**無

조주화상은 "개에게도 불성이 있습니까?" 하고 묻는 스님에게 "없다." 하였다.

趙州 和尙 因僧問, 狗子還有佛性也無? 州云, 無.

몽산 덕이蒙山德異 1231-1308의 무無

살아 있는 것은 다 불성이 있다는데 조주는 어찌하여 없다고 말했는
가?

蠢動含靈 皆有佛性 趙州 因甚道無?

조주는 '개에게도 불성이 있습니까狗子還有佛性也無?'라는 질문에 어떤
사람에게는 '없다無'라 하고 또 어떤 사람에게는 '있다有'라 답했다. 똑
같은 질문에 정 반대의 대답을 했는데 이것은 조주가 장난삼아 한 말
일까? 조주 같은 대선지식이 목숨을 걸고 도를 묻는 납자들에게 희언戱
言을 했을 리 만무하다. 일부러 그렇게 대답함으로써 그 어떤 사량
분별도 할 수 없도록 만든 것이다. 사량 분별은커녕 아예 머리를 굴리
지 못하도록 꽉 틀어막은 것이다.

옛 선사들은 이를 두고 '무쇠로 된 소의 등을 물어뜯는 모기'와 같고
'펄펄 끓는 죽에 혀를 대려는 강아지'와 같으며 '농사꾼으로부터 소를
뺏는 것'과 같고, '주린 사람으로부터 밥그릇을 뺏는 것'과 같다고 말
했다. 그야말로 율극봉을 삼킨 꼴이 되어 속수무책束手無策, 항거불능抗
拒不能, 기진맥진氣盡脈盡, 꽉 막히게 된다. 이렇게 이끄는 공부가 활구
참선參禪이다.

무문선사의 화두에는 '있다有.'가 생략되었다. 이 화두만으로는 의정疑情을 격발擊發시키기가 쉽지 않다. 자칫하면 "석가여래는 모든 중생이 불성을 가지고 있다고 가르쳤는데 조주는 왜 없다고 했는가, 누구의 말이 맞는가?" 하고 따지고 들어 갈 가능성이 크다. 그래서 예로부터 많은 선사들이 '있다有', '없다無' 어느 한쪽에 빠지지 말라, 입으로 '무, 무, 무,'하며 되뇌지 말라, '마음속에 무자를 그려놓고 쳐다보지 마라'는 등 여러 가지 병통病痛을 지적하며 망상에 끌려가지 말 것을 당부했다.

몽산선사의 화두는 단 한 줄인데 그 전체 '살아 있는 것은 다 불성이 있다는데 조주는 어찌하여 없다고 말했는가蠢動含靈 皆有佛性 趙州 因甚道無?'를 전제全提라 하고 마지막 한 마디 '어찌하여 없다고 말했는가因甚道無?'를 단제但提라고 한다. 전제가 길다고 생각되면 단제만 화두로 삼고 그것도 길다면 '무無'자 하나만 화두로 삼는다고 한다.

화두를 어떻게 하느냐? '화두를 잡는 것이냐, 화두를 드는 것이냐, 아니면 화두를 살피는 것이냐?' 이 문제도 간단하지 않지만 이 화두는 참구하면 참구할수록 분별과 추리와 망상을 끊임없이 유발할 위험이 크다. 특히 단제 부분, '어찌하여 없다고 말했는가因甚道無?'는 그것을 보던, 들던, 잡던, 말하던, 살피던 그리고 또 달리 어떻게 하든 분석과 추리의 유혹을 물리치기 어렵게 만든다.

일단 분별이 시작되면 꼬리에 꼬리를 물고 한 없는 분별이 계속된다. 선사들은 이를 두고 한 물결이 일면 모든 물결이 인다고 하였다. 이처럼 공부하는 납자들을 분별 망상으로 유인誘引하여 그곳에서 헤어나지 못하게 만드는 화두를 사구死句라 한다.

원오 극근圓悟克勤선사는 감鑑 상인上人에게 주는 글에서 "금강권을 뛰어 넘어 율극봉을 삼키면 저절로 낙처를 안다跳得金剛圈 吞得栗棘蓬自然 知落處"고 가르쳤다. 활구를 참하면 풍선에 바람이 계속 들어가 부풀려지는 것처럼 압력이 증가 하지만 사구를 참구하면 아무리 궁리와 탐구를 치밀하게 해도 구멍 난 풍선처럼 압력이 쌓이지 않는다. 활구참선이 무르익어 의단疑團이 폭발 할 지경에 달하면 어느 순간 갑자기 자기도 모르게 금강권, 율극봉이 홀연히 사라지며 딛고 선 바탕이 푹 꺼지는 듯한 경험이 찾아온다.

그때야 비로소 '삼라만상森羅萬象' '소유일체 중생지류所有一切 衆生之類'는 모두 자기 자신이 지어낸 망상妄想이라는 것을 깨닫게 된다. 망상은 실재實在하는 것이 아니다. 부처의 가르침조차 망상을 치료하는 약일 뿐이라는데 하물며 내가 배워서 얻은 지식知識이나 신념信念, 주의주장主義主張에 무슨 진실함이 있겠는가? 그야말로 무승자박無繩自縛, 알면서 일부러 범했을 뿐이다知而故犯. 이것이 바로 견성체험見性體驗인데 그제야 비로소 정견正見이 열리면서 향상일로向上一路 할 수 있는 힘을 얻게 된다. 정견正見이란 아무 견해見解도 없는 견해見解이다.

〈20011, 5, 10.〉

색공불이

불법佛法은 인식 할 수 없다. 인식하는 그 자체가 불법이기 때문이다. 그러므로 불법은 말이나 글, 도형 등 어떤 수단으로도 설명할 수가 없다. 그러나 억지로 분별하여 불법을 소개 한다면 대충 다음과 같을 것이다.

화엄경은 세 가지 종류의 세상三種世間을 말하고 있다. 무정물의 세상인 기세간器世間, 유정물의 세상인 중생세간衆生世間, 깨달음의 세상인 지정각세간智正覺世間이 그것이다. 그러나 방편으로 이렇게 셋으로 나누었을 뿐, 이 셋은 본래 한 덩어리一合相이다. 마치 물과 물결의 관계와 같다. 기세간과 중생세간은 물결이고 지정각세간은 물이다. 물과 물결은 둘로 보이지만 실은 하나이다. 기세간과 중생세간은 모양이 있으므로 인식이 가능하지만 지정각세간은 모양도 없고 속성도 없어서 인식 할 수가 없다.

사람들은 기세간과 중생세간을 분별하여 이름을 붙이고 뜻을 부여한다. 하지만 이름의 대상 그 자체는 분별로도 알 수가 없다. 이름과 뜻은 사진과 같고, 사진은 실상이 아니기 때문이다. 실상은 찍히는 순간 이미 지나가버려 실재하지 않는다.

컵을 예로 들면, 컵이라고 불리는 그것 자체가 잠시도 쉬지 않고 변하는데다가 인간은 컵을 보는 것이 아니라 컵이 되쏘는 빛을 보는 것이기 때문이다. 또한 컵이 반사는 빛을 받아들이는 능력도 각각 다르다. 인간끼리도 차이가 나고 인간 이외의 동물들과도 차이가 있다. 인간이 인식하지 못하는 영역도 무한하다. 인간은 인간의 감각기관과 그 능력을 확장시킨 도구로 알 수 없는 세상을 분별하면서 살아갈 뿐이다. 마치 플래시로 어둠을 밝히며 길을 가는 것 같다. 그 플래시가 바로 인간이 만들어낸 말과 이름과 과학, 기술 등 이른바 문명이다.

이름과 뜻은 모양이 있으므로 연기를 한다. 연기하는 것은 자성이 없다. 이름과 뜻은 자성이 없어 허망하지만 그것들은 생활하는데 유용한 도구가 된다. 도구는 사용하다 불편하면 바꾸거나 버린다. 도구가 완전 하다고 믿으면 그것에 갇히게 되고, 그것에 안주하게 되며 결국 자유를 잃게 된다. 이런 것을 타락이라고 부르는 사람도 있다.

기세간과 중생세간은 색色이고, 지정각세간은 공空이다. 색과 공은 다 같이 정해진 모습이 없다. 이를 만법무자성萬法無自性이라 부른다. 컵은 색으로 보면 당연히 있는 것이지만 공으로 보면 없다. 그러므로 컵은 있다 해도 안 맞고, 없다 해도 맞지 않는다. 앞서 말한 바와 같이 색은 분별로 알려 해도 무엇인지 알 수 없다.
색과 함께 공이 존재한다는 것을 확인하는 것이 견성체험이고 이를 시각始覺이라고 부른다. 색만 보는 것을 중생이라 하고 공만 보는 것을 소승이라 한다. 색과 공을 하나로 보는 것이 대승이다. 컵이 있다고 보고 쓰면서도 컵이 실재하지 않는다는 것을 자각하고 무념無念, 무상無相, 무주無住의 삶을 사는 것이 불국정토의 삶이다. 이것을 색공불이色空不二라고 한다.

이러한 견해를 불가지론不可知論이라고 속단하면 안 된다. 불가지론이란 무엇인가를 알 수 있을 것 같은데 능력이 모자라 알 수 없다는 뜻이다. 신神은 존재存在하지만 사유思惟로는 알 수 없다고 포기하는 것이 불가지론이다. '법은 알 수 있는 것이 아니다'라는 말은 그런 뜻이 아니다. 불가사의不可思議하다는 뜻이다. 법은 인식 할 수 있는 대상이 아니라는 것을 몸으로 체득하는 것이다.

왜냐하면 인식하는 그 자체가 법이기 때문이다. 마치 눈이 모든 것을 다 볼 수 있으면서도 정작 자기 자신은 볼 수 없는 것과 같다. 법에 대해 아무런 의문도 남아 있지 않으며 자기가 모른다는 것을 아는 것이 불가사의이다. 자기가 모른다는 것을 알면 어떠한 견해도 있을 수 없고 동시에 어떠한 견해도 수용할 수 있다. 이것이 8정도의 첫 번째 덕목, 정견正見이다.

『법화경』「방편품」은
"법은 법의 자리에 있고 세간상世間相도 상주常住한다諸佛兩足尊 知法常無性 佛種從緣紀 是故說一乘 是法住法位 世間相常住 於道場知己 導師方便說."하였고,
『유마경』「불국품佛國品」은 "법상을 잘 분별하면서 제일의 자리에서 움직이지 않는다能善分別諸法相 於第一義而不動."했고,
『육조단경六祖壇經』은

"일체법을 분별하면서 분별한다는 생각을 내지 않는다平等如夢幻 不起
凡聖見 不作涅槃解 二邊三際斷 常應諸根用 而不起用想 分別一切法 不起分別想."
하였다. 운봉 문열雲峰文悅 998-1062선사는

"세간에 들어가면 출세간이 따로 남아 있지 않다. 세간 법이 곧 불법
이요 불법이 곧 세간 법이다. 入得世間 出世無餘 世間法卽佛法 佛法卽世間法"
라고 가르쳤다.

인간의 인식능력에 대해 『단경』 「법문대시法門對示」편은 이렇게 가
르치고 있다.

"자성은 만법을 머금을 수 있기 때문에 함장식이라 부른다. 만약
생각하여 헤아린다면 즉시 7식으로 바뀌어 6식이 생겨나 6문으로 나가
6진을 본다. 이와 같이 18계는 모두 자성으로부터 일어나 작용하는
것이다自性能含萬法 名含藏識 若起思量 卽是轉識 生六識 出六門 見六塵 如是一十八界
皆從自性起用."
자성이 인간의 감각기관을 통해 나가 작용함으로써 경계가 드러난
다는 것이다. 즉 경계는 식識이지 법에는 경계境界가 따로 없다는 말이
다. 다시 말하면 우리 눈앞에 보이는 것은 사물 그 자체가 아니라 우리
들의 생각識이라는 것이다. 중생은 경계를 분리선分離線으로 보지만 부
처는 경계를 접합선接合線으로 본다. 모든 경계가 서로 붙어 있으므로
조각조각 떼어낼 수가 없다는 것이다. 모든 경계가 통째로 하나이므로
경계가 따로 없다. 이것을 만법유식萬法唯識, 유식무경唯識無境이라 한다.

"있다" 하는 것도 법이고, "없다" 하는 것도 법이다. 해가 뜨는 것도

법이고 바람이 부는 것도 법이다. 사진을 찍는 것도 법이고 사진을 분별하는 것도 법이다. 망상도 법이고 꿈도 법이다. 모두가 법이 나타났다 사라지는 것이다. 하지만 법은 변하면서도 변하지 않고, 흐르면서도 멈춰 있다. 법은 따로 없다. 얻을 법도 없고 잃을 법도 없다. 할 말도 따로 없다. 하는 말 그 자체가 그대로 법이기 때문이다. 다만 찾아오는 인연을 잘 분별하면서도 분별하는 그 자리를 떠나지 않을 수 있으면 된다. 전심법요傳心法要에서 황벽선사가 가르친 대로 인연을 만나면 베풀고, 인연이 사라지면 고요히 쉴 뿐이다.遇緣卽施 緣滅卽寂

〈2014, 7, 3.〉

도덕경 제1장

1.

도덕경道德經 제1장에는 전체를 관통하는 우주관宇宙觀, 인간관人間觀, 기본개념基本概念 등이 농축되어있다. 그래서 제1장을 잘못 보면 도덕경 전체를 잘못 읽게 된다. 이제까지 수많은 사람들이 이글을 해석하였지만 모두가 자기 수준에서 생각하고 자기가 이해한 바를 말했을 뿐이다. 아마 앞으로도 그럴 것 같다. 우주만물과 사람들이 사는 세상은 불가사의不可思議하기 때문이다.

이런 사정을 잘 알면서도 내가 이 글을 쓰는 까닭은 전적으로 호기심 때문이다. 지금부터 2,500년 전 히말라야를 사이에 두고 서로 상대방의 존재를 모르던 두 성인聖人이 놀랍게도 같은 뜻으로 세상을 가르친 것이 아닌가 하는 생각이 든 것이다.

한문漢文은 띄어쓰기도 없고 구두점도 없다. 그래서 문장이 어디서 시작되어 어디서 끝나는지 잘 알 수가 없다. 같은 문장이라도 어떻게 띄워서 읽고 어디에 구두점을 찍느냐에 따라 뜻이 달라진다. 또한 한문 중에는 쓰여 진지가 3,000년이 넘는 글도 많으므로 그 글이 써질 당시의 문법과 낱말의 뜻을 제대로 알고 읽어야 한다. 같은 문장, 같은 낱말이라도 춘추시대春秋時代 BC 770-BC 403의 뜻이 다르고, 전국시대戰國時代 BC 403-BC 221의 뜻이 다르며, 당唐 · 송宋 · 명明 · 청淸 시대의 뜻이 각각 다르다. 중국 사람들도 이문제로 어지간히 골치를 썩었는가 보다. 오죽하면 훈고학訓詁學이라는 학문이 다 생겨났을까?

『도덕경』은 저자의 이름을 따서 그냥 『노자老子』라고 불리기도 한다. 판본도 여러 가지이다. 그 중 왕필王弼 226-249본, 백서본帛書本, 죽간본竹簡本이 유명하다. 백서본이 발견되기 전까지는 왕필본이 가장 오래된 정본 대접을 받았다. 그러나 1973년 장사長沙 마왕퇴馬王堆의 무덤에서 비단에 쓰인 2종의 『노자老子』가 출토되고 다시 20년 뒤인 1993년 호북성湖北省 곽점촌郭店村의 무덤에서 『노자老子』의 일부분이 들어 있는 대나무 문서가 발굴되면서 상황이 달라졌다. 마왕퇴에서 발견된 『노자老子』를 백서본帛書本이라 부르고 곽점촌에서 발굴된 『노자老子』를 죽간본이라 부른다. 백서본은 진秦나라 말, 한漢나라 초기인 기원전 168년쯤에 써진 것으로 보이며 죽간본은 그 보다 200년쯤 앞선 전국시대의 초楚나라에서 써진 것으로 추정된다. 백서본은 왕필본과 내용이 거의 같지만 죽간본은 그 분량이 2,000자 정도로 백서본의 절반 가량이다. 백서본에는 없는 내용이 죽간본에는 있으며 그 반대로 죽간본에 있는 내용이 백서본에는 없는 것도 있다. 죽간본은 문장이 세련되지 못하지만 백서본은 글이 아주 잘 다듬어져 있다. 그래서 『도덕경』은 노자 한 사람의 저작이라기보다 후대의 여러 사람이 수정 가필한 것으로 보는 학자들이 많다.

『도덕경』의 저자로 알려진 노자老子 BC 576?~479? 또한 실존 인물이었는지에 대해 논란이 많다. 모로하시 테츠지諸橋轍次 1883-1982는 노자는 실존 인물이지만 공자와 동시대의 사람은 아니고 맹자孟子 BC 372~289 이후 한비자韓非子 BC 280-233 이전 사람이라고 주장하였다. 도덕경에는 공자孔子 BC 551-479와 함께 맹자의 주장을 비판하는 글이 많이 보이므로 그 저자는 맹자 이후의 사람이 분명하고, 한비자가 자기의 글, 『해로解老』「유로喩老」편에서 도덕경을 자주 인용한 점으로 미루어 보아 그 저자는 한비자 이전에 활동했어야 된다는 것이다.(『공자 노자 석가』모로하시 테츠지 지음, 沈雨晟 번역. 서울, 동아시아. 2001, pp 91-92) 모로하시는 『한화대사전漢和大辭典』을 편찬한 도쿄대학교수로 세계적으로 권위를 인정받았던 한학漢學의 대가였으므로 그의 주장에 상당한 무게가 실려 있다. 하지만 노자가 죽간본만 쓰고 백서본, 왕필본은 후대의 다른 사람이 쓴 것이라면 이야기가 달라질 것이다.

2.

『도덕경』 제1장은 다음과 같다.

道可道非常道 名可名非常名 無名天地之始 有名萬物之母 故常無慾以觀其妙 常有慾以觀其徼 此兩者同出而異名 同謂之玄 玄之又玄 衆妙之門

道可道 非常道

"도道를 도라 할 수 있으면 참된 도道가 아니다"라는 말인데 도道를 무엇이라 정의定義 할 수 있으면 그 정의는 진짜 도常道가 아니라는 뜻이다. 상常은 변하지 않는 것, 참된 것, 진짜를 뜻하는 형용사이다. 어째서 도道는 정의 할 수 없는가? 정의하는 것이 바로 도道이기 때문이다. 손은 무엇이든지 잡을 수 있으나 자기 자신을 잡을 수는 없고, 눈은 무엇이든지 볼 수 있지만 자기 자신은 볼 수 없고, 창조주는 모든 것을 다 창조 할 수 있지만 자기 자신은 창조 할 수 없는 것과 같은 이치이다.

노자는 제14장에서 이렇게 말 하였다.

"도는 모양이 없어無狀之狀 無象之象 보되 볼 수 없고視之不見 들어도 들을 수 없고聽之不聞 잡아도 잡을 수 없다搏之不得. 끊임없이 이어져 이름을 붙일 수가 없다繩繩兮不可名. 맞이함에 머리를 볼 수 없고迎之不見其首 따라가도 뒤를 볼 수 없다隨之不見其後."

그리고 제25장에서는

"나는 그 이름을 알 수 없어 도道라 부른 것이다吾不知其名 字之曰道."고 하였다. 이에 대해 소자유蘇子由 1039-1112는

"무상지상無狀之狀의 상狀은 두드러짐著이고, 무상지상無象之象의 상象은 미세함微이다. 무상지상無狀之狀과 무상지상無象之象은 모두 무無가 아니지만 '유有다', '무無다'라고 이름을 붙일 수 없다狀 其著也 象 其微也 無狀之狀 無象之象 皆非無也 有無不可名."

라고 풀었다. 요컨대 도道라고 불리는 '그것'은 불가사의不可思議하여 정의할 수도 없고 이름도 붙일 수 없으므로 방편상方便上 도道라 부른

다는 것이다.

名可名 非常名

　"이름을 이름이라 할 수 있으면 참된 이름이 아니다."라는 말이다. 사람들은 물건에다 이름을 붙이지만 그 이름은 그냥 이름일 뿐 물건 자체는 아니다. '해'는 자기가 해라고 말한바 없다. 사람들이 '해'를 식별하기 위한 방편方便으로 그렇게 부르자고 정한 약속일뿐이다. 그러므로 이름은 영구불변한 것이 아니다. 쓰다가 불편하면 고치거나 바꾸거나 버리고 새로 만들 수 있다. 여기서 이름이란 단순한 물건의 이름뿐 아니라 생각, 느낌, 개념槪念, 신념信念, 규범規範, 자연법칙自然法則 등 인류가 개발해 쌓아 올린 지적 결과물知的 結果物 전체를 가리키는 말이다.

　노자는 첫 줄에서 도道는 어떠한 말과 글로써도 정의 할 수 없고 명名, 즉 인간이 개발한 모든 지적 결과물 또한 진짜가 아니라 방편方便이라는 점을 분명히 한 것이다. 다시 말하면, 본론에 들어가기에 앞서 도道와 명名의 한계를 알고 말이나 글에 속지 말라는 경고를 한 것이다.

　하지만 노자는 이와 같은 한계에도 불구하고 앞으로 어쩔 수 없이 도道와 명名에 대한 설명을 계속 할 수밖에 없으므로 몇 가지 기본개념에 대한 정의定義를 내리고 있다.

無名天地之始 有名萬物之母.

1,800년 전, 왕필은 이 문장을 '이름이 없는 것無名'은 천지의 시작이고 '이름이 있는 것有名'은 만물의 어머니이다'라고 읽었다. 장기근張基槿 교수는 그렇게 읽으면 노자가 말한 뜻을 제대로 알 수 없다고 주장하였다(『세계사상전집』 3, 「老子, 莊子」 장기근, 이석호 역. 1982년. 서울 삼성출판사. pp 27-30). 장 교수에 따르면 무無와 유有는 주어이고 명名은 동사이다. 그러므로

"무無는 천지의 시작이라 부르고, 유有는 만물의 어머니라고 부른다." 가 바른 해석이다. 왕필보다 훨씬 뜻이 명료하고 논리적이다. 무無와 유有를 명名의 형용사로 보면 주인을 노예로 격하시키는 꼴이어서 이하 계속 등장하는 무無와 유有의 개념과 역할을 제대로 이해 할 수 없게 된다. 아마 왕필은 '천지의 시작에는 이름을 붙일 수 없고, 이름을 붙일 수 있으면 만물의 어머니다'라는 뜻으로 읽었을 것이다. 그렇다 하더라도 노자의 뜻에는 계합契合하지 않는다. 노자는 '이름을 붙일 수 있느냐 없느냐'를 강조한 것이 아니라 무無와 유有가 무엇을 뜻하는지, 자기 나름대로 정의를 내리고 있기 때문이다.

제40장과 제42장은 왜 무無를 천지의 시작이라 부르고無名天地之始, 왜 유有를 만물의 어머니라 부르는지有名萬物之母를 좀 더 분명하게 설명한다. 제40장은 천하만물은 유有에서 생기고 유有는 무無에서 생긴다天下萬物生於有 有生於無고 하였다. 무명無名에서 유명有名이 생겼다는 말은 하지 않았다. 제42장은 도道는 일一을 낳고, 일一은 이二를 낳고, 이二는

삼三을 낳고, 삼三은 만물萬物을 낳는다고 하였다道生一 一生二 二生三 三生萬物. 제42장의 도道는 제40장의 무無와 같은 것이므로 여기의 일一, 이二, 삼三 등은 모두 다 유有이다. 노자는 무無를 도道와, 유有를 명名과 동일시同一視한 것이다.

故常無慾以觀其妙 常有慾以觀其徼.

이 문장도 많은 사람들이 "고로 늘 '욕심 없음常無慾'으로써 그 묘를 보고, 늘 '욕심 있음常有慾'으로써 그 변두리를 본다."로 읽는다. 상무욕常無慾과 상유욕常有慾을 주어로 본 것이다. 이렇게 읽으면 뜻이 어색해지고, 앞에 굳이 '고故'라는 말을 붙인 이유도 헤아리기 어렵다. 탄허呑虛 스님은 상무常無와 상유常有를 주어로, 욕慾을 동사로 보았다. 그러면 "고로 상무常無는 그 묘妙를 보려 하고 상유常有는 그 요徼를 보려 한다."의 뜻이 된다. 여기의 '상常' 역시 위의 상도常道, 상명常名의 상常과 같이 '참되다'를 뜻하는 형용사이다.

서계 박세당西溪 朴世堂 1629-1703선생에 따르면 요徼는 제際, 즉 테두리이다. 테두리境界, boundary가 있으면 모양이 있고 모양이 있으면 식별이 가능하다. 묘妙란 '알 수 없다. 식별할 수 없다.'의 뜻이다. 그러므로 이 문장을 다시 풀어 읽으면 "고로 무無는 보려 해도 볼 수 없고, 유有는 모양이 있어 식별 가능하다"는 뜻이 된다. 무無, 즉 도道는 모양도 없고 속성도 없어 정의를 내릴 수 없고, 유有, 즉 명名은 모양이 있어 정의를 내릴 수 있지만 모양 그 자체가 아니라 가명假名에 불과하다는 말이다.

此兩者同出而異名　同謂之玄

　"이 둘은 같이 나타나는데 이름이 다르다. 다 같이 현玄이라 부른다."
는 뜻이다. 여기서 둘兩者이란 무無와 유有를 말한다. 무無와 유有는
따로따로가 아니라 같이 나타난다. 제2장의 유무상생有無相生이 이를
뒷받침하고 있다. 무無와 유有는 서로가 서로를 살리고 있다는 것이다.
이어서 "무無와 유有를 함께 일컬어 현玄이라 한다."며 현玄이라는 개념
概念을 새로 선 보이고 있다. 방편상 유有와 무無, 둘로 나누었지만 이
둘을 한꺼번에 부를 때는 현玄이라 하겠다는 것이다.

　玄之又玄　衆妙之門

　"현玄은 현玄하고 또 현玄하다. 모든 묘한 것衆妙의 문門이다."라는
뜻이다. 위에서 본 바와 같이 노자는 도道를 무無 또는 현玄이라고 불렀
다. 현玄은 검은색과 붉은색이 섞인 색깔이다. 검정도 아니고 붉음도
아니다. 그래서 어느 색깔인지 특정할 수가 없다. 또한 그윽하고 아득
하여 알 수 없다는 뜻도 있다. 이렇게 군이 무無를 현玄이라고 달리
부르는 까닭은 현玄이라는 말에는 무無와 함께 유有도 포함되었다는
것을 강조하기 위해서가 아닐까? 중묘衆妙, 즉 '모든 묘한 것'은 무無,
유有를 포함한 천지만물이고, 문門이란 드나드는 곳이다. 그러므로 현
玄은 천지만물이 나타나고 사라지는 곳, 생겨나고生 없어지는滅 곳이다.

　제6장도 이와 비슷한 말을 하고 있다. "곡신谷神은 죽지 않으니 이를

현빈玄牝이라 부르고, 현빈의 문을 천지의 뿌리라고 하는데 끊어짐 없이 이어져 그 존재存在를 알 수 없다. 써도 힘들지 않는다. 谷神不死 是謂玄牝 玄牝之門 是謂天地根 綿綿若存 用之不勤"라고 하였다. 제6장의 천지근天地根은 제1장의 중묘지문衆妙之門과 같은 것을 가리키고 있다. 그러므로 현玄, 곡신谷神, 현빈玄牝은 다 같은 것(道 또는 無)을 가리키는 다른 이름들이다. 곡신谷神의 신神은 곡谷을 신격화神格化한 표현이고 현빈玄牝의 빈牝은 현玄을 여성女性으로 의인화擬人化한 표현이다. 현玄, 즉 '무無와 유有'가 여성처럼 생명을 잉태孕胎하여 생육生育하는 덕德을 가졌다는 것을 암시暗示한 것이다.

곡신谷神은 어째서 죽지 않는가? 끊임없이 이어져 그 존재를 알 수 없기綿綿若存 때문이다. 끊임없이 이어져 있으므로 시작도 끝도 알 수 없고, 태어남도 죽음도 있을 수 없다. 곡신谷神은 어찌하여 천지근天地根이 되는가? 골짜기는 언제나 비어虛 있기 때문이다. 비어 있기 때문에 모든 것을 받아들일 수 있고, 모든 것을 생산生産 할 수 있다. 또한 비어 있기虛 때문에 아무리 써도 채워지지 않고(제4장), 아무리 써도 힘이 들지 않는다(제6장).

3.

노자는 제4장에서 도道가 무엇인지 좀 더 구체적으로 설명한다.

道沖而用之하면 或不盈이니 淵兮似萬物之宗이라. 挫其銳하고 解

其紛하며 和其光하고 同其塵하야 湛兮似或存이니 吾不知其誰之子
라. 象帝之先이니라.

서계西溪선생에 따르면 충沖은 밑바닥이 없는 그릇인데 그 뜻은 빔虛
이고, 혹或, 사似, 상象은 모두 의사疑詞이다. 그리고 제帝는 하늘天이다.
이 뜻을 따라 위 문장을 해석하면, "도道는 텅 비어서 써도 채워지지
않는다. 깊어서 만물의 주인이 되는 것 같다. 날카로움을 무디게 하고,
엉킨 것을 풀고, 빛남을 고르게 하고, 티끌과 같이 되게 한다. 맑아서
혹시 있는 것 같은데 나는 그가 누구의 아들인지 알 수 없다. 제帝보다
앞선 것 같다."의 뜻이 될 것이다.

최진석교수는 방송강연을 통해 도덕경의 탄생 배경에 관해 많은
시간을 할애하여 상세히 설명하였다. 그것을 요약하면 대충 다음과
같을 것이다.

"삼황오제三皇五帝와 하夏, 은殷, 주周의 제왕帝王들은 하늘을 대신해
서 이 세상을 다스렸고 '하늘의 명天命'하는 바를 따라 제도와 질서를
만들어 시행하였다. 하夏, 은殷, 주周는 바로 천명天命이 지배하던 시
대였다. 그때의 제왕들은 점을 쳐서 천명天命을 알려고 하였다. 주역
周易은 그 점괘를 해석하던 책이었다. 그러나 춘추春秋, 전국戰國시대
에 이르러 철기문화鐵器文化가 흥기興起하고 농업생산이 급증하면서
부유한 평민들이 새로운 정치 세력으로 등장해 기존 지배세력을 위협
하게 되었다. 이 물결은 주周의 멸망과 패자覇者들의 등장으로 이어졌

다. 천명사상天命思想으로는 더 이상 세상을 다스릴 수 없게 되었다. 이처럼 힘을 잃은 천명사상天命思想을 극복하기 위해 출현한 것이 제자백가諸子百家이고 그 중 가장 두드러진 것이 공자孔子의 유가사상儒家思想인데 노자老子는 바로 그 유가儒家의 맹점盲點을 비판하기 위해 탄생한 것이다"

최진석교수는 또 이 강연에서 사似와 상象의 뜻을 명쾌하게 구분하였다. 사似는 비슷하지만 가짜를 뜻하고, 상象은 비슷하지만 진짜를 뜻한다는 것이다. 위에서 본대로 서계선생은 "제帝는 하늘天"이라고 하였다. 이를 토대로 '湛兮似或存 吾不知其誰之子 象帝之先'을 다시 풀면 "맑아서 있는 것 같지만 사실은 있는 것이 아니다. 나는 그가 누구의 아들인지 알 수 없다. 하늘天보다 앞서는 것이 분명하다."가 될 것이다. 즉, 도道는 천天보다 앞선다는 것이다. 여기의 천天은 천명사상天命思想을 가리키는 말일 것이다.

'挫其銳 解其紛 和其光 同其塵'은 이 장章의 의도意圖와 어울리지 않는다. 이 말은 수행修行을 강조하는 제56장에 그대로 반복되고 있다. 그래서 이 네 마디는 노자老子 이후, 누군가가 제4장에 잘못 끼어 넣은 것이라고 보는 학자들이 많다.

제11장은 '道冲而用之 或不盈'을 좀 더 구체적으로 설명한다.

三十輻이 共一轂이니 當其無하야 有車之用이요 埏埴以爲器에 當其

無하야 有器之用이요 鑿戶牖以爲室에 當其無하야 有室之用이라.
故로 有之以爲利하고 無之以爲用이니라.

폭輻이란 바퀴살, 곡轂이란 수레 축을 끼우는 바퀴의 가운데 구멍, 호유戶牖란 방문과 창문, 연식埏埴이란 흙을 이긴다는 뜻이다. 무無는 비었다虛와 같은 뜻이다. 이를 의역意譯하면

"서른 개의 바퀴살이 한 구멍으로 모여 바퀴가 되었다. 그 구멍이 비어있기 때문에 바퀴 축을 끼울 수 있다. 그러므로 '그 빔當其無'이 수레를 굴러가게 하는 것이다. 흙을 이겨 그릇을 만드는데 '그 빔當其無' 때문에 그릇 노릇을 할 수 있는 것이고, 방문과 창문을 뚫어 방을 만드는데 '그 빔當其無'때문에 방 구실을 하는 것이다. 그러므로 유有로써 이익利을 얻고, 무無로써 쓰임用을 얻는다."

가 된다. 요컨대 생활의 편리를 도모하기 위해 여러 도구와 방편有을 만들지만, 그 효용가치는 유有와 함께 나타난出 무虛에서 비롯된다는 주장이다.

제5장에서는 도道가 어떻게 작동되는 지를 설명하고 있다.

天地不仁 以萬物爲芻狗 聖人不仁 以百姓爲芻狗 天地之間 其猶橐
籥乎 虛而不屈 動而愈出 多言數窮 不如守中

"하늘과 땅天地은 인仁하지 않아 만물萬物을 추구芻狗처럼 대하고 성인聖人은 인仁하지 않아 백성을 추구芻狗처럼 대한다. 하늘과 땅 사이는

탁약囊籥과 같다. 비어서 줄어들지 않고屈 움직이면 더욱 나온다出. 말이 많으면 궁색해지니 중中을 지키는 것만 같지 못하다."는 뜻이다.

인仁은 '사랑과 은혜'다. 추구芻狗란 '풀로 만든 개'로 제사를 지낼 때 쓰다가 제사가 끝나면 태워버리는 것으로 '별로 중요하지 않은 것, 하찮은 물건'이라는 뜻이다. 탁약囊籥이란 풀무, 굴屈은 '달아 없어지다, 쭈그러들다,'의 뜻이고, 출出이란 '나오다, 생겨나다,'의 뜻이다. 중中은 '알맞다, 적중하다,'의 뜻이 있지만 여기서는 그런 의미가 아니라 도道를 가리키고 있다.

이를 바탕으로 위 문장을 다시 해석하면,
"천지天地는 사정私情에 얽매이지 않고 모든 것을 공평公平하게 대하며, 성인도 사람들을 그렇게 대 한다. 천지天地는 풀무와 같아서 비어 있으되 쭈그러들지 않고 움직일수록 생기는 것이 더욱 늘어난다. 말이 많으면 궁색해지니 도道를 지키는 것만 못하다."
의 뜻이 될 것이다. 도道의 무한無限과 공평公平을 강조한 말이다. 해가 하루는 동쪽에서 뜨고 하루는 서쪽에서 뜨면 이 우주가 지탱할 수 있겠는가? 성인이 자기 아들은 예뻐하고 남의 자식은 미워한다면 인간 세상에 평화가 유지되겠는가?

송宋나라 말, 주역周易의 대가大家 소강절邵康節. 1011-1077은 공평公平의 뜻을 다음과 같이 정의했다.
"물物로써 물物을 보는 것이 성性이고, 나我로써 물物을 보는 것이

정情이다. 성性은 공평하고 밝으며, 정情은 한 쪽으로 치우치며 어둡다
以物觀物 性也 以我觀物 情也 性公而明 情偏而暗."

4.

노자와 석가, 두 분 다 도道와 명名, 공空과 색色은 정의 할 수 없고
불가사의하다고 보는 점은 일치한다. 무위자연無爲自然을 가르치는 점
도 같다. 제2장의 '있음과 없음은 서로서로 낳아주고, 어려움과 쉬움은
서로서로 이루어주고, 길고 짧음은 서로서로 형성해주고, 높음과 낮음
은 서로서로 만들어주고, 자연의 소리와 인위의 소리는 서로서로 조화
를 이루고, 앞과 뒤는 서로서로 따른다有無相生 難易相成 長短相形 高下相傾
音聲相和 前後相隨.' 역시 석가의 연기緣起를 연상케 하고, 제5장의 '말이
많으면 궁색해지니 중中을 지키느니만 못하다多言數窮 不如守中'는 가르침
도 석가의 중도中道를 떠올리게 만든다.

모로하시교수는 노자老子의 무無, 공자孔子의 천天, 석가釋迦의 공空은
모두 도道를 가리키는 말인데, 특히 노자의 무無와 석가의 공空은 대체
로 같은 것이라고 주장했다(위 책, pp168-179). 노자老子와 석가釋迦를 잘
몰라 조심스럽지만 나의 생각은 좀 다르다.

노자는 무無를 '없음無, 빔虛'의 뜻으로 쓰고 있다. 무無는 '천지天地
의 시작이고, 유有를 낳는 '그 무엇'이라고 한다. '있음有'의 반대가 아
니다. 석가의 공空은 산스크리트의 '순야타sunyata'를 번역한 말로 원래

"변하다, 정해진 것이 없다."의 뜻이다. 정해진 것이 없으므로 무엇으로든지 변 할 수 있어 '허공과 같다, 텅 비었다.'라고도 한다. 석가의 공空은 생겨나지도 않고 없어지지도 않는다不生不滅하고, 노자의 무無는 끊임없이 이어져 시작과 끝을 알 수 없다고 한다. 그러므로 석가의 공空이나 노자의 무無는 다 같이 불가사의不可思議하여 그 차이를 알기 어렵다.

하지만 미묘한 차이가 있다. 노자의 무無와 유有는 석가의 공空과 색色에 대응對應한다고 볼 수 있을 것이다. 석가의 색色은 '모양'을 뜻한다. 모양이 있는 것은 테두리, 즉 경계境界, boundary가 있다. 나무와 자동차와 같은 사물은 물론 생각, 느낌, 개념, 법칙 등도 다 경계境界가 있으므로 이들은 모두 색色이다. 노자의 유有와 석가의 색色은 같은 것일까?

그것을 따지는 것 보다 무無와 유有의 관계, 공空과 색色의 관계를 밝혀보는 것이 둘의 차이를 발견하는데 더 효과적일 것이다.

노자는 제40장에서 "유有는 무無에서 나온다."고 주장하고, 제11장에서는 "유有로써 이익利을 얻고, 무無로써 쓰임用을 얻는다."고 하여, 무無와 유有가 비록 같이 나타나지만(제1장) 사실은 다른 것으로 보고 있다. 서계西溪선생도 도道는 체體요 명名은 용用이라 하여 무無와 유有를 둘로 보았다. 도道는 무無와 같은 것을 가리키고, 명名은 유有와 같은 것을 가리킨다는 것은 이미 앞에서 본바와 같다. 서계선생은 또 제42장

의 '도생일 일생이 이생삼 삼생만물道生一 一生二 二生三 三生萬物'에서 일一
은 태극太極, 이二는 양의兩儀, 삼三은 삼재三才라고 주장하며 도道에서
유有가 나타나는 과정을 설명했다.

이에 비해 석가는 반야심경般若心經에서 공空과 색色은 같다色卽是空.
空卽是色고 분명하게 말했다. 공空과 색色은 같은 것인데 공空은 모양境界
이 없어 인식 할 수 없고, 색色은 모양境界이 있어 인식 가능하다는
것이다. 마치 물과 물결과의 관계와 같다. 물이 물결이고 물결이 물이
지만 모양이 있는 물결만 보고 모양이 없는 물은 보지 못하는 것과
같다는 것이다. 이를 색공불이色空不二라고 한다. 석가는 체體와 용用을
구분하지 않고 하나로 본 것이다.

노자의 무無와 유有는 서로 다르므로 이법二法이고, 석가의 공空과
색色은 둘이 아니라 하나이므로 불이不二이다. 그러므로 노자의 무無와
석가의 공空은 상象이 아니라 사似라고 보아야 할 것이다.

'유무상생 난이상성 장단상형 고하상경 음성상화 전후상수有無相生
難易相成 長短相形 高下相傾 音聲相和 前後相隨'는 불가佛家의 연기설緣起說과 아
주 비슷하다. 연기緣起는 존재存在의 속성屬性이나 현상現象의 생멸生滅
을 설명해 주는 이론이 아니라 만법萬法이 공空하다는 것을 가리키는
방편이다. 나가르주나Nagarjuna 龍樹 150?-250?가,
"단 하나의 법도 인因과 연緣을 따라 생겨나지 않는 것이 없다. 그러
므로 일체의 모든 법이 공하지 않은 것이 없다未曾有一法 不從因緣生 是故一

切法 無不是空者('中論'제24장, 觀四諦品)."

고 선언한 것은 이 때문이었다.

　나가르주나는 연기를 사유思惟의 법칙으로 보았다. 예컨대 선善을 주장하려면 선善아닌 것을 분별分別하여 선善을 받혀주어야 한다. 선과 '선 아닌 것'은 한 몸의 다른 측면이다. 마치 동전의 양면과 같다. 그러므로 선善은 '선善 아닌 것' 없이 홀로 존재 할 수 없다. 이처럼 서로 상대방에 의지하여 동시에 존재 하는 관계를 연기緣起 한다고 말 한다. 연기하는 것은 어느 쪽이나 상대방의 도움 없이 스스로 홀로 존재 할 수 없기 때문에 자성自性이 없다고 한다. 그러므로 이 세상 만물萬物은 존재存在하는 것이 아니라 연기緣起하는 것이다.

　'행복'을 인식하려면 '행복'과 '행복 아닌 것'을 분별하여 경계선境界線 boundary을 그어야한다. 생각이나 느낌에 경계선을 긋는 것을 '분별分別한다discrimination,' '정의定義를 내린다define.'고 한다. 분별하는 것은 모두 경계가 있으므로 모양이 있다. 모양이 있으면 안內과 바깥外이 생기면서 연기한다.
　인간의 느낌이나 생각은 모두 경계가 있고 모양이 있어 연기하므로 자성이 없다. 인류가 유사 이래 쌓아온 모든 지적 결과물 역시 모양이 있다. 모양이 있는 것은 연기하므로 인간의 지적 결과물 또한 자성이 없다. 이와 같이 분별하는 세상은 연기緣起하고 자성自性이 없으므로 공空하다고 한다. 마치 꿈같고 환상 같다. 하지만 실상實相은 생겨나는 것도 아니고 없어지는 것도 아니며不生不滅, 깨끗하지도 않고 더럽지도 않으며不垢不淨, 늘어나지도 않고 줄어들지도 않는다不增不減.

과학은 어느 현상이든지 관측觀測하고 그 관측 결과를 토대로 일반 법칙을 발견하여 그것을 방정식으로 표시하면 그런 현상을 재현再現하든가 통제統制 할 수 있다고 선언宣言한다. 이 선언은 실로 대단하여 오늘날의 눈부신 과학문명이 이를 입증하고 있다. 그러나 아무리 정밀하게 관측한다 해도 관측을 위한 설계, 관측행위, 결과의 해석에는 모두 관측자觀測者의 의도意圖가 개입 될 것이다. 또한 아무리 재주를 부려도 관측하는 자, 그 자체는 관측 할 수는 없다. 그러므로 모든 관측은 관측자의 생각이다. 생각은 당연히 연기 하므로 자성이 없다.

그러면 연기하는 그것들은 허망虛妄하여 쓸모없는 것인가? 그렇지 않다. 그것들은 비록 정해진 모습이 없어 계속 변하지만 실상實相이 드러난 것이다. 그들은 또한 모두 살아가는 데 필요한 도구道具, 즉 방편方便들이다. 하지만 방편은 쓰다 불편하면 고치던가, 바꾸든가, 버리고 다시 만든다. 수數, 도형圖形, 법칙法則, 원리原理, 공리公理 들도 모두 자연계에 실재하던 것들이 아니라 인간이 만들어 낸 방편들이다.
한 때 뉴턴의 운동법칙은 완벽하여 의심의 여지가 없다고 여겼지만 아인슈타인에 의해 그 한계가 드러났다. 뉴턴의 운동법칙은 부분적으로만 옳다는 것이다. 그렇다면 아인슈타인은 완벽한가? 본인 스스로도 원자 핵 속에서 벌어지는 미시微視의 세계나, 우주의 블랙홀 같은 거시巨視의 세계는 설명할 수 없다고 고백하였다.

'다언삭궁 불여수중多言數窮 不如守中"은 말이 많으면 궁색해지니 중中을 지키느니만 못하다는 뜻이다. 수중守中이 불교의 중도中道와 같을까? 여길보呂吉甫는 수중守中을,

"있지도 않고 없지도 않으며 취하지도 않고 버리지도 않아서 마침 도道와 더불어 상당한 것不有不無하며 不取不捨하야 而適與道相當者."

이라고 하였고, 왕순보王純甫는,

"중이고, 허이고, 무라서 가히 언하고 또 명하지 못하는 것中也 虛也 無也. 不可言且名者也."

이라 하였다. 요컨대 이 글 중의 중中은 도道와 같아 불가사의不可思議하다는 말이다.

불교의 중도中道는 다른 말로 불이不二라고도 한다. 불이不二란 여길보呂吉甫가 말한 바와 같이 양변兩邊을 떠난 것이다. 즉 연기緣起하는 양 쪽의 어느 한 쪽만을 선택하는 것이 아니라 둘 다 하나로 보는 것이다. 즉, 물과 물결을 둘로 보는 것이 아니라 하나로 보는 것과 같다. 『유마경維摩經』「불국품佛國品」에서는 이를 "분별을 잘 하면서도 분별하는 그 자리를 떠나지 않는다能善分別諸法相 於第一義而不動"라고 하였다. 중도中道는 생각으로는 알 수 없고 오로지 깨달음을 통해 확인 할 수밖에 없다.

이런 점에서 유무상생有無相生등과 연기緣起, 수중守中과 중도中道는 사似라기보다 상象에 가까운 것 같다.

5.

제3장은 군왕君王이 세상을 어떻게 다스려야 하는지 그 길을 보여주
고 있다.

'현명함賢을 숭상尚하지 않아서 백성民으로 하여금 싸우지爭 않게
하며, 얻기 어려운難 재화財貨를 귀貴하게 여기지 않아서 백성民으로
하여금 도둑질盜 하지 않게 하며, 하고자 함可欲을 보지 않아서 마음心
으로 하여금 어지럽지亂 않게 하라. 이로써 성인聖人의 다스림治은 그
마음心을 비우게虛하고 그 배腹를 실實하게 하며 그 뜻志를 약弱하게
하고 그 뼈骨를 강강하게 해서 항상 백성民으로 하여금 앎知도 없고
욕구欲도 없게 하여 지식층知者으로 하여금 감敢히 불온한 생각을 갖지
못하게 하니 무위無爲를 하면 다스려지지治 않음이 없다. 不尚賢 使民不爭
不貴難得之貨 使民不爲盜 不見可欲 使心不亂 是以 聖人之治 虛其心 實其腹 弱其志 强其骨
常使民無知無欲 使夫知者 不敢爲也 爲無爲則無不治.'

제56장은 백성들이 어떻게 살아가야 행복을 누릴 수 있는지를 그
길을 가르쳐 주고 있다.

'아는 자知者는 말하지 않고 말 하는 자言者는 알지 못한다. 그 입兑를
막고塞, 그 눈과 귀門를 닫고閉, 그 날카로움銳을 무디게挫하고, 그 엉킴
紛을 풀어주고解, 그 빛光을 고르게和하고, 그 티끌塵과 같이 하면 이것
을 현玄, 즉 有와 無과 같이 된다玄同고 한다. 그러므로 얻어서 친親 하게

하지 못하고, 얻어서 소원疏하게 하지 못하며, 얻어서 이롭게利하지 못하며, 얻어서 해롭게害하지 못하며, 얻어서 귀貴하게 하지 못하고, 얻어서 천賤하게 하지 못한다. 그러므로 천하天下의 귀함貴이 된다. 知者不言 言者不知 塞其兌 閉其門 挫其銳 解其紛 和其光 同其塵 是謂玄同 故不可得而親 不可得而疏 不可得而利 亦不可得而害 不可得而貴 亦不可得而賤 故 爲天下貴.'

이처럼 『도덕경』은 백성들에게는 안심입명安心立命할 수 있는 길을 보여주고 군왕들에게는 제세안민濟世安民 할 수 있는 전략戰略을 제시하고 있다. 번뇌에서의 해탈解脫을 가르치는 불교나 예수를 통한 구원救援을 권하는 기독교와는 좀 다른 것 같다. 이런 점에서 『도덕경』은 종교의 경전이라기보다 윤리학倫理學이나 정치철학政治哲學에 더 가까운 것 같다. 게다가 '무위無爲를 실천 하면 다스리지 못할 곳이 없다(제3장, 爲無爲則無不治).'고 호언豪言하는 것을 보면 현실도피적現實逃避的인 허무주의虛無主義가 아니라 아주 강력한 실천철학實踐哲學이 분명하다.

〈2014. 8. 14.〉

달을 가리키는 손가락

1.

성인들의 가르침에는 원래 잘못이 없었으나 시간이 흐르면서 왜곡되고 훼손되는 일이 많았다. 스승보다 못한 제자들이 자기들의 수준에서 스승의 가르침을 함부로 해석하고 보태거나 뺐기 때문이었다. 그중에서 가장 오염이 심한 것이 석가모니의 가르침이다. 불교는 분파도 많고, 경전도 많고, 수행방법도 많아서 어느 것이 정통인지 알 수가 없다. 그 탄생지인 인도에서 사라진지도 이미 천년 가까이나 된다. 그러나 불교는 아주 강력한 복원력을 가지고 있었다. 오염의 농도가 도를 넘으면 석가모니 못지않은 부처가 나타나 가르침의 순수성을 회복시키고 한 단계 더 업그레이드 시켰다. 용수龍樹 Nagarjuna 150-250?, 세친世親 Vasubandhu 316-396?, 혜능慧能 638-713이 그와 같은 존재들이었다.

불교는 그 전파된 지역에 따라 남방불교와 북방불교로 나누는데 북방불교는 남방불교를 소승小乘이라 폄하하고, 남방불교는 북방불교를 석가의 친설親說이 아니라고 배격한다. 더 나아가 북방불교 중 선불교禪佛敎는 '인도에는 없었던 것'이며 '깨달음覺에 대한 중국적 해석'이라는 주장이 있다. 전자는 호적胡適 1891-1962의 견해이며 후자는 스즈키

다이세츠鈴木大拙 1870-1966의 소론이다. 스즈키가 주장하는 '깨달음에 대한 중국적 해석'의 근거는 무엇인가? 오경웅吳經熊 John C.H.Wu, 1899-1986 박사는 자기의 저서『선학의 황금시대』에서 스즈키의 주장을 상세히 소개하며 그를 옹호하였다. 오박사 자신도

"선禪은 불교를 아버지로 도가사상道家思想을 어머니로 해 태어난 아이인데 아버지 보다는 어머니를 더 닮았다."

고 말했다(吳經熊 著, 徐燉珏 李楠永 譯,『禪學의 黃金時代』三一堂, 서울 1981, 5,1. pp 57-80).

2.

스즈키는 선불교의 핵심은 내심자증內心自證에 있고 내심자증은 '장자莊子'의 심재心齋, 좌망坐忘, 조철朝徹과 상통하는 것이라고 주장하였다. 내심자증이란 본래면목本來面目을 생각을 통하여 아는 것이 아니라 체험을 통하여 직접 확인 하는 것이다. 즉 물을 머리로 이해하는 것이 아니라 마셔보고 바로 물이 무엇인지 아는 것과 같다. 본래면목이란 궁극적 깨달음인 아뇩다라삼먁삼보리阿耨多羅三藐三菩提를 가리키는 말이다. 심재心齋, 좌망坐忘, 조철朝徹이 과연 선불교의 뿌리일까?

심재心齋

안회顔回가 공자孔子에게 물었다.
— 심재心齋란 무엇입니까?

"생각志을 하나로 통일시키는 것이다. 귀로 듣지 말고 마음으로 들어라. 마음으로 듣지 말고 기氣로 들어라. 들음은 청각능력에 국한되고 마음은 문자나 기호에 제약을 받는다. 기氣는 텅 비어서虛 모든 존재物를 수용할 수 있다. 도道는 오로지 비움虛으로 모인다. 그 비움虛을 심재心齋라 한다.

顏回 曰 敢問心齋 仲尼 曰 若一志 無聽之以耳 而聽之以心 無聽之以心 而聽之以氣 聽止於耳 心止於符 氣也者 虛而待物者也 唯道集虛 虛者 心齋也(『莊子』, 「人間世 編」)"

사람의 감각기관은 그 능력에 한계가 있다. 청각의 경우 일정한 주파수 범위내의 소리만 들을 수 있을 뿐이다. 시각, 촉각, 미각, 후각도 마찬가지다. 무엇을 인식하거나 분별 할 때도 또한 그렇다. 부符 즉, 말이나, 문자나, 도형 등의 도움을 받아야 인식이 가능하고 그것들에 구속된다. 물物이란 드러난 것, 존재存在 또는 현상現象을 말한다. 물物에는 모양이 있으나 기氣에는 그러한 한계가 없다. 그래서 기는 무엇으로든지 변할 수 있고 무엇이든지 받아들일 수 있다. 기는 텅 비어 테두리가 없기 때문이다. 도道는 그 텅 빈 곳에 있다.

그러므로 도에 이르기 위해서는 심재를 해야 한다. 그 방법은 생각志을 하나로 통일시키고若一志, 생각을 비우는 것虛者이다. 그러나 어떻게 해야 마음으로 듣는 것인지, 또 어떻게 해야 기氣로 듣는 것인지, 어떻게 해야 생각을 비울 수 있는지에 대해서는 설명이 없다.

선불교 중 능가종楞伽宗, 동산법문東山法門, 묵조선默照禪, 염불선念佛禪

등은 심재와 같은 수행을 권한다.

능가종이란 달마菩提達磨 ?-536, 혜가慧可. 487-593, 승찬僧璨 ?-606의 가르침을 따르는 종파를 말한다. 달마가 생전에 능가경을 기본경전으로 삼아 제자들을 가르쳤고, 후에 혜가에게 『능가경楞伽經』과 가사袈裟를 주면서 그의 법法을 전했다는 데서 생긴 이름이다. 능가종은 묵연정좌黙然淨坐, 수증인과修證因果를 주장하였다. 묵묵히 앉아 삿된 마음을 버리면 그 수행의 결과로 본래의 청정한 본성本性이 드러난다고 가르친다.

동산법문이란 제4조 도신道信 580-651, 제5조 홍인弘忍. 601-674, 홍인의 제자 신수大通神秀 ?-706 등이 행한 법문法門을 말한다. 동산이란 홍인이 주석했던 절의 뒷산 이름이다. 이들은 좌선간심坐禪看心, 일행삼매一行三昧, 수일불이守一不移를 주장했다. 사람의 마음은 깨끗한 마음과 더러운 마음으로 나누어져 있으므로染淨差別 좌선을 열심히 수행하여 더러운 마음을 버리고 깨끗한 마음을 보라고 한다. 그 수행법으로 일행삼매와 수일불이를 권한다. 부처의 이름을 열심히 염송하여 부처를 향한 생각이 끊어지지 않도록 하고, 늘 깨어 있으며, 하나를 지켜 옮겨가지 않으면 삼매三昧에 든다는 것이다.

묵조선은 조동종曹洞宗의 변형된 형태로 굉지 정각宏智正覺 1091-1157의 가르침이 가장 유명하다. 그는 묵조명黙照銘에서 이렇게 주장하였다. '묵묵히 말을 잊으면 밝고 밝게 앞에 나타난다. 비추어 볼 때는 텅 비었지만 체험하는 곳은 신령스럽다. 신령스럽게 홀로 비추니 비추는

속에 다시 묘함이 있다默默妄言 昭昭現前 鑒時廓爾 體處靈然 靈然獨照 照中還妙.'
이 말이 뒤에 소소영영昭昭靈靈, 성성적적惺惺寂寂, 공적영지空寂靈知, 영
지불매靈知不昧 등 여러 가지로 표현되고 있는데 모두 '밝고 맑고 신령스
러워 어둡지 않다'는 뜻이다.

염불선은 동산법문의 일행삼매와 같은 수행법이다. 임제가 입적한
이후 조사선이 쇠퇴하면서 대혜 종고大慧宗杲 1089-1163의 간화선看話禪,
굉지 정각의 묵조선 등과 함께 선불교의 중요한 수행법으로 자리 잡게
되었다.

그러나 선불교의 꽃이라 할 수 있는 조사선祖師禪은 그렇게 가르치지
않는다. 조사선이란 혜능에서 비롯되어 마조馬祖 709-788, 백장百丈
749-814, 황벽黃檗 ?-856, 임제臨濟 ?-866에 이르는 역대 조사들의 가르침을
말 한다.

조사선은 직지인심直指人心 견성성불見性成佛을 주장하고 언하변오言
下便悟를 강조 할 뿐이다. 사람의 마음을 직접 가리켜 자성自性을 보아
부처가 되는데 말끝에 바로 깨달을 뿐 어떠한 수행도 조작도 필요하지
않다고 가르친다. 조사선을 개창한 혜능의 가르침을 모은 『육조단경六
祖檀經』의 「남돈북점南頓北漸」 편에 다음과 같은 문답이 있다.

6조 혜능이 북종北宗 신수神秀 606?-706의 제자인 지성志誠에게 물었다.
"너의 스승은 어떻게 대중에게 법法을 보여주느냐?"

지성이 말했다.

"늘 대중에게 가르치시길, '마음을 쉬어 깨끗함을 보고住心觀淨, 오래 앉아서 눕지 말라長坐不臥고 하십니다."

6조가 말했다.

"마음을 쉬어 깨끗함을 보는 것은 병이지 선이 아니다. 늘 앉아서 몸을 구속하면 도리에 무슨 이익이 있겠느냐? 나의 게송을 들어라."

'살아 있을 때에는 앉아서 눕지 못하고
죽어서는 누워서 앉지를 못하네.
더러운 냄새 나는 육신을 한결같이 붙잡고서
어떻게 공부가 되겠는가?'

혜능의 제자 영가 현각永嘉玄覺 665-713은 증도가證道歌에서 '단 한 번에 뛰어 넘어 바로 여래지로 들어가라一超直入如來地'고 가르쳤다. 여래지란 본래면목, 즉 '깨달음의 자리'를 말 한다. 여래지로 들어가기 위해서는 어떤 수행이나 단계도 필요하지 않다는 말이다.

마조 역시 도불용수道不用修, 단막오염但莫汚染을 주장했다. 마조는 혜능의 법손法孫으로 조사선을 완성한 인물이다.

"도는 닦는 것에 속하지 않는다. 만약 닦아서 얻어지는 것이라면, 닦아서 얻어진 것은 반드시 부서지니 곧 성문聲聞과 같아지며, 만약 닦지 않는다고 하면 곧 범부凡夫와 같아진다.道不屬修 若言修得 修成還壞 卽同

聲聞 若言不脩 卽同凡夫"

　도는 이미 완성되어 있기 때문에 닦는다, 닦지 않는다 하고는 상관없다는 것이다. 닦아서 얻은 것은 조작하여 만들어지는 것이므로 반드시 부서질 운명이다. 그렇다고 닦지 않는다면 평생 깨달을 수가 없다고도 한다. 닦되 조작하지 말고 단도직입單刀直入하라는 것이다. 따로 수행할 것이 없고 다만 오염시키지 말라고 가르친다.

　여기서 말하는 도道나 법法은 불법佛法을 가리키는 말이지 『노자老子』『장자莊子』의 도道와 다른 것이다.

조철朝徹

남백 자규南伯子葵가 여우女偊에게 물었다.

— 선생님은 연로하신대도 몸빛이 어린아이 같으니 무슨 비결이라도 있습니까?
"도를 얻었기 때문이오."
— 저 같은 사람도 도를 배울 수 있습니까?
"아니, 안되오. 그대는 그럴 수 있는 사람이 못되오. 복량의卜梁倚는 성인이 될 자질을 지니고 있으나 성인의 도가 없었소. 나는 성인의 도는 있었으나 성인이 될 자질은 없었소. 내가 그를 가르치고자 하는데 그가 과연 성인이 될 수 있을까? 하지만 성인이 될 자질이 있는

사람에게 성인의 도를 가르쳐주는 것은 쉬운 일이었소. 그를 가르치
고 느긋하게 기다렸소. 그는 3일 만에 천하天下를 벗어났소. 그가
천하天下를 벗어나자 그를 다시 가르치고 7일을 기다렸소. 그러자
그는 물物을 벗어났소. 그가 물物을 벗어나자 다시 그를 가르치고
9일을 기다렸소. 이제 그는 생生에서 벗어났소. 생生에서 벗어나자
조철朝徹이 되었소. 조철朝徹 이후 그는 견독見獨이 되었소. 견독見獨
이 되자 시간을 벗어났소. 시간을 벗어나자 불생불사不生不死의 경지
에 이르게 되었소. 생生을 죽이면 죽지 않고 생生을 살리고자 하면
살지 못하오. 이 같은 경지에서는 보내지 않는 것이 없고, 맞이하지
않는 것이 없고, 부서지지 않는 것이 없고, 이루지지 않는 것이 없는
데 이를 영녕攖寧이라고 부른다오. 영녕攖寧은 혼란과 고난 끝에 이룩
할 수 있는 경지라오.

曰 惡, 惡可 子非其人也 夫 卜梁倚 有聖人之才 而無聖人之道 我有
聖人之道 而無聖人之才 吾欲以敎之 庶幾其果爲聖人乎? 不然 以聖
人之道 告聖人之才 亦易矣 吾猶守而告之 三日而後能外天下 已外
天下矣 吾又守之七日 而後能外物 已外物矣 吾又守之九日 而後能
外生 已外生矣 而後能朝徹 朝徹而後能見獨 見獨而後能無古今 無
古今而後能入於不死不生 殺生者不死 生生者不生 其爲物無不將也
無不迎也 無不毁也 無不成也 其名爲攖寧 攖寧也者 攖而後成者也"

(『莊子』「大宗師」編)

수행의 단계를 구분하여 조철, 견독, 영녕이라는 이름을 붙였다. 불
교의 화엄경華嚴經도 십신十信·십주十住·십행十行·십회향十廻向·십

지十地·등각等覺·묘각妙覺 등 52개의 지위를 말하는데 그것은 방편方便으로 하는 말이고 실지로 그런 지위를 다 거쳐야 성불할 수 있다는 뜻은 아니다. 초발심시변정각初發心時便正覺이라 하여 발심發心하자마자 바로 깨달을 수도 있고, 선재동자善財童子처럼 53선지식을 만나도 깨닫지 못하다 마지막 보현보살의 행원품行願品을 듣고 깨닫는 경우도 있다고 한다.

『금강경金剛經』 역시 수다원須陀洹·사다함斯陀含·아나함阿那含·아라한阿羅漢이라는 4단계의 수행경지를 소개하지만 그런 단계적 수행으로는 깨달을 수 없다고 가르치고 있다. 조사선도 어떠한 수행의 단계나 경지를 말하지 않는다. 그런 것들은 모두 분별 망상이 지어내는 경계境界라는 것이다. 또한 성인聖人이 될 자질이 있고 없고를 따지는데 열반경涅槃經은 누구나 평등하여 부처가 될 수 있다고 가르친다. 깨닫는 데는 남녀의 차이, 신분의 귀천, 유식 무식과 아무 관계가 없다는 것이다.

좌망坐忘

안회가 공자에게 말했다.
"몸의 구속에서 벗어나고, 총명을 내쫓고, 모양을 떠나고 아는 것을 버리면 대도大道와 통하여 같아지는데 이를 좌망坐忘이라고 부릅니다."
공자가 말했다.
"대도와 같아진 즉 좋고 나쁨이 없어지고, 변하는 즉 고정된 것이 없다. 이런 결과를 얻었다니 그대는 현명하구나! 내가 이제 그대를 따라야겠네.

顔回 曰 墮肢體 黜聰明 離形去知 同於大通 此謂坐忘 仲尼 曰 同則 無好也 化則無常也 而果其賢乎? 丘也請從而後也(『莊子』「大宗師」編)

좌망은 불교의 가르침과 아주 비슷하다. '좋고 나쁨이 없어진다.'는 것은 불이중도不二中道를 떠올리게 하고 '변하여 고정된 것이 없다'는 것은 제행무상諸行無常이란 가르침과 흡사하다. 하지만 불이중도와 제행무상은 『노자』나 『장자』를 읽고 베낀 것이 아니다. 우연히 두 사상이 일치한다고 해서 선불교의 뿌리가 중국의 도가사상에 있다고 주장하는 것은 근거 없는 비약이다.

옛날에도 이와 같이 주장하는 사람들이 종종 있었던 모양이다. 대혜 종고大慧宗杲 1089-1163는 『서장書狀』의 '유보학 언수劉寶學 彦修에 보낸 답 서'에서 그의 동생 언충劉彦沖 1101-1147이 불교와 유교를 회통 시키려 하므로 그것을 나무라면서 다음과 같이 꾸짖었다.

"언충은 공자가 말한 주역周易의 '도道됨은 끊임없이 옮겨가는 것이 다'라는 말을 끌어 와 불경佛經의 '머무는바 없이 그 마음을 내야한다'는 말과 하나로 회통시키고, 또 주역의 '고요히 움직이지 않는다.'는 말을 끌어 와 흙이나 나무와 다름이 없다고 하니 정말 우스운 이야기입니다. 그에게 말하십시오. 무간지옥에 갈 업業을 초래하고 싶지 않거든 여래 如來의 바른 가르침을 훼손하지 말라고⋯⋯. 규봉 종밀圭峯宗密 780-841이 말했습니다. '원형이정元亨利貞은 하늘의 덕德이니 일기一氣에서 비롯하고 상낙아정常樂我淨은 부처의 덕德이니 일심一心에 근본 한다. 일기를 오로지하여 부드러움에 도달하고 일심을 닦아서 도를 이룬다.' 이렇게 회통시켜야 비로소 유교와 불교 어느 쪽에도 치우치지 않고 여한도 남기지 않을 것 입니다. (大慧宗杲 著, 金泰完 譯,『大慧普覺禪師語錄』5, 소명출판, 서울, 2011,3,5. pp 135-149)"

"유언충의 호號는 병산거사屛山居士로 통판通判 벼슬을 지냈으며 주희朱熹 1130-1200의 어릴 적 스승이었다. 그의 형 언수는 대혜선사가 화두를 주고 그것을 참구하게 하여 깨달은 바 있었지만 동생인 언충은 묵조선을 수행하고 글공부에 빠져 불경과 유서儒書에 두루 통달하였다. 뒤에는 불교를 버리고 주역연구에 몰두하였다. 주자는 언충을 따라 묵조선을 배우고 불경공부를 하였다. 주자가 유교의 성리학 性理學을 세울 때 안으로는 불교에서 배운 바를 응용하면서도 겉으로는 불교를 배척하는 모습을 취하였다." (大慧宗杲 著, 金泰完 譯,『大慧普覺禪師語錄』5, 소명출판, 서울, 2011,3,5. p150 脚註64)"

3.

무심선원장 김태완金泰完박사는 자신의 학위논문에서 다음과 같이 주장했다.

"이 무렵 이 교단에서는 선종의 역사서인 『보림전寶林傳(801년, 智炬

撰)』을 편찬하여 과거 7불의 마지막인 인도의 석가모니불이 마하가섭에게 부촉한 정법안장이 제1조 마하가섭 이래로 서천西天 28조 동토東土 6조의 전등傳燈을 거쳐 마조 도일에게까지 이르렀다고 천명한다. 이러한 전등설의 수립은 곧 중국의 선종이 불교의 시원始原인 과거 7불로부터의 정법을 계승하고 있는 불교의 정통임을 천명하는 것이며…… 중국 선종은 단순한 인도선의 모방이 아니라, 인도선을 계승하면서도 그 결점을 극복하고 중국에서 보다 완벽하게 완성되었다는 의식, 또는 그간 빛을 발하지 못해온 부처의 정법을 바로 드러내었다고 하는 자부심이 조사의 어록에는 배어 있는 것이다."(김태완 저『조사선의 실천과 사상』 장경각, 서울, 2004, 3. pp 53-54)

金박사는 사석私席에서 호적과 스즈키의 주장을 이렇게 비판했다.

"『보림전』의 선종계보는 인도에 실재했던 것이 아니라 중국의 선사들이 꾸며낸 것이다. 그런 계보를 만듦으로써 선불교의 뿌리가『노자』, 『장자』등 중국고유 사상에 있는 것이 아니라 석가모니의 가르침에 있다는 것을 천명하고자 한 것이다. 보리달마를 석가모니와 선불교의 연결고리로 삼고 그를 중국선불교의 초조初祖로 높인 것도 그 때문이다. 그 후에도 보리달마의 권위를 빌어 자기들의 정통성을 증명하려는 여러 가지 노력이 있었다. 보리달마의 이름으로 된 논서論書들이 많은데 그 중『보리달마약변대승입도사행菩提達摩略辨大乘入道四行』만이 본인이 직접 쓴 것이고『달마론達磨論』, 『안심법문安心法門』, 『오성론悟性論』, 『혈맥론血脈論』등은 모두 후대의 선사들이 대신 쓴 것이다. 이들 논서

들은 모두 선불교의 정수를 담고 있다. 하지만 달마의 시대에는 없던 것들이다. 후대의 선사들이 자기들의 정통성을 강조하기 위해 일부러 달마의 이름을 차용한 것이다. 당唐, 송宋시대의 선사들은 대개 공자와 노자, 장자에도 정통했다. 하지만 그 많은 선사들 중에서 어느 누구도 선불교의 뿌리가 노자, 장자에 있다고 말한 사람이 없다.

불교는 세계의 여러 지역으로 퍼져나갈 때 그 지역의 토착 신앙과 충돌하지 않고 그것을 일부 수용하면서 그 지역의 문화에 맞게 변형, 발전했다. 불교는 중국에 들어와 완전히 중국화 되었다. 그렇다고 가르침의 순수성과 독자성마저 잃은 것은 아니다. 선사들의 어록을 읽다 보면 공자, 노자, 장자에 나오는 술어述語나 예화例話 등이 많이 나온다. 특히 임제록에 그런 말들이 많이 보인다. 도道, 진인眞人 등 도가의 용어들이 자주 등장하는데 이는 세속인들이 알아듣기 쉽도록 방편으로 한 말일 뿐이다.

불교가 오히려 유가儒家나 도가道家에 큰 영향을 주었다. 이른바 신유학新儒學의 선구로 알려진 장횡거張橫渠 1020-1077, 육상산陸象山 1139-1192, 주희 등은 그들이 불교를 지지했던 지지하지 않았던 불교공부를 많이 한 사람들이고, 불교가 그들의 사상 형성에 적지 않은 영향을 끼쳤다는 것은 잘 알려진 사실이다. 송대宋代이후 도교의 세계관, 우주관에도 불교의 냄새가 짙게 풍겨나고 있다. 이 점은 불교가 도교에도 깊은 영향을 주었다는 것을 뜻하는 것이다. 선불교는 인도불교와 중국 고유사상 간의 이종교배異種交配로 태어난 하이브리드 종교가 아니다."

중국선불교의 연원과 발전과정을 기록한 『조당집祖堂集(952년)』·
『경덕전등록景德傳燈錄(1004년)』·『천성광등록天聖廣燈錄(1036년)』·『속등
록續燈錄(1101년)』·『연등회요聯燈會要(1183년)』·『가태보등록伽泰普燈錄
(1204년)』 등도 모두 선불교는 인도 사람 보리달마菩提達磨 ?-536가 중국
사람 신광神光 487-593에게 전했다고 기록하고 있다. 신광은 제2조 혜가
가 깨닫기 전에 쓰던 이름이었다. 그 중『경덕전등록』은 송宋나라 때
도원道原이라는 사람이 과거 7불過去七佛에서 서천 28조西天二十八祖와
동토 6조東土六祖를 거쳐 법안 문익法眼文益. 885-958의 제자에 이르기까
지, 불법佛法을 계속 이어 온 1,701명의 행적과 어록, 스승과 제자의
인연, 깨달음에 대한 문답을 30권으로 엮은 방대한 저술이다. 그 책
제3권 '제28조 보리달마'에는 다음과 같은 이야기가 실려 있다.

"그때 신광이라는 승려가 있었는데, 여러 가지를 널리 공부한 사람이
었다. 오래도록 이락伊洛지방에 머물면서 여러 가지 책들을 두루 보
고 현묘한 이치를 잘 논하였지만, 매번 탄식하며 말했다. 공자孔子와
노자老子의 가르침은 예술禮術과 풍규風規요, 장자莊子와 주역周易은
묘한 도리를 다 밝히지 않았다. 요즈음 들으니 달마대사達磨大士가
소림사에 머물고 있다 한다. 지인至人이 멀리 있지 않으니, 마땅히
현묘한 경지를 찾아가 보아야겠다.
時 有僧神光者 曠達之士也 久居伊洛 博覽群書 善談玄理 每嘆曰
'孔老之敎 禮術風規 莊易之書 未盡妙理 近聞 達磨大士 住止少林
至人不遙 當造玄境'"

〈무문관, 김태완 역주. 침묵의 향기 간, 서울, 2015,4. pp.214-217〉

위 글로 미루어 보면 신광이라는 사람은 아주 박학다식하여 공자, 노자, 장자, 주역에 정통하였으며 토론에도 능한 뛰어난 인물이었다. 그런 사람이 노상 "공자, 노자, 장자, 주역은 묘한 도리를 다 밝히지 못했으므로 달마 대사를 만나 현묘한 경지를 배워야겠다."고 밝힌 것이다. 『경덕전등록』은 중국선불교의 뿌리가 중국이 아니라 인도에 있다는 것을 제2조 혜가의 입을 통해 분명히 선언한 것이다.

4.

심재, 조철, 좌망보다 「제물론齊物論」과 「추수편秋水篇」에서 불교의 가르침과 비슷한 점이 더 많이 발견된다. 내가 읽은 수준에서 이를 재미 삼아 소개해보겠다.

조삼朝三, 양행兩行

신명을 수고롭게 하여 하나로 만들려고만 할 뿐 그 같음을 모르는 것을 조삼이라고 부른다. 다시 말하면, 원숭이를 기르는 사람이 도토리를 주면서 '아침에 세 개, 저녁에 네 개를 주겠다.'하니 모든 원숭이들이 화를 냈다. 그래서 '아침에 네 개 저녁에 세 개를 주겠다.'하니 모두 기뻐하였다. 이름과 실제가 달라진 것이 없는데 기뻐하기도 하고 화를 내기도 하니 이는 그것이 같다는 것을 모르기 때문이다. 성인은 시비를 조화시켜 쉬게 만드는데 이를 천균이라고도 하고 양행이라고도 한다. 옛 사람은 그 지혜가 지극한바 있었다. 어디에까지 이르렀던가? 처음부터 만물이 없었다고 여겼는데 이는 지극하고 극진하여 더할 수가 없었다. 그 다음에는 만물이 있었으나 한계가 없었다는 것이고 그 다음으로는 한계가 있었으나 시비가 없었다는 것이다. 그러므로 시비가 생겨나자 도가 허물어지고 도가 허물어지자 편애가 생겨났다는 것이다.

勞神明爲一 而不知其同也 謂之朝三 曰 狙公賦茅 曰 朝三而暮四
衆狙皆怒 曰 然則 朝四而暮三 衆狙皆悅 名實未虧 而喜怒爲用 亦因
是也 是以聖人和之以是非 而休乎千鈞 是之謂兩行 古之人其知有
所知矣 惡乎至? 有以爲未始有物者 至矣盡矣 不可以可矣 其次以爲
有物矣 而未始有封也 其次以爲有封焉 而未始有是非也 是非之彰
也 道之所以虧也 道之所以虧 愛之所以成

〈『莊子』齊物論〉

'처음에는 한계封가 없었고, 다음에는 한계가 있었으나 시비是非가 없었고, 시비가 생겨나자 도가 무너졌다.'고 한다. 어찌해서 한계가 생겨났는가? '쉬는 자리千鈞 또는 兩行'를 벗어났기 때문이다. 어째서 그 자리를 벗어났는가? 조삼朝三 때문이다. 조삼이란 전체를 나누어 생각하고 시비를 가리는 것을 말 한다. 아침에 넷이나 저녁에 셋이나 전체는 일곱으로 변함이 없다. 비록 일곱이라는 한계가 있지만 그것이 전체이므로 시비가 있을 수 없었다. 하지만 일곱을 넷이나 셋으로 분별하면 좋고 나쁨, 옳고 그름이 생긴다. 이렇게 분별하여 따지면 도는 무너지고 갈등이 시작된다는 것이다.

한계는 모양이다. 모양은 분별하기 때문에 생긴다. 불교는 그 한계를 경계境界 boundary라고 부른다. 눈으로 보고 만질 수 있는 사물뿐 아니라 느낌이나 생각 등 눈에 보이지 않는 것에도 모두 경계가 있다. 생각이나 느낌도 다른 것과 차별되어야 식별이 가능하기 때문이다. 경계가 생기면 동시에 이쪽과 저쪽이 생긴다. 이쪽과 저쪽은 서로 붙어서 동시에 존재 하는 것이다. 저쪽이 없는 이쪽은 상상 할 수 없다. 물론 분별을 하지 않으면 경계도 생겨나지 않고 이쪽저쪽도 있을 수 없다.

이렇게 저쪽과 이쪽이 동시에 존재하거나 존재하지 않을 뿐 어느 한 쪽만 독립하여 따로 존재할 수 없는 것을 '연기한다.'고 말한다. 모든 경계는 연기하고, 연기하는 것은 있다 할 수도 없고 없다 할 수도 없다. 있는 것 같은데 실은 있는 것이 아니다. 이런 것을 공空, sunyata하다고 한다. 공空은 아무것도 없다無는 뜻이 아니라 정해진 모양이 없다, 늘 변한다는 뜻이다.

용수는 『중론中論』에서 이렇게 말했다.

"인연에 따르지 않고 생겨나는 법은 없다. 그러므로 모든 법은 공空 아닌 것이 없다未曾有一法 不從因緣生 是故一切法 無不是空者…… 이 세상의 법들 하나하나에 자성自性있다면 원인과 결과 등 모든 일은 있을 수 없다. 諸法有定性 則無因果等諸事"

자성自性이란 남의 도움 없이 스스로 독립하여 존재 할 수 있음을 말한다. 자성이 있으면 당연히 연기도 없다. 하지만 이 우주에 그런 존재는 없다. 만물은 서로 원인과 결과로 맞물리면서 성주괴공成住壞空

하고 생주이멸生住異滅하기 때문이다. 만물은 연기하므로 자성이 없고, 공하다. 공은 모습이 없으므로 어떠한 말이나 문자, 도형으로도 표현할 수 없다. 그래서 방편方便을 쓴다. 본래면목本來面目, 진여眞如, 불법佛法, 중도中道, 불이不二 등은 모두 공空을 가리키는 가명假名들이다.

정의定義를 내리고 이름을 붙이는 것은 '경계를 정하는 것define'이다. 정의가 모여 개념概念이 되고, 개념이 모여 지식知識이 되고, 지식이 모여 원리原理나 법칙法則이 된다. 인류가 쌓아 올린 모든 개념이나 지식, 원리나 법칙 등에는 모두 경계가 있고, 경계가 있으므로 연기 하고, 연기하므로 자성이 없다.

연기는 모든 인류에 예외 없이 적용되는 보편普遍적인 사유법칙思惟法則이다. 연기는 인연생기因緣生起의 준말이다. 인因이란 씨앗 같은 내부조건이고 연緣이란 물, 온도, 햇빛 같은 외부조건이다. 인이 연을 만나면 변화가 생기고 그 변화가 또 다른 변화를 연쇄적으로 일으키며 삼천대천세계를 나타나게 만든다. 이를 중중무진연기重重無盡緣起라고 한다. 모든 과학의 토대가 되는 인과因果의 법칙도 연기에 속하는 것이다.

연기는 불교의 핵심교리이다. 석가모니가 새벽 별을 보고 깨달은 것도 바로 연기였다. 석가여래는,
"이 세상 모든 것은 연기하므로 공하다. 그러므로 연기를 제대로 보고 중도를 벗어나지 말라"

고 가르쳤다. 어떻게 하면 이것이 가능하겠는가?『유마경維摩經』「불국
품佛國品」에 이런 게송이 있다.

"법상을 잘 분별하면서도 제일의 자리를 떠나지 않는다能善分別諸法相
於第一義而不動."

분별하면서 분별을 따라가지 말라는 것이다. '제일의第一義자리'는
직심直心, 평상심平常心, 당체當體, 현량現量, 낙처落處 등 여러 가지 다른
말로 바꿔 부르기도 하는데 이 모두 본래면목을 가리키는 가명假名들
이다.

육조 혜능六祖慧能. 638-713은 더 자세하게 가르치고 있다.

"한결같이 꿈이나 환상과 같음을 알아서, 범부니 성인이니 하는 견해
를 일으키지 않고, 열반이라는 견해도 만들지 않으며, 항상 하다느니
무상 하다느니 하는 양쪽과 과거 현재 미래라는 시간이 끊어져서,
늘 온갖 경계에 응하여 육근이 작용하면서도 작용한다는 생각을 일으
키지 않으며, 모든 법을 분별하면서도 분별한다는 생각을 일으키지
않는다.
平等如夢幻 不起凡聖見 不作涅槃解 二邊三際斷 常應諸根用 而不
起用想 分別一切法 不起分別想."

(김태완 역주,『육조단경』「參請機緣 志道 比丘」편 pp.161-162)

천균天均, 양행兩行은 불이不二, 중도中道와 같은 것을 가리키는 것
같다. 다음 두 구절이 이를 잘 뒷받침해주고 있다.

미시유봉 未始有封

원래 도에는 경계가 없었고, 말에는 정해진 것이 없었다. 이 때문에 경계畛 boundary가 생기고 그 경계에 이름을 붙여 좌左·우右·윤倫·의議·분分·변辯·경競·쟁爭이 생겼는데 이를 팔덕八德이라고 한다. 육합六合=宇宙 밖은 성인이 인정은 하면서 논하지 않고, 육합 안은 성인이 논하면서도 토의 하지는 않는다. 춘추는 세상을 다스린 선왕들의 뜻으로서 성인이 토의는 하면서 판단은 하지 않았다. 그러므로 구분하는 것은 구분하지 않는 것이요, 변별하는 것은 변별되는 것이 아니다.

가로되 어째서 그런가? 성인은 도를 자기 몸에 품어 지니지만 보통사람들은 그것을 변별함으로써 그것을 자랑하는 것이다. 그러므로 가로되 변별함은 제대로 보지 못하는 것이다. 대저 큰 도는 이름 붙일 수가 없고, 위대한 변증은 말하지 않으며, 위대한 인은 인하지 않고, 크게 청렴함은 사양하지 않으며, 크게 용감함은 남을 해치지 않는다. 도가 밝혀지면 도가 아니고, 말이 변증되면 도달하지 못하고, 인이 계속되면 이루어지지 못하고, 청렴이 결백해지면 미덥지 못하며, 용기가 해치면 이루어지지 못한다. 이 다섯 가지는 원래 원만한 것인데 지금은 거의 모난 데에 가깝다.

夫道未始有封 言未始有常 爲是而有畛也 請言其畛 有左 有右 有倫 有議 有分 有辯 有競 有爭 此之爲八德 六合之外 聖人存而不論 六合之內 聖人論而不議 春秋經世 先王之志 聖人議而不辯 故分也者 有不分也 辯分也 有不辯也 曰 '何也?' 聖人 懷之 衆人辯之 以相示也

故曰 '辯也者 有不見也' 夫道不稱 大辯不言 大仁不仁 大廉不嗛 大
勇不忮 道昭而不道 言辯而不及 仁常而不成 廉淸而不信 勇忮而不
成 五者園而幾向方矣.

〈『莊子』「齊物論」〉

반연反衍

하백이 물었다.

"그렇다면 저는 무엇을 하고 무엇을 하지 말아야 합니까? 제가 취사선
택을 어떻게 해야 되겠습니까?"

북해 약이 대답했다.

"도의 입장에서 본다면 어느 것이 귀하고 어느 것이 천한가? 귀천의
구별이 없으니 이를 일러 반연反衍이라고 하네. 귀천의 차별로써 그
대의 뜻을 구속하지 말게. 그렇게 하면 도와는 크게 어긋나네. 도의
입장에서 보면 어느 것이 적고 어느 것이 많은가? 다소의 구별이
없으니 이를 일러 사시謝施라 하네. 그대의 행동을 한 쪽으로 치우치
게 하지 말게. 그렇게 하면 도와 어긋나네. 나라의 임금은 사사로운
덕을 베풀지 않고, 제사를 받아먹는 토지신은 사사로운 복을 내리지
아니하며, 아득히 사방에 막힘이 없어 어디가 경계인지를 알지 못하
고, 천지의 만물을 한결같이 포용해서 어느 것을 더 사랑하고 돕는
일이 없네. 이런 것을 무방無方이라고 하네. 만물은 하나로 통하니萬物
一齊 어느 것이 짧고 어느 것이 길 것인가? 도道에는 시작과 끝이
없지만 물物에는 삶과 죽음이 있다네. 그러므로 물物의 성취는 도道에

있어서는 하나의 변화에 불과할 뿐이니 믿을 것이 못되네. 한 때는
가득 차고 한 때는 비므로 그 형상이 일정 할 수가 없네. 오는 해를
돌려보낼 수 없고, 가는 때를 잡아둘 수가 없네. 영고성쇠와 차고
비워짐은 한쪽이 끝이고 다른 한쪽의 시작이라네. 이렇게 보는 것을
도의 본뜻을 말한다하고 만물의 진리를 논한다고 하는 것일세. 物
이 생겨나 변화하는 것은 말이 달리듯이 빨라, 움직여 변하지 않는
것이 없고, 일순간이라도 옮겨가지 않는 것이 없다네. 그러니 무엇을
하고, 무엇을 하지 않겠는가? 다만 자연에 맞게 변화하여 갈뿐이네."

河伯 曰 "然則我何爲乎? 何不爲乎? 吾辭受趣舍 吾終奈何?"

北海若 曰 "以道觀之 何貴何賤? 是謂反衍 無拘而志 與道大蹇 何小
何多? 是謂謝施 無一而行 與道參差 嚴乎若國之有君 其無私德 繇繇
乎若祭之有社 其無私福 汎汎乎其若四方之無窮 其無所畛域 兼懷
萬物 其孰承翼 是謂無方 萬物一齊 孰短孰長? 道無始終 物有死生
不恃其成 一虛一滿 不位乎其形 年不可擧 時不可止 消息盈虛 終則
有始 是所以語大義之方 論萬物之理也 物之生也 若驟若馳 無動而
不變 無時而不移 何爲乎? 何不爲乎? 夫固將自化"

〈『莊子』「秋水 編」〉

5.

이 우주에 주재자主宰者가 있는가? 기독교가 말하는 창조주創造主가
있는가? 장자는 "그런 것이 있는 것 같은데 모습을 볼 수 없다"고 한다.

유정이무형 有情而無形

기쁨 노여움 슬픔 즐거움 걱정 한탄 변덕 두려움 까붊 방탕 솔직
허세 등 여러 정서들은 소리가 피리의 빈 구멍에서 나오듯, 버섯이
땅의 습기에서 나오듯, 밤낮으로 교대해서 내 앞에 나타나건만 그런
정서들이 어디에서 나오는지를 알지 못한다. 아서라! 아서라! 아침저
녁으로 그런 정서들을 경험하니 그것들이 생겨나는 곳이 있으리라.
그러한 정서들이 없으면 '나'라는 것도 없고, '나'라는 것이 없으면
그러한 정서들을 받아들일 곳도 없다. 이렇게 '나'와 그러한 정서들의
사이는 가깝지만 누가 그렇게 시키는지를 알 수가 없다. 참다운 주재
자가 있는 것 같은데 그 행적을 알 수 없고, 그 주재자가 이런 일을
하고 있다는 것을 믿지만 그 모습을 볼 수 없다. 정식情識은 있으나
모습은 없구나.

喜怒哀樂 慮歎變熱 姚佚啓態 樂出虛 蒸成菌 日夜相代乎前 而莫知
其所萌 己乎己乎! 旦暮得此 其所由以生 非彼無我 非我無所取 是亦
近矣 而不知其所爲使 若有眞宰 而特不得其朕 可行己信 而不見其
形 有情而無形

〈『莊子』「齊物論」〉

무엇인가가 분명히 작용을 하지만 알 수가 없다고 한다. 그러면서
그것에 도추道樞라는 이름을 붙였다.

도추道樞

이것이 저것이요, 저것이 이것이다. 저것에도 하나의 시비가 있고
이것에도 하나의 시비가 있다. 그렇다면 저것과 이것은 있는 것인가?
없는 것인가? 저것과 이것을 갈라놓을 수 없는 것을 도추라 한다.
지도리는 고리 속에 끼워져야 무궁에 응 할 수가 있다. 시도 하나의
무궁이요, 비도 하나의 무궁이다.

是亦彼也 彼亦是也 彼亦一是非 此亦一是非 果且有彼是乎哉? 果且
無彼是乎哉? 彼是莫得其偶 謂之道樞 樞始得其環中 以應無窮 是一
無窮 非亦一無窮也.

〈『莊子』「齊物論」〉

도추道樞는 불교의 대기대용大機大用을 연상하게 만든다. 커다란 엔
진과 같은 기관大機이 있어 우주를 작동하게 만드는데大用 그 기관은
모습이 없어 보려 해도 볼 수가 없고 만지려 해도 만질 수가 없다.
허공과 같이 텅 비어 공空하다. 하지만 큰 쓰임새大用가 있으므로 없는
것도 아니다. 이를 진공묘유眞空妙有라고 한다. 묘유妙有라는 말은 '있다'
는 뜻이 아니라 '있는 것 같은데 없고, 없는 것 같은데 있다.'는 의미이
다. 묘妙는 '모르겠다, 특정 할 수 없다.'는 뜻이다. 마치 어린 소녀의
마음과 같아 종잡을 수 없다는 말이다. 어째서 알 수 없는가? '이것과
저것을 갈라놓을 수 없기彼是莫得其偶' 때문이다. 즉, 분별 이전이므로
인식 불가능하다는 것이다. 하지만 언제나 생생하게 활동 하고 있다는
것을 부인할 수 없다. 있는 것 같지만 없고, 없는 것 같지만 있다.
변하면서도 변하지 않고, 흐르면서도 멈춰 있다.

대기대용은 어떻게 작동하는가? 연기에 의한다. 대기대용은 자성, 본래면목과 같은 것을 가리키는 말이다. 의상義湘 625-702대사의 「화엄일승법계도華嚴一乘法界圖」에 진성심심극미묘眞性甚深極微妙, 불수자성수연성不守自性隨緣成이라는 가르침이 있다. "참된 본성은 지극히 미묘하여 자성을 지키지 않고 인연에 따라 이루어진다."는 것이다. 자성이 연기하고 연기하는 것이 자성이라는 뜻이다. 자성이 연기하면 세상이 드러날 뿐 창조론 같은 것은 따로 없다는 가르침이기도 하다. 이를 흔히 물에 비유한다. 물과 물결은 둘이 아니라 하나不二이지만 물결만 보고 물은 보지 못한다. 이렇게 보는 사람을 범부중생凡夫衆生이라 하고, 물과 물결을 동시에 보며 그것이 둘이 아니라 하나라고 볼 수 있으면 부처라고 한다. 물은 성性, 물결은 상相에 대응한다고 볼 수 있다. 상은 항상 변하지만 성은 변하지 않는다. 변하는 상相과 변하지 않는 성性을 동시에 확인하는 것을 견성見性이라고 한다.

이 우주는 시간과 공간이란 토대 위에 건립 된 것이다. 그런데 시간이라는 것은 실재하는 것일까? '지금'을 기준으로 보면 과거는 없다. 이미 지나가버렸기 때문이다. 미래 또한 없다. 아직 오지 않았기 때문이다. 그러면 현재는 있는가? 현재도 있다 할 수가 없다. "현재"라고 말 하는 순간에 이미 '현재'는 지나가버리기 때문이다.

이처럼 시간은 있는 것처럼 보이지만 사실은 있다 할 수가 없다. 공간 또한 마찬가지다. 공간은 물체가 점유하고 있는 경계boundary를 말 한다. 그러므로 물체가 사라지면 경계가 사라지고, 경계가 사라지면 공간도 사라진다. 이렇게 나타났다 사라지는 시간과 공간은 실재實在한다고 볼 수 없다. 실재는 시작도 없고 끝도 없다. 있다 할 수도 없고, 없다 할 수도 없다. 실재는 무한無限하다. 무한하기 때문에 경계가 없어 모든 것을 수용 할 수 있다. 실재는 인식 불가능하다. 능력이 모자라서 인식 할 수 없는 것이 아니라 인식하는 그 자체가 실재이기 때문이다. 눈이 모든 것을 다 볼 수 있어도 정작 자기 자신은 볼 수 없는 것과 같은 이치이다. 이를 불가사의不可思議하다고 말 한다.

그러나 우리는 분명히 시간과 공간 속에서 살고 있다. 우리가 시간과 공간을 분별하여 경계를 만들기 때문이다. 경계의 생성과 소멸이 시작과 끝이다. 경계는 분별하기 때문에 생기는 것이므로 시간과 공간은 분별하는 마음속에 존재 할 뿐이다. 시간과 공간이 마음속에 존재하는 것이라면 그 위에 실린 우주 또한 마음속에 존재할 수밖에 없다. 이를 유식불교唯識佛教에서는 '유식무경唯識無境'이라고 한다. 눈앞에 보이는 모든 것들은 식識이 드러난 것이지 사물자체는 항상 변하여 정해진 모습이 없다는 것이다. 분별을 따라가지 않고 쉴 수 있으면 세계는 있으면서도 없다. 시간과 공간, 그리고 분별을 넘어 시작도 없고, 끝도 없으며 태어나지도 않고, 사라질 수도 없는 것을 무생법인無生法忍이라고 한다. 이 무생법인을 증득證得하여 하나의 의심도 남아 있지 않으면 그것을 불가사의해탈不可思議解脫이라고 부른다.

연기하는 세상은 있는 것 같으면서도 있다 할 수 없으므로 꿈과 같고, 환상과 같고 물거품 같다고 말 한다. '장자'의 호접몽도 그렇게 주장하고 있다.

나비의 꿈胡蝶之夢

전에 장주는 꿈에 나비가 되었다. 훨훨 나는 것이 나비가 분명하였다. 스스로 즐겁고 뜻대로 되니 장주인줄 알지 못했다. 문득 깨어보니 장주가 분명하였다. 장주의 꿈에 나비가 된 것인지, 나비의 꿈에 장주가 된 것인지를 알 수 없었다. 장주와 나비는 분명히 다르다. 이를 물화物化라고 한다.

昔者 莊周 夢爲胡蝶 栩栩然胡蝶也. 自喩適志與 不知周也. 俄然覺
則蘧蘧然周也 不知 周之夢爲胡蝶與? 胡蝶之夢爲周餘? 周與胡蝶
則必有分矣. 此之謂物化

장주의 꿈속에서 나비가 살았는지, 나비의 꿈속에서 장주가 살았는지 모르지만 어느 쪽에나 꿈이 있고, 꿈이 있으므로 '꿈꾸는 자'가 있을 것이다. 이 '꿈꾸는 자'가 바로 '나ego'이다. '나'는 태어날 때 이미 몸이라는 경계에 갇히고 감각기관六識이란 경계에 구속된다. 이처럼 태어날 때부터 주어지는 경계가 근본무명根本無明이고 원죄原罪일 것이다. 물화物化란 '꿈꾸는 자'가 꾸는 꿈이다. '나'라는 존재가 6식이라는 플래시로 비추어 본 것이 꿈物化이다. '나'는 경계이므로 연기하고 자성이 없다. 그런데도 '나'가 실재한다고 착각하는 것을 아상我相이라고 부른다. 아상이 있으면 '나'와 '나 아닌 것', 즉 전 우주가 드러나게 된다. 이때 드러난 우주는 '나'가 만들어낸 경계일 뿐 실재하는 것이 아니다. 아상을 떠나면 나와 남의 경계가 분리선이 아니라 접합선으로 보인다. 이것이 평등平等이고 사사무애事事無礙이다. 장주의 꿈이건, 나비의 꿈이건, 꿈에서 깨면 장주도 없고, 나비도 없고, 꿈속의 일도 없다.

불교는 실재와 경계가 둘이 아니라 하나라고 가르친다. 색色은 공空이 모습을 갖추어 드러난 것인데 공과 색은 둘이 아니라 하나色卽是空, 空卽是色라는 것이다. 현상色과 본질空을 나누지 않고 그 둘을 하나로 보는 것이다色空不二. 『莊子』도 만물일제萬物一齊를 주장하는데 그것이 불교의 불이不二와 같은 것인지 나는 모르겠다. 다만 조심 할 것은 색과 공은 둘이 아니라 하나이므로 현상은 그냥 허망한 것이 아니라 실재가 드러난 것이라는 잊지 말아야 한다. '드러난 실재'는 물결처럼 늘 변하여 '정해진 모습'이 없을 뿐이다.

6.

혼돈칠규混沌七竅

남해의 임금을 숙儵이라하고 북해의 임금을 홀忽이라고 하며 중앙의 임금을 혼돈混沌이라고 하였다. 숙과 홀이 어느 날, 혼돈의 땅에서 만났을 때 혼돈이 그들을 잘 대접했다. 그래서 숙과 홀은 서로 상의하여 혼돈의 덕을 갚으려 했다. "사람들은 모두 일곱 구멍이 있어 그것으로 보고 듣고 먹고 숨 쉬는데 이분만 홀로 없으니 시험 삼아 뚫어주자" 하고 하루에 한 구멍씩 뚫어 칠일이 되니 혼돈은 죽고 말았다." 南海之帝爲儵 北海之帝爲忽 中央之帝爲混沌 儵與忽時相與遇於混沌之地 混沌待之其善 儵與忽謀報混沌之德 曰 '人皆有七竅 以視聽食息 此獨無有 嘗試鑿之' 曰 鑿一竅 七日而混沌死

〈『莊子』「應帝王」編〉

혼돈混沌은 불교의 본래면목과 같은 뜻으로 쓰인 것으로 보인다. 분별이전의 완전한 상태, 즉 자연自然을 가리키는 말이다. 혼돈은 분별 이전이므로 그 가능성可能性이 무한하다. 정해진 것이 없으므로 무엇으로든지 바뀔 수 있다. 그런데 눈·코·귀·입이 생기면 그 능력에 한계가 생긴다. 그래서 혼돈의 무한 능력이 상실되었다는 것이다. 이것이 바로 '혼돈의 죽음'이다. 혼돈의 입장에서 보면 감각기관을 가진 사람으로 태어난다는 것은 사는 것이 아니라 죽는 것이다. 자연을 조작하면 세상을 천당으로 만드는 것이 아니라 지옥으로 만든다는 것을 암시하고 있다. 무엇이 조작인가?

무위無爲와 인위人爲

하백이 물었다.

"무엇을 자연이라 하고, 무엇을 인위라고 합니까?"

북해 약이 답했다.

"소나 말에 네 발이 있는 것을 자연이라 하고, 말목에 굴레를 씌우거나 쇠코를 뚫는 것을 인위라고 하네. 그러므로 '인위로써 자연을 멸하지 말고, 고의로써 천성을 멸하지 말며, 명리를 위해 천성의 덕을 잃지 말라.'고 하는 것이네. 삼가 지켜 잃지 않는 것을 일러 천진으로 돌아가는 것이라 하네."

河伯 曰 "何謂天? 何謂人?

北海若 曰 "牛馬四足 是謂天 落馬首 穿牛鼻 是謂人 故曰 '無以人滅
天 無以故 滅命 無以得殉名' 謹守而勿矢 是謂反其眞

〈『莊子』「秋水」編〉

무위란 함부로 자연에 손대지 않고 "삼가 지켜 천균을 잃지 않고 천진으로 되돌아감.謹守而勿失 是謂反其眞"이다. 무엇을 삼가 지켜야 하는가? '인위로써 자연을 멸하지 말고, 고의로써 천성을 멸하지 말며, 명리를 위해 천성의 덕을 잃지 말라.'고 한다. 이 대목에서 '장자'의 윤리관이 드러나고 있다.

그러나 인간은 감각기관을 가지고 태어난 이상 세상을 분별하고 자연을 조작하며 살아갈 수밖에 없다. 그래서 불교는 분별하면서도 분별을 떠나라고 가르친다. 이것이 금강경金剛經의 '응무소주이생기심應無所住而生其心의 뜻이다. 천당과 지옥은 각자 자기의 마음속에 있으니 속세를 떠나지 말고 지금 서 있는 그 자리에서 천당을 찾으라고 한다. 거위왕은 구정물 속에서도 우유만 골라 마신다 하고 연잎은 물에 잠겨 있으면서도 물에 젖지 않는다는 비유로 항상 중도中道를 떠나지 말라고 가르치고 있다. 분별을 피 할 수 없으므로 분별하면 바로 중도로 되돌아가라還至本處는 당부이다. '장자'는 그럴 때 '반기진反其眞하라고 가르쳤다. 반기진하고, 환지본처 할 수 있는 힘을 기르는 것이 수행이다.

7.

물고기의 즐거움 儵魚之樂

장자와 혜자가 호수 위 다리에서 놀고 있었다. 장자가 말했다.
"물고기가 나와 조용히 노는구나. 이것이 물고기의 즐거움이구나."
혜자가 그 말을 받았다.

"그대는 물고기가 아닌데 어떻게 물고기의 즐거움을 아는가?"

"그대는 내가 아닌데 내가 물고기의 즐거움을 모른다는 것을 어떻게 아는가?"

"나는 그대가 아닐세. 고로 그대를 모른다네. 그대도 역시 물고기가 아닐세. 그러므로 그대가 물고기의 즐거움을 모른다는 것은 분명하지 않는가?"

"토론의 출발점으로 돌아가 보세. 그대가 내게 '어찌 물고기의 즐거움을 알겠는가?'라고 물은 것은 이미 내가 그것을 안다고 전제前提한 것이네. 나는 호수의 다리 위에서 알았다네."

莊子與惠子 遊於濠梁之上. 莊子曰 儵魚出遊從容 是魚樂也 惠子曰 子非魚 安知魚之樂? 莊子曰 子非我 安知我不知魚之樂? 惠子曰 我非子 固不知子矣 子固非魚也 子之不知魚之樂全矣 莊子曰 請循其本 子曰 女安知魚之樂云者 旣已知吾知之而問我 我知之濠上也

〈『莊子』「秋水」編〉

『장자莊子』「추수秋水」편의 마지막 부분이다. 장자는 호수의 다리 위에서 무엇을 알았다는 것일까? 나는 이 대목을 읽다가 연기를 떠올렸다. '안다'와 '모른다'는 서로 연기하는 것이다. '안다'를 전제하지 않으면 '모른다'가 성립 될 수 없고, 그 역逆도 가능하기 때문이다. 그러므로 '안다'고 주장하려면 동시에 '모른다'고 주장해야 하는 자기모순自己矛盾에 빠지게 된다. 그러므로 안다 할 수도 없고 모른다 할 수도 없다. 마찬가지로 선善을 주장하려면 악惡을 인정하지 않으면 안 된다. 이 대립對立을 떠나는 것이 중도中道이다. 중도에서는 분별하면서도 분별이 소멸消滅되고, 대립하면서도 대립이 적멸寂滅된다. 장자는 바로 이 중도를 알았다는 것이 아닐까?

장자莊周 BC 369-289와 거의 동시대에 살았던 아리스토텔레스Aristotle BC 384-322의 생각은 달랐다. 그는 '형이상학形而上學'에서
"사유思惟는 사유의 대상對象과 접촉하고 그것을 사유함으로써 사유의 대상이 되고, 따라서 사유하는 것과 사유의 대상은 같다."
고 주장했다. 이 말은
"내가 생각하는 나무와 눈앞에 보이는 저 나무는 일치한다."
는 뜻이다. 아리스토텔레스는 생각으로 세상을 알 수 있다고 주장한 것이다. 하지만 사유하는 방법이 잘못되면 오류誤謬와 혼란을 피 할 수 없다. 그래서 그는 평생 논리학의 개발에 심혈을 기울였다.

아리스토텔레스의 주장은 무려 2,000년 가까이 서양의 사고방식을 지배하며 모든 학문의 토대가 되었다. 칸트Immanuel Kant, 1724-1804가 비로소 그의 주장이 틀렸다는 것을 밝혀내고, 이를'코페르니쿠적 전환轉換'이라고 자부하였다. 칸트는
"내가 생각하는 나무와 눈앞에 보이는 저 나무는 일치하지 않는다."
는 것을 논증論證했다. 눈앞의 '나무'는 사람이 인식認識해서 의미를 부여하고 이름을 붙인 것일 뿐 나무자체物自體는 무엇인지 모른다는 것이다. 인식하기 이전의 나무는 그냥 존재存在할 뿐이다. 뒤늦게 이것을 안 유럽은 핵폭탄을 맞은 듯 큰 충격을 받았다. 코페르니쿠적 전환이라는 칸트의 호언이 결코 과장이 아니었던 것이다.

칸트는 인식認識이란, 감각기관을 통해 얻은 경험이라는 재료를 선천적先天的인 이성이라는 틀로 찍어낸 붕어빵 같은 것이라고 주장했다. 인식의 대상은 밖으로부터 주어지는 것이 아니라 인식하는 자의 주관主觀에 의하여 만들어진다는 것이다. 칸트는 이 과정을 아주 복잡하고 어렵게 논증했지만 인식대상과 인식내용이 다르다는 것은 상식으로도 쉽게 알 수 있다.

사람들이 소나무를 볼 때 그들은 소나무를 보는 것이 아니라 그 소나무가 되쏘는 빛을 보는 것이다. 소나무가 반사하는 빛의 파장은 수 없이 많을 터인데 인간의 감각기관은 그 수많은 파장 중 극히 일부만 받아들일 수 있을 뿐이다. 그렇게 제한되게 받아들인 빛도 눈과 눈에 연결된 신경회로를 통과하면서 또 어떤 변화가 생겼는지 알 수가 없다. 그러므로 소나무의 실상實相은 볼 수가 없다. 더구나 소나무 자체도 쉬지 않고 변하고 있어 정해진 모습이 없다. 1초 전의 소나무와 보는 순간의 소나무와 1초 후의 소나무는 같은 소나무가 아니다. 그러므로 소나무라고 본 것은 흘러가는 물결을 찍은 사진과 같은 것이다. 사진은 실물이 아니다.

신神은 있는 것일까? 없는 것일까? 아리스토텔레스의 소론所論에 따르면 신은 존재한다. 사유된 신은 진짜 신과 일치하기 때문이다. 그러나 이 같은 논리는 위 숙어지락儵魚之樂의 교훈에서 보듯 자가당착自家撞着의 오류를 범하는 것이다. 칸트의 주장에 따르면 사유로 아는 신은 이성이 만들어낸 관념일 뿐 실상實相이 아니다. 연기설은 이렇게 말한다. '있다'와 '없다'는 서로 연기하므로 '신이 있다'해도 어긋나고, '신이

없다'해도 맞지 않는다. '있다'고 선언하려면 '없다'도 함께 긍정해야
되기 때문이다. 그러므로 신은 있는 것도 아니고, 없는 것도 아니다.
신이 있는지 없는지는 몰라도 '신이 있다, 없다' 하는 '그것'은 분명히
존재한다. 무엇이 신은 있다 하고, 또 없다 하는가? '그 무엇'을 확인하
려는 것이 선禪이다.

칸트 이후 유럽의 형이상학形而上學은 뿌리째 흔들리게 되었다. 니체
Friedrich Wilhelm Nietzsche, 1844-1900는 아예 "신은 죽었다."고 선언했다. 이
말은 기독교의 신뿐만 아니라 그리스, 로마를 거친 모든 지식과 법칙,
원리 같은 것들도 함께 죽었다는 뜻이다. 이 세상에 불변의 진리 같은
것은 없고 모든 지식은 경계가 있고, 변하는 것이며, 수정될 수 있다는
주장이다.

「금강경」은 이렇게 가르치고 있다.
"정법도 취하지 말고 비법도 취하지 마라. 이 때문에 여래가 늘 비구
들에게 말씀하셨다. 나의 설법은 뗏목과 같다. 그러므로 정법도 버려야
마땅하거늘 비법이야 말 할 필요도 없지 않겠느냐? 不應取法 不應取非法
以是義故 如來常說 汝等比丘 知我說法 如筏喩者 法尙應捨 何況非法."
석가여래는 외도外道의 교설敎說은 물론이고 자기가 말한 불법佛法
조차 버리라고 당부한 것이다. 임제선사는
"부처를 만나면 부처를 죽이고, 조사를 만나면 조사를 죽여라"
고 가르쳤다. 이 말은 불경佛經이나 조사의 어록은 모두 방편方便이니
방편에 속지 말라는 경고이다. 불경을 읽다 보면 수많은 신과 귀신,

부처들이 등장한다. 그리고 황당무계한 이야기들이 수두룩한데 그 모두 방편으로 하는 말이라는 것이다. 불교는 일찍부터 진리眞理 같은 것은 아예 존재하지 않는 것이라고 주장했던 것이다.

방편方便이란 달을 가리키는 손가락이다. 등산로에 보이는 화살표 같은 것이다. 화살표는 그것을 따라가면 목적지에 갈 수 있다는 표시이지 그 화살표가 목적지라는 뜻은 아니다. 하느님의 말씀이건, 부처님의 말씀이건, 뉴턴의 운동법칙이건, 아인슈타인의 상대성원리이건 인류가 쌓아 올린 모든 지식은 방편이다. 모든 방편은 경계가 있고, 경계가 있으므로 연기하고, 연기 하므로 자성이 없다. 그러므로 이들 방편이 진실하다고 착각하면 문제가 심각해진다. 바리새인들은 토라 Torah에 집착한 나머지 예수를 십자가에 매달았으며 상좌부불교上座部佛敎. Theravada는 계율에 목을 매 자기들 스스로 계율이라는 감옥으로 들어가 갇혔다.

본래면목은 분별로써는 알 수가 없다. 그래서 말이나 문자나 도형 등 어떠한 수단으로도 표현 할 수가 없다. 그렇게 분별하는 것, 그렇게 표현하는 것 자체가 본래면목이기 때문이다. 그래서 본래면목을 가리키는 방편이 필요하게 된 것이다. 방편은 도구道具다. 도구는 쓰다 불편하면 고쳐 쓰든가, 아니면 버리고 다시 만든다. 도구는 목적을 달성하는 수단이지 목적 그 자체가 아니다.

박종홍교수朴鍾鴻 1903-1976는 프라그마티즘Pragmatism을 개척한 미국의 제임스William James 1842-1910, 퍼스Charles Sanders Peirce 1839-1914, 듀이 John Dewey 1859-1952의 사상을 다음과 같이 소개하였다.

"프라그마티즘이란 어떤 관념이나 이론의 진부眞否를 생각이나 말만 가지고 따질 것이 아니라 실천적 효과 여하로 판정하려는 사상이다. …… 구별이 제아무리 미묘하게 따져진다 하더라도 그것이 의의를 가 진 올바른 것이 되려면 실제적인 효과의 차이 이외의 것일 수 없다. …… 인간의 실제생활에서의 효과, 즉 유용성有用性을 진리의 기준으로 하는 것이 퍼스의 원리요 프라그마티즘의 원리인 것이다. …… 프라그 마티즘은 실제적인 효과를 강조하는 점에 있어서는 공리설Utilitarianism 과 일치하고, 형이상학적 추상을 배격하는 점에 있어서는 실증주의 Positivism과 일치한다고 한다. 참眞이니까 유용하다 하여도 좋고, 유용하 니까 참이라 해도 좋다. …… 우리는 27이라는 수數를 30-3, 3×9, 26+1, 100-73이 라기도 하고 기타 무수한 방법으로 생각할 수 있지만 모두가 옳다. 우리는 분명히 실재實在에다 무엇을 덧붙이고 있으며 실재는 또 이 덧붙이는 것을 허용한다. …… 프라그마티즘에 있어서는 진리도 인간의 경험 속에서 발달하고 있는 것이다. 진리는 구를수록 커지는 실공絲球와 같고 눈 덩어리와도 같다. 그리하여 그 참된 관념을 우리에 게 유용한 것, 행위를 지도하여주는 도구Instrument 보려는 것이니 같은 프라그마티스트이면서 이 점을 더 자세히 천명한 사람이 듀이이다."

(朴鍾鴻,『哲學槪說』1961, 4. 서울. 동양출판사. pp102-107)

박교수는

"우주는 조각을 기다리는 대리석과 같고, 이 세상의 모든 지식은 개정을 기다리는 초판본初版本과 같다"
고 말하였다. 고정불변의 진리는 없고 지식은 항상 수정, 개선된다는
것이다. 이러한 철학적 태도가 개척정신Frontiership과 실험주의Experi-
mentalism를 낳아 오늘날의 미국을 건설하고, 그 미국이 세계문명을 주도
하게 만들었다고 박 교수는 주장하였다. 퍼스는 놀랍게도 자기들의
이러한 견해가 "새로운 것이 아니고 옛날부터 있었던 것"이라고 말했다.

남방불교는 소승이고 북방불교는 대승이라느니, 선불교가 인도불교
가 아니라 중국불교라고 따지는 것은 깨달음과는 아무 상관없다. 불교
를 믿는 목적은 깨달음을 증득證得하는 데에 있다. 깨달음은 없었던
것을 새로 만들어가는 것이 아니다. 이미 가지고 쓰고 있던 것을 발견
하는 것이다. 그 발견을 도와주는 것이 방편이다. 손가락으로 달을
가리키면 달을 보아야지 손가락을 보아서는 안 된다見指忘月. 손가락에
는 달이 없기 때문이다.

불교는 무기력하고, 현실도피적이고, 염세적인 종교가 결코 아니다.
본래면목은 명명백백하고 생기발랄하며 언제나 활활 타는 불꽃과 같
다. 색공불이色空不二는 그저 들으라고 하는 소리가 아니다. 지금 살고
있는 이 세상 말고 다른 세상은 없으니 언제 어디에 있건 걱정하지
말고 열심히 살라는 가르침이다. 프라그마티즘의 진리관眞理觀은 석가
여래의 가르침과 아주 많이 닮았다. 제임스와 퍼스, 듀이가 불교를 알
았건 몰랐건 그 안목目眼이 놀랍다.

〈2015, 5, 11.〉